KB083919

중학영문법
명쾌한
문제
대공략

교육 R&D에 앞서가는

Key키출판사

구성과 특징

❶
개념 확인

- 요점 정리를 살펴보며
  문법 개념을 환기합니다.

❷
CHECK

- 간단한 확인 문제로 문법을
  빠르게 점검합니다.
- 틀린 문제는 반드시 개념을
  다시 한번 확인하세요.

❸
PRACTICE

- 내신 기출 대표유형 맛보기
  문제를 풀어 봅니다.
- 아래의 해설을 읽고 내용을
  완벽히 이해하고 넘어가세요.

UNIT 01 인칭대명사와 be동사

★ 인칭대명사

Point 1. 인칭과 수에 따라 다른 인칭대명사를 사용한다.

	단수		복수	
1인칭	I	나는	We	우리는
2인칭	You	너는	You	너희는
3인칭	He	그는	They	그들은, 그것들은
	She	그녀는		
	It	그것은		

- **The box** is on the floor. 그 상자는 바닥에 있다.
  = **It** is on the floor. 그것은 바닥에 있다.
- **Mom and Dad** are happy. 엄마와 아빠는 기쁘다.
  = **They** are happy. 그들은 기쁘다.

★ be동사의 긍정문

Point 2. 주어의 인칭과 수에 알맞은 be동사를 사용한다.

	단수		줄임말	복수		줄임말
1인칭	I	am	I'm	We	are	We're
2인칭	You	are	You're	You	are	You're
3인칭	He	is	He's	They	are	They're
	She		She's			
	It		It's			

- I **am** a middle school student. 나는 중학생이다.
- My English teacher **is** kind. 내 영어 선생님은 친절하다.
  = He/She **is** kind. 그/그녀는 친절하다.
- Sam and Joe **are** on the bus. Sam과 Joe는 버스에 있다.
  = They **are** on the bus. 그들은 버스에 있다.

※ is의 축약형 's와 명사의 소유격(~의)을 나타내는 's는 형태가 같다.
e.g., It's a hat. → It's = It is
it is John's hat. → John's = John의

CHECK

Q1. 다음 말을 대신할 수 있는 알맞은 인칭
대명사를 고르시오.

(1) my uncle → he : you
(2) Mina and I → she : we
(3) a chair → it : they
(4) the shoes → it : they
(5) Josh and Julie → we : they
(6) the classroom → it : they

Q2. 괄호 안에 알맞은 be동사를 골라 문장
을 완성하시오.

(1) I : am : is : angry at her.
(2) He : is : are : good at soccer.
(3) We : am : are : in the same class.
(4) The pancake : is : are : delicious.
(5) My classmates : am : are : quiet.
(6) My puppy : am : is : cute.

정답 **Q1.** (1) he (2) we (3) it (4) they
(5) they (6) it **Q2.** (1) am (2) is (3) are
(4) is (5) are (6) is

PRACTICE

01. 다음 빈칸에 들어갈 알맞은 말은?

그녀는 나의 여동생이다.

_____ is my sister.

① I   ② You   ③ He
④ She   ⑤ They

정답 ④ She
목표 be동사에 알맞은 주어 고르기
해설 3인칭 단수 주어(He, She, It) + be동사 is
be동사 is는 3인칭 단수 주어와 함께 쓰이는데, He, She, It이 3인칭 단수에 해당한다.
그런데 문맥상 주어가 여성임을 알 수 있으므로 빈칸에 알맞은 인칭대명사는 She이다.

02. 다음 중 어법상 옳지 않은 것은?

① Jimin is at the library.
② History class is very interesting.
③ My favorite food is pizza.
④ Suji and I am on the same team.
⑤ My glasses are on the table.

① 지민은 도서관에 있다.
② 역사 수업은 아주 흥미롭다.
③ 내가 가장 좋아하는 음식은 피자이다.
④ 수지와 나는 같은 팀에 있다.
⑤ 내 안경은 탁자 위에 있다.

정답 ④ Suji and I am on the same team.
목표 주어와 be동사의 수 일치 판단하기
해설 ④ Suji and I (1인칭 복수) + be동사 are
나를 포함한 둘 이상은 1인칭 복수이다. 1를 보고 1인칭 단수로 혼동하지 않도록 유의하자.

① 주어와 be동사 모두 3인칭 단수로 일치한다.
② History class는 한 과목의 수업이므로 3인칭 단수로 취급된다.
③ My favorite food 역시 한 가지 종류의 음식이므로 3인칭 단수로 취급된다.
⑤ glasses는 두 개의 안경알로 이루어져 있어서 영어에서는 복수로 취급된다. 이와 같이 항상 복수로 취급되는
단어에는 pants, scissors 등이 있다.

❹ 감각 UP! 리뷰 테스트

- 각 Chapter에서 다룬 문법을 항목별로 쪼개어 순차적으로 문제를 풀어 봅니다.
- 내신 기출유형 중 비교적 쉬운 객관식 및 주관식 단답형 문제로 구성됩니다.
- 항목별 문제를 집중적으로 풀며 내신 시험문제에 대한 감각을 높입니다.

❺ 실력 UP! 실전 테스트

- 각 Chapter의 여러 문법에 관한 문제를 종합적으로 풀어 봅니다.
- 문제 수는 총 28~30문제이며, 학교 내신 시험에 출제되는 빈출 문제유형으로 구성됩니다.
- 서술형 문제도 놓치지 말고 풀어 보며 학교 시험에 대한 적응력을 키우세요.

❻ CHAPTER REVIEW

- 출제 POINT를 하나씩 읽어보며 문법 규칙들은 잘 기억하고 있는지, 놓친 부분은 없는지 점검합니다.
- 마지막으로 복습문제를 빠르게 풀어보며 Chapter를 마무리합니다.
- 문장을 읽고 바로 정답을 구별할 수 있도록 문법규칙을 자기 것으로 만듭니다.

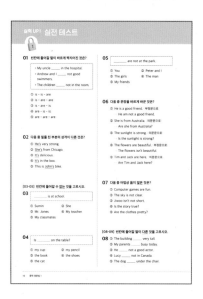

❼ FINAL TEST

- 총정리 모의고사 2회분으로 학교 중간/기말고사에 완벽하게 대비합니다.

꼭 알아 두어야 할
기초 문법

품사   같은 성질을 가진 단어들끼리 모아 분류한 것이다.

[명사]	사람, 사물, 개념 등의 이름을 나타내는 말	예 Alex, girl, bird, pencil, Seoul
[대명사]	명사를 대신하여 쓰이는 말	예 I, you, he, she, it, we, they
[형용사]	사람이나 사물의 상태나 성질을 나타내는 말	예 small, heavy, blue, funny
[동사]	사람이나 사물의 동작을 나타내는 말	예 walk, sleep, read, smile
[부사]	정도, 빈도 등을 나타내며, 동사, 형용사 등을 수식하는 말	예 quietly, happily, often, very
[전치사]	명사와 함께 쓰여 시간, 장소, 방향 등을 나타내는 말	예 in, on, at, of, for, by, with
[접속사]	단어와 단어, 구와 구, 절과 절을 연결하는 말	예 and, or, but, so, because
[감탄사]	감정을 표현하는 말	예 oh, wow, ah, oops, ouch

문장 성분 문장을 이루는 구성 요소로 문장에서 하는 역할을 나타낸다.

[**주어**]	동작이나 상태의 주체가 되는 말	예 **Becky** comes home.
[**동사**]	주어의 동작이나 상태를 나타내는 말	예 She **drinks** some water.
[**목적어**]	동사가 나타내는 동작이나 상태의 대상이 되는 말	예 She calls **Sarah**.
[**보어**]	주어나 목적어의 의미를 보충해 주는 말	예 Sarah is **Becky's friend**.
[**수식어**]	문장에 구체적인 의미를 더해주는 말로 필수 요소는 아님	예 They play games **at Sarah's house**.

구 vs. 절 구와 절은 문장의 일부를 구성하는 말의 단위이다.

[**구**]	[**절**]
2개 이상의 단어가 모여 하나의 의미를 나타내는 것으로 명사, 형용사, 부사의 역할을 함	'주어-동사'를 포함한 2개 이상의 단어가 하나의 의미를 나타내며, 명사, 형용사, 부사의 역할을 함
예 a soccer ball (명사구)	예 I think that playing soccer is fun. 절1　　　　　　절2

차례

교과서 문법 연계표

본 교재와 중학교 1학년 교과서 13종의 문법 항목 연계표입니다. 우리 학교 진도에 맞춰 공부하세요!

중학 영문법, 명쾌한 문제 대공략 - 중1			중1 교과서 (해당 단원)													
CHAPTER		UNIT	동아(윤)	동아(이)	천재(이)	천재(정)	YBM(박)	YBM(송)	미래엔	비상	능률(김)	능률(양)	금성	지학사	다락원
01 be동사	01	인칭대명사와 be동사	1	1	1		1	1	1	1	1				1
	02	be동사의 부정문, 의문문	1,2	1	1		1	1	1	1	1				1
02 일반동사	03	일반동사의 변화	1	1	2	1	2	2	1	1	1		1	1	2
	04	일반동사의 부정문, 의문문	1,2	1,3	2	1	2	2	1	1	1		1	1	
03 시제	05	과거시제 (be동사)	4	4	5		3	4	4	3	3		3		3
	06	과거시제 (일반동사)	4	4	5	3	3	4	4	3	3		3	1	3
	07	진행시제	2	2	3	2,7	SL1	5	2	2	2	7	2	2	6
	08	미래시제	3,7	5	3	1	4	4	4,5	4	2	2	2	1	
04 명사	09	셀 수 있는 명사, 셀 수 없는 명사		5											
	10	There is [are]	4		4			3	3			1			3
05 대명사	11	인칭대명사, 재귀대명사		4		5									1
	12	비인칭 주어 it, 부정대명사 one	5									8			
06 조동사	13	can, may	3	3	4		4	3	2		2		2		
	14	must, have to, should		7	6	6			7			3	2	4	7
07 형용사와 부사	15	형용사	6				3	5	3	3			4		
	16	부사									6	5			7
	17	원급, 비교급, 최상급	7	8	8	5,7	6	8	8	5	5	8	8	6	
08 문장의 형식	18	1형식, 2형식, 3형식 문장	6				3	5	3	3			4		2
	19	4형식 문장		7	8	4	SL2	9	6	4	4	6	7	7	5
	20	5형식 문장					8				7		7		
09 수동태	21	수동태의 형태 1													6
	22	수동태의 형태 2													6
10 to부정사와 동명사	23	to부정사의 명사적 용법	6	6	6	2	5	7	5	6	4	2	5	2	3
	24	to부정사의 형용사적, 부사적 용법			7	4	SL2		6	7	6	4	6	3,5	4,8
	25	동명사	5	8	8	6	6	7	3	8	3	1	8	3	1
11 문장의 종류	26	명령문, 청유문, 의문문	3	2,3	5		SL1	6		2					4
	27	감탄문, 부가의문문		2		3,8	5,7	9		6	7	4,7	3	5	2,4
12 전치사와 접속사	28	전치사													
	29	접속사 1	8						6	7	5	3,5	6	7	5
	30	접속사 2	8	6	7	8	7,8	6,8	7	8	6	5	4	4	5,8

CHAPTER 01

be동사

핵심문장

▪ **긍정문**	She is at home.	그녀는 집에 있다.
▪ **부정문**	She is not at home.	그녀는 집에 있지 않다.
▪ **의문문**	Is she at home?	그녀는 집에 있니?

인칭대명사와 be동사

 ## 인칭대명사

Point 1. 인칭과 수에 따라 다른 인칭대명사를 사용한다.

	단수		복수	
1인칭	I	나는	We	우리는
2인칭	You	너는	You	너희는
3인칭	He	그는	They	그들은, 그것들은
	She	그녀는		
	It	그것은		

- **The box** is on the floor. 그 상자는 바닥에 있다.
  = **It** is on the floor. 그것은 바닥에 있다.
- **Mom and Dad** are happy. 엄마와 아빠는 기쁘다.
  = **They** are happy. 그들은 기쁘다.

 ## be동사의 긍정문

Point 2. 주어의 인칭과 수에 알맞은 be동사를 사용한다.

	단수		줄임말	복수		줄임말
1인칭	I	am	I'm	We	are	We're
2인칭	You	are	You're	You	are	You're
3인칭	He	is	He's	They	are	They're
	She		She's			
	It		It's			

- I **am** a middle school student. 나는 중학생이다.
- My English teacher **is** kind. 내 영어 선생님은 친절하다.
  = He/She **is** kind. 그/그녀는 친절하다.
- Sam and Joe **are** on the bus. Sam과 Joe는 버스에 있다.
  = They **are** on the bus. 그들은 버스에 있다.

※ is의 축약형 's와 명사의 소유격(~의)을 나타내는 's는 형태가 같다.
  e.g., It's a hat. → It's = It is
      It is John's hat. → John's = John의

CHECK

Q1. 다음 말을 대신할 수 있는 알맞은 인칭대명사를 고르시오.

(1) my uncle → he / you
(2) Mina and I → she / we
(3) a chair → it / they
(4) the shoes → it / they
(5) Josh and Julie → we / they
(6) the classroom → it / they

Q2. 괄호 안에 알맞은 be동사를 골라 문장을 완성하시오.

(1) I (am / is) angry at her.
(2) He (is / are) good at soccer.
(3) We (am / are) in the same class.
(4) The pancake (is / are) delicious.
(5) My classmates (am / are) quiet.
(6) My puppy (am / is) cute.

정답 **Q1.** (1) he (2) we (3) it (4) they (5) they (6) it **Q2.** (1) am (2) is (3) are (4) is (5) are (6) is

PRACTICE

01.

다음 빈칸에 들어갈 알맞은 말은?

_____ is my sister.

그녀는 나의 여동생이다.

① I ② You ③ He
④ She ⑤ They

정답 ④ She
목표 be동사에 알맞은 주어 고르기
해설 3인칭 단수 주어(He, She, It) + be동사 is
be동사 is는 3인칭 단수 주어와 함께 쓰이는데, He, She, It이 3인칭 단수에 해당한다.
그런데 문맥상 주어가 여성임을 알 수 있으므로 빈칸에 알맞은 인칭대명사는 She이다.

02.

다음 중 어법상 옳지 않은 것은?

① Jimin is at the library.
② History class is very interesting.
③ My favorite food is pizza.
④ Suji and I am on the same team.
⑤ My glasses are on the table.

① 지민은 도서관에 있다.
② 역사 수업은 아주 흥미롭다.
③ 내가 가장 좋아하는 음식은 피자이다.
④ 수지와 나는 같은 팀에 있다.
⑤ 내 안경은 탁자 위에 있다.

정답 ④ Suji and I am on the same team.
목표 주어와 be동사의 수 일치 판단하기
해설 ④ Suji and I (1인칭 복수) + be동사 are
나를 포함한 둘 이상은 1인칭 복수이다. I를 보고 1인칭 단수로 혼동하지 않도록 유의하자.

① 주어와 be동사 모두 3인칭 단수로 일치한다.
② History class는 한 과목의 수업이므로 3인칭 단수로 취급된다.
③ My favorite food 역시 한 가지 종류의 음식이므로 3인칭 단수로 취급된다.
⑤ glasses는 두 개의 안경알로 이루어져 있어서 영어에서는 복수로 취급된다. 이와 같이 항상 복수로 취급되는
단어에는 pants, scissors 등이 있다.

be동사의 부정문

Point 1. be동사 부정문 = 주어 + be동사 + not

주어	be동사 부정형	줄임말	
		주어+be동사	be동사+not
I	am not	I'm not	x
We / You / They	are not	We're not	We aren't
He / She / It	is not	He's not	He isn't

※ be동사 뒤에 not을 넣어 부정형을 만든다.

- **We are not** thirsty. 우리는 목이 마르지 않다.
  = **We're not** thirsty.
  = **We aren't** thirsty.

be동사의 의문문

Point 2. be동사 의문문 = Be동사 + 주어 ~?

평서문	의문문
주어 + be동사	Be동사 + 주어 ~?

※ 주어와 be동사의 순서를 바꿔서 의문문을 만든다.

- **He is** a doctor. 그는 의사이다.
- **Is he** a doctor? 그는 의사이니?

Point 3. 주어에 유의하여 의문문에 대답한다.

긍정 대답: Yes, 주어 + be동사.
부정 대답: No, 주어 + be동사 + not.

의문문	대답	주어 변화
1인칭	2인칭	I, we → you
2인칭	1인칭	you → I, we
3인칭	3인칭	he, she, it → he, she, it

- **Are you** tired? 너는 피곤하니?
  - Yes, **I am**. / No, **I'm not**. 응, 그래. / 아니, 그렇지 않아.

PRACTICE

01. 다음 중 어법상 옳지 <u>않은</u> 것은?

① She is not afraid of ghosts.

② The weather is not cold.

③ The apples are not expensive.

④ I amn't a high school student.

⑤ The coffee isn't hot.

① 그녀는 귀신을 무서워하지 않는다.
② 날씨가 춥지 않다.
③ 그 사과들은 비싸지 않다.
④ 나는 고등학생이 아니다.
⑤ 그 커피는 뜨겁지 않다.

정답   ④ I amn't a high school student.
목표   be동사 부정문의 어법성 판단하기
해설   be동사 부정문은 be동사 뒤에 not을 쓴다. ④에서 I am not은 I am을 I'm으로 줄여 쓸 수 있으나, am not은 줄여 쓸 수 없다. am을 제외한 나머지 be동사는 'be동사+not'의 축약형이 있다.

⑤ isn't는 is not의 축약형이다.

02. 다음 대화의 빈칸에 들어갈 알맞은 말은?

A: Is Minsu good at math?

B: _____

He got a bad grade in the exam.

A: 민수는 수학을 잘하니?
B: 아니, 그렇지 않아.
   그는 시험에서 나쁜 성적을 받았어.

① Yes, he is.   ② Yes, you are.

③ No, I'm not.   ④ No, he is.

⑤ No, he isn't.

정답   ⑤ No, he isn't.
목표   의문문에 알맞은 대답 고르기
해설   No, he is not. = No, he's not. / No, he isn't.
뒤에 이어지는 문장을 보면 빈칸에 부정 대답이 들어가는 것을 알 수 있다.

A. 인칭대명사와 be동사의 긍정문

01 다음 빈칸에 들어갈 알맞은 말은?

> You and I _____ best friends.

① we
② they
③ am
④ is
⑤ are

02 빈칸에 들어갈 말이 바르게 짝지어진 것은?

> • My sister _____ a great cook.
> • Her eyes _____ brown.

① is - is
② is - are
③ are - is
④ are - are
⑤ am - are

03 밑줄 친 부분이 어법상 옳은 것은?

① I <u>are</u> in my bedroom.
② He <u>am</u> good at sports.
③ It <u>is</u> a soccer ball.
④ We <u>is</u> from Seoul.
⑤ They <u>am</u> 13 years old.

04 밑줄 친 be동사를 잘못 고친 것은?

① You <u>am</u> so brave. → are
② Monkeys <u>is</u> smart. → are
③ Science <u>am</u> fun. → are
④ The cake <u>are</u> sweet. → is
⑤ The pants <u>is</u> too small. → are

05 다음 빈칸에 들어갈 알맞은 말을 쓰시오.

> 이것은 내 우산이다. 그것은 매우 크다.
> → This is my umbrella. It _____ very big.

B. be동사의 부정문

06 다음 우리말을 바르게 영작한 것은?

> 그 수학 시험은 쉽지 않다.

① The math test is easy.
② The math test are easy.
③ The math test not is easy.
④ The math test is not easy.
⑤ The math test are not easy.

07 빈칸에 들어갈 말이 바르게 짝지어진 것은?

> • The idea _____ not creative.
> • The carrots _____ fresh.

① is - isn't
② is - aren't
③ are - isn't
④ are - aren't
⑤ aren't - aren't

08 밑줄 친 부분이 어법상 옳지 <u>않은</u> 것은?

① She <u>aren't</u> mad.
② We <u>aren't</u> happy.
③ It <u>isn't</u> difficult.
④ He's <u>not</u> sleepy.
⑤ You're <u>not</u> alone.

09 다음 중 어법상 옳은 것은?

① I not am from America.

② You not are good at drawing.

③ The classroom isn't not quiet.

④ Sujin and I not aren't late for school.

⑤ The boys aren't in the playground.

10 다음 빈칸에 들어갈 알맞은 말을 쓰시오.

종민과 나는 형제가 아니다.

→ Jongmin and I _____ _____
brothers.

C. be동사의 의문문

11 다음 빈칸에 들어갈 알맞은 말은?

_____ Mom and Dad in the kitchen?

① Am   ② Is

③ Are   ④ Isn't

⑤ They

12 다음 문장을 의문문으로 바르게 바꾼 것은?

Jiho is a middle school student.

① Jiho am a middle school student?

② Jiho is not a middle school student?

③ Am Jiho a middle school student?

④ Is Jiho a middle school student?

⑤ Are Jiho a middle school student?

[13-14] 대화의 빈칸에 들어갈 알맞은 말을 고르시오.

13

A: Are you free on Sunday?

B: _____ (긍정 대답)

① Yes, I am.   ② Yes, you are.

③ Yes, she is.   ④ Yes, I'm not.

⑤ Yes, you're not.

14

A: Is the weather nice today?

B: _____ (부정 대답)

① No, it is.   ② No, they are.

③ No, it isn't.   ④ No, I'm not.

⑤ No, they aren't.

15 밑줄 친 @~@ 중 어법상 틀린 것은?

A: @Are ⓑyou and Tom ⓒare at the
library?

B: Yes, @we @are.

① @   ② ⓑ   ③ ⓒ   ④ @   ⑤ @

16 단어를 바르게 배열하여 문장을 완성하시오.

the box / is / heavy (의문문으로)

→ _____

✔ 채점표

A. 인칭대명사와 be동사의 긍정문	/ 5
B. be동사의 부정문	/ 5
C. be동사의 의문문	/ 6

01 빈칸에 들어갈 말이 바르게 짝지어진 것은?

> • My uncle _____ in the hospital.
> • Andrew and I _____ not good swimmers.
> • The children _____ not in the room.

① is – is – are
② is – are – are
③ is – are – is
④ are – is – is
⑤ are – are – are

02 다음 중 밑줄 친 부분의 성격이 다른 것은?

① He's very strong.
② She's from Chicago.
③ It's delicious.
④ It's in the box.
⑤ This is John's bike.

[03-05] 빈칸에 들어갈 수 <u>없는</u> 것을 고르시오.

03

> _____ is at school.

① Sumin
② She
③ Mr. Jones
④ My teacher
⑤ My classmates

04

> Is _____ on the table?

① my cup
② my pencil
③ the book
④ the shoes
⑤ the cat

05

> _____ are not at the park.

① You
② Peter and I
③ The girls
④ The man
⑤ My friends

06 다음 중 문장을 바르게 바꾼 것은?

① He is a good friend. (부정문으로)
  → He am not a good friend.
② She is from Australia. (의문문으로)
  → Are she from Australia?
③ The sunlight is strong. (의문문으로)
  → Is the sunlight is strong?
④ The flowers are beautiful. (부정문으로)
  → The flowers isn't beautiful.
⑤ Tim and Jack are here. (의문문으로)
  → Are Tim and Jack here?

07 다음 중 어법상 옳지 <u>않은</u> 것은?

① Computer games are fun.
② The sky is not clear.
③ Jiwoo isn't not short.
④ Is the story true?
⑤ Are the clothes pretty?

[08-09] 빈칸에 들어갈 말이 <u>다른</u> 것을 고르시오.

08 ① The building _____ very tall.
② My parents _____ busy today.
③ He _____ not a good actor.
④ Lucy _____ not in Canada.
⑤ The dog _____ under the chair.

09 ① _____ we ready for the game?

② _____ they nervous about the test?

③ _____ the books in your room?

④ _____ the boy 3 years old?

⑤ _____ tomatoes vegetables?

[10-11] 어법상 옳은 문장들로 묶인 것을 고르시오.

10

> ⓐ My school uniform are too big.
>
> ⓑ Seojoon is not in the car.
>
> ⓒ Is the bus stop near your house?
>
> ⓓ Are the magazine on the desk?

① ⓐ, ⓑ   ② ⓑ, ⓒ

③ ⓒ, ⓓ   ④ ⓐ, ⓑ, ⓒ

⑤ ⓑ, ⓒ, ⓓ

11

> ⓐ I are not a famous singer.
>
> ⓑ The story are not interesting.
>
> ⓒ Her hair is not very long.
>
> ⓓ Is the basket full?

① ⓐ, ⓑ   ② ⓑ, ⓒ

③ ⓒ, ⓓ   ④ ⓐ, ⓑ, ⓒ

⑤ ⓑ, ⓒ, ⓓ

12 다음 대답이 나올 수 있는 질문은?

> A: _____
>
> B: Yes, they are.

① Are the children shy?

② Are you from Korea?

③ Am I your partner?

④ Is dinner ready?

⑤ Is he a soccer player?

13 다음 대화 중 어법상 어색한 것은?

① A: Are the dogs in the garden?

  B: Yes, they are.

② A: Are you Minhee?

  B: Yes, you are.

③ A: Is math class at nine?

  B: No, it isn't.

④ A: Is your sister young?

  B: No, she isn't.

⑤ A: Are the boys hungry?

  B: No, they aren't.

[14-15] 대화의 빈칸에 들어갈 알맞은 말을 고르시오.

14

> A: Are the strawberries expensive?
>
> B: _____ (긍정 대답)

① Yes, it is.

② Yes, they are.

③ Yes, they aren't.

④ No, it is.

⑤ No, they are.

15

> A: Are Sora and Junho elementary school students?
>
> B: _____ (부정 대답)

① Yes, you are.

② Yes, they aren't.

③ No, you aren't.

④ No, they are.

⑤ No, they aren't.

16 다음 중 어법에 맞는 문장의 개수는?

ⓐ I not am at the gym.

ⓑ Ants are very small.

ⓒ Is he a police officer?

ⓓ Are the frying pan hot?

ⓔ The bookstore is not open.

① 1개 ② 2개 ③ 3개 ④ 4개 ⑤ 5개

17 밑줄 친 부분을 잘못 고친 것은?

① Yumin am at the museum. → is

② Rockets is very fast. → are

③ Are the song popular? → Is

④ The sound are not loud. → am

⑤ Is the teachers angry? → Are

18 밑줄 친 부분을 잘못 고친 것은?

Will and I ⓐis at the beach. The sun ⓑare bright and warm. ⓒAm the beach noisy? It ⓓnot is noisy. It ⓔare quiet.

① ⓐ → are ② ⓑ → is

③ ⓒ → Is ④ ⓓ → not are

⑤ ⓔ → is

[19-20] 우리말에 맞게 단어를 배열한 것을 고르시오.

19

그 샌드위치는 탁자 위에 있지 않다.

(the sandwich / not / on the table / is)

① The sandwich is not on the table.

② The sandwich is on the table not.

③ The sandwich not is on the table.

④ Is the sandwich not on the table.

⑤ Is the sandwich on the table not.

20

Dan과 Lia는 게으르니?

(Dan and Lia / lazy / are)

① Dan and Lia lazy are?

② Lazy Dan and Lia are?

③ Lazy are Dan and Lia?

④ Are lazy Dan and Lia?

⑤ Are Dan and Lia lazy?

21 다음 중 문장을 바르게 고친 것은?

① My name are Sohee.

→ My name am Sohee.

② Jack not is a doctor.

→ Jack is not a doctor.

③ Are winter in Korea cold?

→ Winter in Korea are cold?

④ Is vegetables good for you?

→ Vegetables good for you?

⑤ My friends and I is excited.

→ My friends and I am excited.

22 우리말을 영어로 잘못 옮긴 것은?

① 하늘이 오늘 어둡다.

→ The sky is dark today.

② 내 남동생은 아프지 않다.

→ My brother is not sick.

③ 그 창문들은 열려 있지 않다.

→ The windows are not open.

④ 그 학생들은 똑똑하니?

→ Are the students smart?

⑤ 그 방은 깨끗하니?

→ Isn't the room clean?

서술형

[23-24] 다음 문장을 조건에 맞게 바꿔 쓰시오.

23

> He is a bad person.

1) 부정문: _____ (6단어)

2) 의문문: _____ (5단어)

24

> Josh and Beth are in the room.

1) 부정문: _____ (8단어)

2) 의문문: _____ (7단어)

서술형

[25-26] 제시된 단어를 활용해 우리말을 바르게 영작하시오.

25

> 그 장갑은 따뜻하지 않다. (the gloves, warm)

→ _____ (4단어)

26

> Mia는 너의 여동생이니? (your sister)

→ _____ (4단어)

서술형

[27-28] 단어를 바르게 배열하여 문장을 완성하시오.

27

> A: (the cat / is / on the piano)?
> B: Yes, it is.

→ _____

28

> A: (Lisa and I / in the same class / are)?
> B: No, you aren't.

→ _____

서술형

[29-30] 다음을 읽고 틀린 부분을 바르게 고치시오.

29

> This is my dog. His name is Max. Max and I am at the park. The weather are sunny today. Is Max happy? Yes, he is.

1) _____ → _____

2) _____ → _____

30

> A: Are you ready for the math test?
> B: Yes, you are.
> A: Are the test at ten?
> B: Yes, it is.

1) _____ → _____

2) _____ → _____

 채점표

총점	/ 30

CHAPTER REVIEW

❶ 인칭대명사: 1인칭(I, We), 2인칭(You), 3인칭(He, She, It, They)

❷ 주어+be동사: I am, He/She/It is, We/You/They are

❸ be동사 부정문 = 주어 + be동사 + not

❹ be동사 의문문 = Be동사 + 주어 ~?

❺ 의문문의 긍정 대답 = Yes, 주어 + be동사.
　 의문문의 부정 대답 = No, 주어 + be동사 + not.

복습문제 우리말에 해당하는 알맞은 문장을 고르시오.

---

01 나는 조용하고 수줍음이 많다.

☐ a. I am quiet and shy.
☐ b. I are quiet and shy.

---

02 많은 나무들이 정원에 있다.

☐ a. Many trees is in the garden.
☐ b. Many trees are in the garden.

---

03 나의 아버지는 소방관이 아니다.

☐ a. My father is a firefighter.
☐ b. My father isn't a firefighter.

---

04 그 소년들은 오늘 피곤하지 않다.

☐ a. The boys not are tired today.
☐ b. The boys aren't tired today.

---

05 물이 너무 차가운가?

☐ a. Is the water too cold?
☐ b. Is the water is too cold?

정답　01 a.　02 b.　03 b.　04 b.　05 a.

CHAPTER 02

일반동사

핵심문장

■ **긍정문**	You like movies.	너는 영화를 좋아한다.
■ **부정문**	You don't like movies.	너는 영화를 좋아하지 않는다.
■ **의문문**	Do you like movies?	너는 영화를 좋아하니?

일반동사 현재형의 형태 변화

Point 1. 주어가 3인칭 단수일 때 일반동사의 형태가 변한다.

주어	일반동사
I / You / We / They	want
He / She / It (3인칭 단수)	wants

※ 3인칭: 나와 너를 포함하지 않는 나머지의 모든 것

- I **like** snowy weather. 나는 눈 오는 날씨를 좋아한다.
- He **likes** snowy weather. 그는 눈 오는 날씨를 좋아한다.

- You **eat** ice cream. 너는 아이스크림을 먹는다.
- She **eats** ice cream. 그녀는 아이스크림을 먹는다.

 ## 일반동사의 변화 규칙

Point 2. 일반동사의 변화 규칙은 동사의 철자에 따라 다르다.

구분	변화	예시
대부분의 동사	+s	loves, sees, makes
-o, -s, -x, -ch, -sh로 끝나는 동사	+es	does, watches, finishes
[자음+y]로 끝나는 동사	y → i+es	studies, flies, tries
[모음+y]로 끝나는 동사	+s	says, buys, enjoys
불규칙 변화	have → has

- I **do** homework after school. 나는 방과 후에 숙제를 한다.
- Jane **does** homework after school.
  Jane은 방과 후에 숙제를 한다.

- We **have** a big living room. 우리는 큰 거실을 가지고 있다.
- Ted **has** a big living room. Ted는 큰 거실을 가지고 있다.

CHECK

Q1. 괄호 안에 알맞은 말을 골라 문장을 완성하시오.

(1) You (play / plays) the guitar.

(2) We (make / makes) a snowman.

(3) He (work / works) hard.

(4) Jenny (swim / swims) well.

(5) They (speak / speaks) Korean.

(6) The horse (run / runs) fast.

Q2. 밑줄 친 부분이 어법상 옳으면 ○, 틀리면 X를 고르시오.

(1) The man drinks cold water.　　O / X

(2) John gos to school at eight.　　O / X

(3) The airplane flys high
    in the sky.　　O / X

(4) Hailey studies English
    every day.　　O / X

(5) My brother plays basketball.　O / X

(6) Tony haves two sisters.　　O / X

정답　**Q1.** (1) play (2) make (3) works
(4) swims (5) speak (6) runs　**Q2.** (1) O
(2) X (3) X (4) O (5) O (6) X

PRACTICE

01. 빈칸에 들어갈 like의 형태가 <u>다른</u> 것은?

① I _____ strawberries.
② You _____ horror movies.
③ The cat _____ fish.
④ We _____ art class.
⑤ They _____ cute puppies.

① 나는 딸기를 좋아한다.
② 너는 공포 영화를 좋아한다.
③ 그 고양이는 생선을 좋아한다.
④ 우리는 미술 수업을 좋아한다.
⑤ 그들은 귀여운 강아지를 좋아한다.

정답 ③ The cat _____ fish.
목표 주어에 알맞은 일반동사의 형태 판단하기
해설 주어가 3인칭 단수일 때 일반동사의 형태가 바뀐다. ③의 주어 The cat은 3인칭 단수이므로 동사 like는 likes가 된다. 반면, 나머지 문장의 주어는 3인칭 단수가 아니므로 like의 형태가 변하지 않는다.

02. 밑줄 친 부분이 어법상 옳지 <u>않은</u> 것은?

① The baby <u>cries</u> day and night.
② Julie <u>buies</u> new shoes.
③ Sam <u>has</u> breakfast every day.
④ He <u>reads</u> the newspaper on the subway.
⑤ Leo <u>watches</u> TV in the evening.

① 그 아기는 밤낮으로 운다.
② Julie는 새 신발을 산다.
③ Sam은 매일 아침 식사를 한다.
④ 그는 지하철에서 신문을 읽는다.
⑤ Leo는 저녁에 TV를 본다.

정답 ② Julie buies new shoes.
목표 3인칭 단수 주어의 동사 형태 판단하기
해설 ② buy는 [모음+y]로 끝나는 동사이므로 주어가 3인칭 단수일 때 buy 뒤에 -s가 붙는다. (buys)

① cry: [자음+y]로 끝나는 동사 → y가 i로 바뀐 다음 -es가 붙는다. (cries)
③ have: 불규칙 변화 동사 (has)
④ read: 대부분의 일반적인 동사 → -s가 붙는다. (reads)
⑤ watch: -ch로 끝나는 동사 → -es가 붙는다. (watches)

UNIT 04 일반동사의 부정문, 의문문

일반동사의 부정문

Point 1. 일반동사 부정문 = 주어 + do/does not + 동사원형

주어	일반동사 부정형
I / You / We / They	do not + 동사원형 = don't + 동사원형
He / She / It (3인칭 단수)	does not + 동사원형 = doesn't + 동사원형

- I **don't play** soccer. 나는 축구를 하지 않는다.
- He **doesn't play** soccer. 그는 축구를 하지 않는다.

- We **don't drink** coffee. 우리는 커피를 마시지 않는다.
- She **doesn't drink** coffee. 그녀는 커피를 마시지 않는다.

일반동사의 의문문

Point 2. 일반동사 의문문 = Do/Does + 주어 + 동사원형 ~?

주어	일반동사 의문문
I / You / We / They	Do + 주어 + 동사원형 ~? Yes, 주어 + do. No, 주어 + don't.
He / She / It (3인칭 단수)	Does + 주어 + 동사원형 ~? Yes, 주어 + does. No, 주어 + doesn't.

- **Do you stay** at home on Sundays? 너는 일요일에 집에 있니?
  - Yes, **I do**. / No, **I don't**. - 응, 그래. / 아니, 그렇지 않아.

- **Does your dog sleep** in your bed? 너의 개는 네 침대에서 자니?
  - Yes, **it does**. / No, **it doesn't**. - 응, 그래. / 아니, 그렇지 않아.

※ do/does가 쓰인 부정문/의문문의 동사는 반드시 원형을 쓴다.
※ 부정문/의문문의 do/does는 일반동사 do(하다)와 달리 뜻이 없다.
※ be동사와 일반동사는 함께 쓰일 수 없다. e.g., is run (X)

CHECK

Q1. 괄호 안에 알맞은 말을 골라 부정문을 완성하시오.

(1) I (don't / doesn't) like jelly.

(2) Tim (don't / doesn't) take the bus.

(3) Mom (don't / doesn't) read magazines.

(4) It doesn't (swim / swims) in the sea.

(5) Sue and I don't (speak / speaks) Spanish.

Q2. 밑줄 친 부분이 어법상 옳으면 ○, 틀리면 X를 고르시오.

(1) <u>Do</u> you take piano lessons?　　○ / X

(2) <u>Do</u> she work tomorrow?　　○ / X

(3) Does he <u>teaches</u> math?　　○ / X

Q3. 의문문에 알맞은 대답을 고르시오.

(1) Do they know the answer?
　□ Yes, they do.　□ Yes, they does.

(2) Does he cook well?
　□ Yes, he do.　□ Yes, he does.

(3) Does it have a long tail?
　□ No, it does.　□ No, it doesn't.

정답　**Q1.** (1) don't　(2) doesn't　(3) doesn't (4) swim　(5) speak　**Q2.** (1) ○　(2) X　(3) X **Q3.** (1) Yes, they do.　(2) Yes, he does. (3) No, it doesn't.

01.

다음 우리말을 바르게 영작한 것은?

> Jake는 자전거를 타고 등교하지 않는다.

① Jake rides a bike to school.
② Jake don't ride a bike to school.
③ Jake don't rides a bike to school.
④ Jake doesn't ride a bike to school.
⑤ Jake doesn't rides a bike to school.

정답 ④ Jake doesn't ride a bike to school.
목표 일반동사 부정문 영작하기
해설 Jake (3인칭 단수) + doesn't + ride (동사원형)

① Jake는 자전거를 타고 등교한다. (긍정문)
②, ③ 주어가 3인칭 단수가 아닐 때 don't를 쓴다.
⑤ 부정문에서는 동사원형을 쓴다.

02.

다음 중 어법상 옳지 않은 것은?

① Do you feel tired today?
② Do the boys run every morning?
③ Does Kate like chocolate?
④ Does Daeho play the trumpet?
⑤ Does the cat hides under the bed?

① 너는 오늘 피곤하니?
② 그 소년들은 매일 아침 달리니?
③ Kate는 초콜릿을 좋아하니?
④ 대호는 트럼펫을 연주하니?
⑤ 그 고양이는 침대 밑에 숨니?

정답 ⑤ Does the cat hides under the bed?
목표 일반동사 의문문의 어법성 판단하기
해설 부정문과 의문문에서는 동사원형을 쓴다는 점에 유의하자. (hides → hide)

①~② Do + 주어 (3인칭 단수 X) + 동사원형 ~?
③~⑤ Does + 주어 (3인칭 단수 O) + 동사원형 ~?

A. 일반동사의 긍정문

01 빈칸에 들어갈 말이 바르게 짝지어진 것은?

> • You _____ happy today.
> • David _____ a picture.

① look - draw　　② look - draws
③ looks - draw　　④ looks - draws
⑤ looks - is draw

02 빈칸에 들어갈 want의 형태가 <u>다른</u> 것은?

① I _____ a new bike.
② We _____ spaghetti.
③ Alex _____ a big bedroom.
④ Jiseon and I _____ presents.
⑤ My friends _____ a big party.

03 밑줄 친 동사의 형태가 바른 것은?

① He <u>dos</u> his homework in his room.
② She <u>makies</u> a sandwich for lunch.
③ Paul <u>have</u> a little brother.
④ Sophie <u>trys</u> very hard.
⑤ The girl <u>plays</u> in the playground.

04 밑줄 친 부분이 어법상 옳지 <u>않은</u> 것은?

① Tom and Fred <u>wants</u> good grades.
② The horse <u>eats</u> carrots.
③ Claire <u>says</u> goodbye to her friend.
④ We <u>enjoy</u> the sunny weather.
⑤ The runner <u>finishes</u> the race.

05 다음 빈칸에 들어갈 알맞은 말을 쓰시오.

> 그녀는 학교 도서관에서 일한다. (work)
> → She _____ at the school library.

B. 일반동사의 부정문

06 빈칸에 들어갈 말이 바르게 짝지어진 것은?

> • We _____ not run in the classroom.
> • My teacher _____ not wear glasses.

① do - do　　② do - does
③ does - do　　④ does - does
⑤ does - doesn't

07 다음 문장을 부정문으로 바르게 바꾼 것은?

> Paul has a car.

① Paul has not a car.
② Paul not has a car.
③ Paul do not have a car.
④ Paul does not have a car.
⑤ Paul does not has a car.

08 밑줄 친 부분이 어법상 옳지 <u>않은</u> 것은?

① We <u>don't</u> sing.
② You <u>don't</u> cook.
③ She <u>doesn't</u> lie.
④ He <u>doesn't</u> dance.
⑤ They <u>doesn't</u> fly.

09 다음 중 어법상 옳지 <u>않은</u> 것은?

① Sumin and I do not wear hats.

② My parents don't speak French.

③ Karen do not take the subway.

④ The house does not have stairs.

⑤ The grapes don't taste sweet.

10 다음 빈칸에 들어갈 알맞은 말을 쓰시오.

> 그 문제는 어려워 보이지 않는다. (look)
>
> → The question _____ _____ difficult.

C. 일반동사의 의문문

11 다음 빈칸에 들어갈 알맞은 말은?

> _____ you like fried chicken?

① Am   ② Are   ③ Is

④ Do   ⑤ Does

12 다음 중 어법상 옳지 <u>않은</u> 것은?

① Do we need chopsticks?

② Do you know the story?

③ Does Chris rides a skateboard?

④ Does Sally go to bed at ten?

⑤ Does the food look good?

13 빈칸에 들어갈 말이 <보기>와 같은 것은?

> (보기) _____ she go to middle school?

① _____ you run fast?

② _____ he read comic books?

③ _____ we need an umbrella?

④ _____ they have a test today?

⑤ _____ the students study hard?

14 대화의 빈칸에 들어갈 알맞은 말은?

> A: Do you take tennis lessons?
>
> B: _____

① Yes, I do.   ② Yes, I does.

③ Yes, I take.   ④ No, I do.

⑤ No, I take.

15 밑줄 친 ⓐ~ⓔ 중 어법상 <u>틀린</u> 것은?

> A: ⓐDoes Ryan ⓑwash the dishes after dinner?
>
> B: ⓒNo, ⓓhe ⓔdoes.
> He washes them the next day.

① ⓐ   ② ⓑ   ③ ⓒ

④ ⓓ   ⑤ ⓔ

16 다음 빈칸에 들어갈 알맞은 말을 쓰시오.

> A: Do they have music class today?
>
> B: Yes, _____ _____.

 채점표

A. 일반동사의 긍정문	/ 5
B. 일반동사의 부정문	/ 5
C. 일반동사의 의문문	/ 6

01 다음 중 빈칸에 들어갈 수 <u>없는</u> 것은?

> _____ clean the classroom.

① I
② You
③ Jungmin
④ Jungmin and I
⑤ The students

02 빈칸에 들어갈 말이 바르게 짝지어진 것은?

> • I _____ the plants every week.
> • My dad _____ the soccer game.
> • Doctors _____ sick people.

① water - watch - help
② water - watches - help
③ water - watches - helps
④ waters - watch - helps
⑤ waters - watches - help

03 빈칸에 들어갈 like의 형태가 <u>다른</u> 하나는?

① Subin _____ cartoons.
② I _____ classical music.
③ Bob does not _____ cheese.
④ Do you _____ rainy days?
⑤ Does she _____ Italian food?

04 주어가 3인칭 단수일 때 일반동사의 형태 변화가 <u>잘못</u> 연결된 것은?

① see → sees
② go → gos
③ have → has
④ fly → flies
⑤ play → plays

05 주어가 3인칭 단수일 때 다르게 변하는 단어는?

① buy
② say
③ pay
④ enjoy
⑤ try

06 빈칸에 Do를 넣을 수 있는 문장을 <u>모두</u> 고른 것은?

> ⓐ _____ you want some tea?
> ⓑ _____ she work at home?
> ⓒ _____ they live in the ocean?
> ⓓ _____ we finish at noon?
> ⓔ _____ it have feathers?

① ⓐ, ⓑ, ⓒ
② ⓑ, ⓒ, ⓓ
③ ⓐ, ⓒ, ⓓ
④ ⓐ, ⓓ, ⓔ
⑤ ⓒ, ⓓ, ⓔ

07 다음 문장에서 not이 들어갈 알맞은 위치는?

> ⓐ My sister ⓑ does ⓒ take ⓓ the bus ⓔ.

① ⓐ
② ⓑ
③ ⓒ
④ ⓓ
⑤ ⓔ

08 다음 중 어법상 옳지 <u>않은</u> 것은?

> ⓐJim and Blake ⓑdoes ⓒnot ⓓgo ⓔto the same school.

① ⓐ
② ⓑ
③ ⓒ
④ ⓓ
⑤ ⓔ

09 긍정문을 부정문으로 바르게 바꾼 것은?

① I drink orange juice.
  → I not do drink orange juice.

② Andy feels sorry for his brother.
  → Andy does not feels sorry for his brother.

③ We call our friends.
  → We doesn't call our friends.

④ The boy says hello to me.
  → The boy doesn't say hello to me.

⑤ Erin buys eggs at the market.
  → Erin don't buy eggs at the market.

10 평서문을 의문문으로 바르게 바꾼 것은?

① The baby touches the sand.
  → Does the baby touch the sand?

② You have a good idea.
  → Does you have a good idea?

③ Jade moves to a new house.
  → Do Jade move to a new house?

④ Dad fixes the roof.
  → Does Dad fixes the roof?

⑤ They study for the test.
  → Do they studies for the test?

11 다음 중 어법에 맞는 문장의 개수는?

• Chris plays baseball with his friends.
• The ducks swims in the lake.
• Hyemin doesn't like the actor.
• Does Ken drive to work?
• Does you live near here?

① 1개   ② 2개   ③ 3개   ④ 4개   ⑤ 5개

12 다음 중 어법상 옳지 않은 것은?

A: ⓐ Does the cat ⓑ climb trees?
B: ⓒ Yes, ⓓ it ⓔ do.

① ⓐ   ② ⓑ   ③ ⓒ   ④ ⓓ   ⑤ ⓔ

13 다음 대화 중 어법상 어색한 것은?

① A: Do they like hip-hop music?
   B: Yes, they do.

② A: Does David have a dog?
   B: Yes, he does.

③ A: Do you want pizza for lunch?
   B: No, I don't.

④ A: Does the store open at nine?
   B: No, it does.

⑤ A: Does the flower smell good?
   B: Yes, it does.

[14-15] 다음 대답이 나올 수 있는 질문을 고르시오.

14
A: _____
B: Yes, he does.

① Do you travel a lot?
② Do frogs jump high?
③ Do Simon and Brad go to this school?
④ Does the library close on Sundays?
⑤ Does Mr. Park teach science?

15
A: _____
B: No, I don't.

① Do they arrive at night?
② Do you spend a lot of money?
③ Do I look tired?
④ Does Emma cook often?
⑤ Does your family go hiking?

16 우리말을 영어로 바르게 옮긴 것은?

① 너는 영어를 아주 잘한다.
→ You speak English very well.

② 창민은 생선을 먹지 않는다.
→ Changmin not eats fish.

③ 너는 피아노를 치니?
→ Does you play the piano?

④ 우리는 여름에 스키를 타러 가지 않는다.
→ We don't goes skiing in summer.

⑤ 유리는 영어 이름이 있니?
→ Do Yuri have an English name?

[17-18] 단어를 알맞게 배열한 문장을 고르시오.

17

| I / feel / thirsty now / don't |

① I feel thirsty now don't.
② I feel don't thirsty now.
③ I thirsty now feel don't.
④ I thirsty now don't feel.
⑤ I don't feel thirsty now.

18

| do / gloves in winter / you / wear |

① Do gloves in winter you wear?
② Do gloves in winter wear you?
③ Do you gloves in winter wear?
④ Do you wear gloves in winter?
⑤ Do wear you gloves in winter?

19 다음을 배열했을 때 세 번째로 오는 단어는?

내 강아지는 방을 떠나지 않는다.
(my puppy / the room / leave /
doesn't)

① my   ② puppy   ③ room
④ leave   ⑤ doesn't

20 어법에 맞는 문장을 모두 고른 것은?

ⓐ We don't believe the story.
ⓑ Jack doesn't fixes the computer.
ⓒ Does Ella drink milk?
ⓓ Do airplanes fly at night?
ⓔ The singer have many fans.

① ⓐ, ⓑ   ② ⓒ, ⓓ
③ ⓐ, ⓒ, ⓓ   ④ ⓐ, ⓓ, ⓔ
⑤ ⓒ, ⓓ, ⓔ

21 다음 중 문장을 바르게 고친 것은?

① I calls my friend after school.
→ I am calls my friend after school.

② The car don't move.
→ The car doesn't move.

③ Does Jinho dos his homework?
→ Does Jinho does his homework?

④ Does they exercise every day?
→ Does they do exercise every day?

⑤ I does not need sunglasses.
→ I doesn't need sunglasses.

22 다음 중 틀린 부분을 잘못 고친 것은?

My grandmother ⓐ cook every morning. She makes soup today. ⓑ Do she ⓒ makes tomato soup? No, she ⓓ don't. She makes chicken soup. We ⓔ has a delicious meal.

① ⓐ → cooks   ② ⓑ → Does
③ ⓒ → make   ④ ⓓ → do
⑤ ⓔ → have

[23-24] 다음 문장을 조건에 맞게 바꿔 쓰시오.

23

> They study in the library.

1) 부정문: _____ (7단어)

2) 의문문: _____ (6단어)

24

> The dog catches the ball.

1) 부정문: _____ (7단어)

2) 의문문: _____ (6단어)

[25-26] 제시된 단어를 활용해 우리말을 바르게 영작하시오.

25

> 나는 뉴스를 보지 않는다. (watch, the news)

→ _____ (5단어)

26

> Nick은 그의 친구를 도와주니? (help his friend)

→ _____ (5단어)

27 단어를 바르게 배열하여 문장을 완성하시오.

> A: (the bus / does / pass the bridge)?
> B: Yes, it does.

→ _____

28 대화의 빈칸에 들어갈 알맞은 말을 쓰시오.

> A: Do you have an eraser?
> B: No, _____ _____.

29 다음을 읽고 틀린 부분을 바르게 고치시오.

> My school has a field day every year. We play many different games. Students don't wears uniforms on that day. They wear T-shirts and sweatpants.

_____ → _____

30 다음 표를 보고 제시된 단어를 활용하여 문장을 완성하시오. (단어 변형 가능, 축약형 쓰기)

Kate의 학교 시간표	
Monday	math class
Tuesday	history class

1) Kate _____ on Monday.
　　　　　(have, math class)

2) Kate _____ on Monday.
　　　　　(have, history class)

채점표	
총점	/ 30

CHAPTER REVIEW

❶ 주어가 3인칭 단수일 때 일반동사의 형태가 변한다.

❷ 일반동사의 변화 규칙은 동사의 철자에 따라 다르다.

❸ 일반동사 부정문 = 주어 + do/does + not + 동사원형

❹ 일반동사 의문문 = Do/Does + 주어 + 동사원형 ~?

복습문제   우리말에 해당하는 알맞은 문장을 고르시오.

---

01   Grace는 매일 운전을 한다.
- ☐ a. Grace drive every day.
- ☐ b. Grace drives every day.

---

02   그 소년들은 점심시간에 농구를 한다.
- ☐ a. The boys plays basketball at lunchtime.
- ☐ b. The boys play basketball at lunchtime.

---

03   그들은 매달 캠핑을 가지 않는다.
- ☐ a. They don't go camping every month.
- ☐ b. They doesn't go camping every month.

---

04   그녀가 내 이름을 아니?
- ☐ a. Does she know my name?
- ☐ b. Does she knows my name?

---

05   너는 학교 교복을 입니?
- ☐ a. Does you wear a school uniform?
- ☐ b. Do you wear a school uniform?

정답   01 b.   02 b.   03 a.   04 a.   05 b.

CHAPTER 03

시제

핵심문장

■ **과거시제** (be동사)	He was a student.	그는 학생이었다.
■ **과거시제** (일반동사)	He walked to school.	그는 학교에 걸어갔다.
■ **현재진행시제**	He is walking to school.	그는 학교에 걸어가고 있다.
■ **과거진행시제**	He was walking to school.	그는 학교에 걸어가고 있었다.
■ **미래시제**	He will walk to school.	그는 학교에 걸어갈 것이다.

과거시제 (be동사)

 ## be동사의 과거형

Point 1. be동사의 과거형은 was, were이다.

주어	be동사 현재형	be동사 과거형
I	am	was
He / She / It	is	
You / We / They	are	were

- He **is** a shy boy. 그는 수줍음 많은 소년이다.
- He **was** a shy boy. 그는 수줍음 많은 소년이었다.

 ## be동사 과거시제의 부정문

Point 2. be동사 과거시제 부정문 = 주어 + was/were + not

주어	be동사 + not	줄임말
I / He / She / It	was not	wasn't
You / We / They	were not	weren't

- Alice **was not** hungry. Alice는 배고프지 않았다.
  = Alice **wasn't** hungry.
- You **were not** born in Korea. 너는 한국에서 태어나지 않았다.
  = You **weren't** born in Korea.

 ## be동사 과거시제의 의문문

Point 3. be동사 과거시제 의문문 = Was/Were + 주어 ~?

주어	의문문
I / He / She / It	Was + 주어 ~?
You / We / They	Were + 주어 ~?

- **Was the watch** on the desk? 그 시계는 책상 위에 있었니?
  - Yes, **it was.** / No, **it wasn't.** 응, 그랬어. / 아니, 그렇지 않았어.

CHECK

Q1. 괄호 안에 알맞은 be동사를 골라 문장을 완성하시오.

(1) Jane (was / were) a baker.

(2) Brad and I (was / were) late today.

(3) The coat (was / were) expensive.

(4) The flowers (was / were) beautiful.

(5) Mom and Dad (was / were) at the market.

Q2. 괄호 안에 알맞은 말을 골라 부정문을 완성하시오.

(1) Henry (not was / was not) a good singer.

(2) The science test (was not / were not) easy.

(3) The socks (not were / were not) in the drawer.

(4) The girls (wasn't / weren't) in my class.

(5) I (wasn't / weren't) busy last week.

Q3. 의문문과 대답을 바르게 연결하시오.

(1) Was he glad?   ⓐ Yes, I was.

(2) Were you sick?   ⓑ Yes, he was.

(3) Were they mad?   ⓒ Yes, they were.

정답 **Q1.** (1) was (2) were (3) was (4) were
(5) were   **Q2.** (1) was not (2) was not
(3) were not (4) weren't (5) wasn't
Q3. (1) ⓑ (2) ⓐ (3) ⓒ

PRACTICE

01. 다음 우리말을 바르게 영작한 것은?

> Sarah는 어제 아팠다.

① Sarah is sick yesterday.
② Sarah was sick yesterday.
③ Sarah were sick yesterday.
④ Sarah is not sick yesterday.
⑤ Sarah was not sick yesterday.

정답 ② Sarah was sick yesterday.
목표 be동사 과거시제 영작하기
해설 주어가 3인칭 단수이므로 be동사 과거형 was, were 중에서 was를 쓴다.

①, ④ be동사 is가 사용된 현재시제 문장이다.
③ 주어가 You 또는 1/2/3인칭 복수일 때 be동사 과거형 were를 쓴다.
④, ⑤ be동사의 부정형(be동사+not)이 쓰인 부정문이다.

02. 다음 빈칸에 들어갈 알맞은 말은?

> A: Were Minsu and Sangwoo at the gym?
> B: No, they _____.

A: 민수와 상우는 체육관에 있었니?
B: 아니, 그렇지 않았어.

① was   ② were   ③ aren't
④ wasn't   ⑤ weren't

정답 ⑤ weren't
목표 be동사 과거시제 의문문에 대한 대답 고르기
해설 의문문에 쓰인 be동사를 대답에서 그대로 쓰되, 부정 대답일 때에는 be동사의 부정형을 쓴다. (were not = weren't)

06 과거시제 (일반동사)

⭐ 일반동사의 과거형

	Point 1. 일반동사는 철자에 따라 과거형 변화 규칙이 다르다.		
규칙 변화	대부분의 동사	동사원형+ed	want-wanted, talk-talked
	-e로 끝나는 동사	동사원형+d	like-liked, use-used
	[자음+y]로 끝나는 동사	y → i+ed	study-studied, try-tried
	[단모음+단자음]으로 끝나는 동사	자음 추가+ed	plan-planned, stop-stopped
불규칙 변화	형태가 같은 동사		put-put, cut-cut, read-read, hit-hit, hurt-hurt, quit-quit
	형태가 다른 동사		go-went, see-saw, meet-met, begin-began, make-made, come-came, eat-ate, say-said

※ 일반동사 과거형은 주어의 인칭/수와 상관없이 변한다.
※ [단모음+단자음] = 모음(a/e/i/o/u) 1개 + 자음 1개

- James **talked** to his friend this morning.
  James는 오늘 아침에 그의 친구와 대화했다.

- We **went** to a museum yesterday.
  우리는 어제 박물관에 갔다.

⭐ 일반동사 과거시제의 부정문/의문문

Point 2. 부정문/의문문에서는 do의 과거형 did를 쓴다.	
부정문	의문문
주어 + did not + 동사원형 = 주어 + didn't + 동사원형	Did + 주어 + 동사원형 ~?

- Sumin **did not study** for the test.
  수민은 시험을 위해 공부하지 않았다. (수민은 시험 공부를 하지 않았다.)

- We **didn't go** to the party. 우리는 그 파티에 가지 않았다.

- **Did they live** in Boston? 그들은 보스턴에서 살았니?
  - Yes, **they did**. / No, **they didn't**.
  응, 그랬어. / 아니, 그렇지 않았어.

CHECK

Q1. 동사의 알맞은 과거형을 고르시오.

(1) use → use / used

(2) plan → planed / planned

(3) want → wanted / wantted

(4) try → tryed / tried

(5) eat → eated / ate

(6) read → read / readed

Q2. 괄호 안에 알맞은 말을 골라 과거시제 부정문을 완성하시오.

(1) We (don't / didn't) watch TV last night.

(2) She (doesn't / didn't) come yesterday.

(3) They (did / didn't) clean the house on Sunday.

Q3. 의문문에 알맞은 대답을 고르시오.

(1) Did he work hard?
  ☐ Yes, he did.　　☐ Yes, he do.

(2) Did they buy a car?
  ☐ Yes, they buy.　　☐ Yes, they did.

(3) Did you find the book?
  ☐ No, I don't.　　☐ No, I didn't.

정답　**Q1.** (1) used　(2) planned　(3) wanted
(4) tried　(5) ate　(6) read　**Q2.** (1) didn't
(2) didn't　(3) didn't　**Q3.** (1) Yes, he did.
(2) Yes, they did.　(3) No, I didn't.

PRACTICE

01.

다음 빈칸에 들어갈 알맞은 말은?

> 그 차는 빨간불에서 멈췄다.
> → The car _____ at the red light.

① stoped　　　② stopped
③ doesn't stop　④ didn't stop
⑤ stop didn't

정답　② stopped
목표　일반동사의 과거형 판단하기
해설　과거시제이므로 빈칸에는 일반동사의 과거형이 들어간다. stop은 [단모음+단자음]으로 끝나는 동사이므로 과거형을 만들 때 자음 p를 한 번 더 쓴 다음 -ed를 붙인다. (stopped)

③ 현재시제 부정문 (멈추지 않는다)
④ 과거시제 부정문 (멈추지 않았다)

02.

밑줄 친 부분이 어법상 옳은 것은?

① Did you <u>ate</u> pizza for lunch?
② Did the baby <u>went</u> to sleep?
③ Did they <u>arrived</u> at the airport?
④ Did Changmin <u>wait</u> at the bus stop?
⑤ Did Suji <u>made</u> a mistake?

① 너는 점심으로 피자를 먹었니?
② 그 아기는 잠들었니?
③ 그들은 공항에 도착했니?
④ 창민은 버스 정류장에서 기다렸니?
⑤ 수지가 실수를 저질렀니?

정답　④ Did Changmin <u>wait</u> at the bus stop?
목표　일반동사 과거시제 의문문의 어법성 판단하기
해설　일반동사 의문문에서 주어 뒤에는 동사원형을 쓴다. (Did+주어+동사원형~?)
과거시제라고 해서 동사의 과거형을 쓰지 않도록 유의하자.

UNIT 07 진행시제

 ## 진행시제의 긍정문

Point 1. 진행형 = be동사 + 동사원형ing

현재진행형	am/are/is + 동사원형ing
과거진행형	was/were + 동사원형ing

- I **am reading** a book. 나는 책을 읽고 있다.
- I **was reading** a book. 나는 책을 읽고 있었다.

Point 2. 동사의 철자에 따라 동사ing 만드는 규칙이 다르다.

대부분의 동사	동사원형+ing	go-going, work-working
-e로 끝나는 동사	e를 없애고+ing	have-having, make-making
-ie로 끝나는 동사	ie → y+ing	lie-lying, die-dying
[단모음+단자음]으로 끝나는 동사	자음 추가+ing	run-running, get-getting

 ## 진행시제의 부정문과 의문문

Point 3. 부정문: be동사+not, 의문문: Be동사+주어~?

부정문	현재진행	주어 + am/are/is not + 동사원형ing
	과거진행	주어 + was/were not + 동사원형ing
의문문	현재진행	Am/Are/Is + 주어 + 동사원형ing ~?
	과거진행	Was/Were + 주어 + 동사원형ing ~?

- She **is not talking** to me. 그녀는 나에게 말하고 있지 않다.
- She **was not talking** to me. 그녀는 나에게 말하고 있지 않았다.
- **Are** they **staying** in Korea? 그들은 한국에 머무르고 있니?
  - Yes, they **are**. / No, they **aren't**. 응, 그래. / 아니, 그렇지 않아.
- **Were** they **staying** in Korea? 그들은 한국에 머무르고 있었니?
  - Yes, they **were**. / No, they **weren't**.
  응, 그랬어. / 아니, 그렇지 않았어.

CHECK

Q1. 동사의 알맞은 진행형을 고르시오.

(1) enjoy → enjoying / enjoieing
(2) move → moveing / moving
(3) swim → swiming / swimming
(4) think → thinking / thinkking
(5) write → writting / writing
(6) tie → tieing / tying

Q2. 괄호 안에 알맞은 말을 골라 문장을 완성하시오.

(1) The cat (sleeping / is sleeping) on the bed.
(2) Ron was (cook / cooking) steak.
(3) I am (not drawing / not draw) a picture.
(4) They (not were / were not) playing badminton.
(5) Are you (listen / listening) to music?
(6) Was Erin (feeding / feed) the dog?

정답 **Q1.** (1) enjoying (2) moving (3) swimming (4) thinking (5) writing (6) tying **Q2.** (1) is sleeping (2) cooking (3) not drawing (4) were not (5) listening (6) feeding

01. 동사와 동사원형ing의 짝이 바르지 <u>않은</u> 것은?

① meet – meeting

② come – coming

③ sit – siting

④ lie – lying

⑤ watch – watching

정답   ③ sit – siting

목표   일반동사 진행형의 형태 판단하기

해설   ③ sit은 [단모음+단자음]으로 끝나는 동사이므로 자음을 한 번 더 쓰고 -ing를 붙인다. (sitting)

①, ⑤ 대부분의 동사: 동사원형+ing

② -e로 끝나는 동사: e를 없애고 +ing

④ -ie로 끝나는 동사: ie를 y로 바꿔서 +ing

02. 다음 우리말을 바르게 영작한 것은?

> 너는 편지를 쓰고 있었니?

① 너는 편지를 쓰고 있다.
② 너는 편지를 쓰고 있었다.
③ 너는 편지를 쓰고 있지 않았다.
④ 너는 편지를 쓰고 있니?
⑤ 너는 편지를 쓰고 있었니?

① You are writing a letter.

② You were writing a letter.

③ You were not writing a letter.

④ Are you writing a letter?

⑤ Were you writing a letter?

정답   ⑤ Were you writing a letter?

목표   일반동사 과거진행시제 의문문 영작하기

해설   과거진행시제이고 주어가 you이므로 'Were+주어+동사원형ing~?'으로 영작한다.

① 현재진행시제 평서문: 주어 + be동사 현재형 + 동사원형ing

② 과거진행시제 평서문(긍정): 주어 + be동사 과거형 + 동사원형ing

③ 과거진행시제 평서문(부정): 주어 + be동사 과거형 + not + 동사원형ing

④ 현재진행시제 의문문: Be동사 현재형 + 주어 + 동사원형ing ~?

미래시제의 긍정문

Point 1. 미래시제 표현: will, be going to	
형태	**의미**
will + 동사원형	(방금 막 결정된 일 또는 막연한 미래의 일을) 할 것이다
be동사 + going to + 동사원형	(계획된 일 또는 가능성 있는 미래의 일을) 할 것이다

- I **will have** curry. 나는 카레를 먹을 것이다.
- I **will be** a soccer player. 나는 축구 선수가 될 것이다.

- She **is going to stay** at home. 그녀는 집에 있을 것이다.
- She **is going to go** to the dentist. 그녀는 치과에 갈 것이다.

미래시제의 부정문과 의문문

Point 2. 부정문: will/be+not, 의문문: Will/Be+주어~?		
will	부정문	주어 + will + not + 동사원형 주어 + won't + 동사원형
	의문문	Will + 주어 + 동사원형 ~?
be going to	부정문	주어 + be동사 + not + going to + 동사원형
	의문문	Be동사 + 주어 + going to + 동사원형 ~?

- I **will not be** late tomorrow. 나는 내일 늦지 않을 것이다.
- I **am not going to buy** this. 나는 이것을 사지 않을 것이다.

- **Will they come** with us? 그들은 우리와 함께 갈 거니?
  - Yes, **they will.** / No, **they won't.**
    응, 그럴 거야. / 아니, 그러지 않을 거야.

- **Are they going to have** lunch together?
  그들은 함께 점심 식사를 할 거니?
  - Yes, **they are.** / No, **they aren't.**
    응, 그럴 거야. / 아니, 그러지 않을 거야.

CHECK

Q1. 괄호 안에 알맞은 말을 골라 미래시제 문장을 완성하시오.

(1) Ben (be will / will be) busy.
(2) Mom will (come / comes) early.
(3) Kate is going to (go / goes) to bed.
(4) I (am / will) going to meet my parents.
(5) We are (go to / going to) cook spaghetti.

Q2. 밑줄 친 부분이 어법상 옳으면 ○, 틀리면 X를 고르시오.

(1) Minju will not eat hamburgers. O / X
(2) I won't not do this again. O / X
(3) They are going to not take a taxi. O / X

Q3. 의문문에 알맞은 대답을 고르시오.

(1) Will you buy this for me?
   ☐ Yes, I am.   ☐ Yes, I will.
(2) Is she going to take piano lessons?
   ☐ No, she is.   ☐ No, she isn't.
(3) Are they going to stay here?
   ☐ No, they won't.
   ☐ No, they aren't.

정답 **Q1.** (1) will be (2) come (3) go (4) am
(5) going to   **Q2.** (1) O (2) X (3) X
Q3. (1) Yes, I will. (2) No, she isn't.
(3) No, they aren't.

PRACTICE

01. **다음 빈칸에 들어갈 알맞은 말은?**

| Jamie is going to _____ TV at seven. |

Jamie는 7시에 TV를 볼 것이다.

① watch ② watches
③ watched ④ watching
⑤ will watch

정답 ① watch
목표 미래시제 문장의 형태 판단하기
해설 미래시제 표현 be going to가 쓰인 문장인데, to 뒤에는 동사원형을 쓴다.

⑤ will 역시 미래시제를 나타내지만, be going to와 will을 한 문장에서 같이 쓸 수는 없다.

※ will vs. be going to
둘 다 미래시제 표현이지만, will은 '의지'의 의미가 담긴 표현으로서 막연한 미래나 지금 바로 결심한 일에 대해 얘기할 때 쓰이는 반면, be going to는 좀 더 구체적인 계획에 대해 얘기할 때 사용된다.
e.g., I will become an artist. 나는 예술가가 될 것이다.
　　 I'm going to take art lessons. 나는 미술 레슨을 받을 계획이다.

02. **다음 대화에서 어법상 옳지 않은 것은?**

| A: ⓐWill you and Amy ⓑjoin the club?
B: ⓒNo, ⓓwe ⓔwill. (부정 대답) |

A: 너와 Amy는 그 동아리에 가입할
　거니?
B: 아니, 그러지 않을 거야.

① ⓐ ② ⓑ ③ ⓒ
④ ⓓ ⑤ ⓔ

정답 ⑤ ⓔ
목표 미래시제 의문문과 대답의 어법성 판단하기
해설 조동사 will이 들어간 미래시제 의문문이므로 역시 will을 넣어 대답한다. 단, 부정 대답일 때에는 will을 부정형 will not [won't]으로 바꿔서 말한다.

①, ② Will을 사용한 미래시제 의문문: Will + 주어 + 동사원형 ~?
④ 의문문의 주어가 2인칭(you and Amy)이므로 1인칭 주어로 대답한다.

A. 과거시제 (be동사)

01 빈칸에 들어갈 말이 바르게 짝지어진 것은?

> • Homin _____ at home yesterday.
> • They _____ friends in middle school.

① is – wasn't ② is – weren't
③ was – wasn't ④ was – weren't
⑤ were – weren't

02 다음 중 시제가 다른 문장은?

① The teacher was kind to us.
② Julie and I were not lucky.
③ Taemin was not ready for the test.
④ Are they your grandparents?
⑤ Was the game fun to play?

03 다음 과거시제 문장 중 빈칸에 들어갈 말이 다른 것은?

① _____ it on the bench?
② _____ Andy 13 years old?
③ _____ the room silent?
④ _____ the weather cold?
⑤ _____ you at the shopping mall?

04 다음 빈칸에 들어갈 말을 한 단어로 쓰시오.

> 그것은 내 아이디어가 아니었다.
> → It _____ my idea.

B. 과거시제 (일반동사)

05 일반동사 현재형-과거형이 바르지 않은 것은?

① smile – smileed ② cry – cried
③ stop – stopped ④ put – put
⑤ come – came

06 다음 문장을 부정문으로 바르게 고친 것은?

> They needed a new car.

① They need a new car.
② They not needed a new car.
③ They didn't need a new car.
④ They didn't needed a new car.
⑤ Did they need a new car?

07 밑줄 친 부분이 어법상 옳지 않은 것은?

① My team lost the game.
② Tony didn't caught a cold.
③ We didn't move to a new house.
④ Did you practice the dance?
⑤ Did Lucy break the flower pot?

08 다음 빈칸에 들어갈 알맞은 말을 쓰시오.

> 너는 작년에 호주로 여행 갔니?
> → _____ _____ _____ to Australia last year? (travel)

C. 진행시제

09 밑줄 친 동사의 활용이 잘못된 것은?

① I am <u>reading</u> a book.
② The boy is <u>cutting</u> the paper.
③ We are <u>having</u> a good time.
④ Hyemin was <u>doing</u> her homework.
⑤ David was <u>tieing</u> a bow.

10 빈칸에 들어갈 말이 바르게 짝지어진 것은?

- _____ they celebrating Christmas?
- The puppy isn't _____ in the garden.

① Am - walk   ② Is - walk
③ Is - walking   ④ Are - walk
⑤ Are - walking

11 다음 문장을 의문문으로 바르게 고친 것은?

He is enjoying his time in London.

① Is he enjoy his time in London?
② Is he enjoying his time in London?
③ He is enjoy his time in London?
④ He is not enjoy his time in London?
⑤ He is not enjoying his time in London?

12 괄호 안의 단어를 바르게 배열하시오.

Mom and I (making / not / were) cookies in the kitchen.

→ _____

D. 미래시제

13 밑줄 친 부분이 어법상 옳지 <u>않은</u> 것은?

① I <u>will try</u> again next year.
② She <u>will drink</u> some water.
③ They <u>will leave</u> soon.
④ I <u>am going to buy</u> a new computer.
⑤ He <u>be going to arrive</u> at seven.

14 다음 문장에서 not이 들어갈 알맞은 위치는?

ⓐ They ⓑ are ⓒ going to ⓓ go
ⓔ camping this month.

① ⓐ   ② ⓑ   ③ ⓒ   ④ ⓓ   ⑤ ⓔ

15 다음 우리말을 바르게 영작한 것은?

너는 Mark를 기다릴 거니?

① You are wait for Mark?
② You will not wait for Mark?
③ You will waiting for Mark?
④ Will you wait for Mark?
⑤ Will you waiting for Mark?

16 괄호 안의 단어를 바르게 배열하시오.

Is (have / he / going to) dinner with us?

→ _____

✔️ 채점표

A. 과거시제 (be동사)	/ 4
B. 과거시제 (일반동사)	/ 4
C. 진행시제	/ 4
D. 미래시제	/ 4

[01-02] 빈칸에 들어갈 말로 바른 것을 고르시오.

01

> • Hajun _____ late for school last week.
> • They _____ listening to music.
> • Jina _____ in Busan when she was young.

① is – wasn't – live

② is – weren't – lived

③ was – wasn't – live

④ was – weren't – lived

⑤ was – weren't – living

02

> • The cat is _____ under the chair.
> • The test will not _____ easy.
> • I am going to _____ to Seoul next month.

① lie – be – move

② lie – was – moved

③ lying – be – move

④ lying – be – moved

⑤ lying – was – moving

03 <보기>와 밑줄 친 부분의 쓰임이 다른 것은?

> 보기 I am going to exercise every morning.

① I am going to take a shower now.

② Shane is going to read this book.

③ Nora is going to share a room with me.

④ We are going to study together.

⑤ They are going to Jeju Island.

04 진행형을 만드는 방법이 나머지와 다른 것은?

① eat   ② sing   ③ play

④ sleep   ⑤ plan

05 빈칸에 was를 넣을 수 있는 문장을 모두 고른 것은?

> ⓐ Abby _____ at the airport.
> ⓑ Jungmin _____ soccer after school.
> ⓒ I _____ playing the piano.
> ⓓ They _____ planting the seeds.
> ⓔ Andrew _____ arrive soon.

① ⓐ, ⓑ   ② ⓐ, ⓒ

③ ⓐ, ⓑ, ⓒ   ④ ⓑ, ⓒ, ⓓ

⑤ ⓒ, ⓓ, ⓔ

[06-07] 빈칸에 들어갈 수 있는 것을 고르시오.

06

> He did not _____.

① play computer games

② likes bread

③ watched TV

④ making a robot

⑤ will walk to school

07

> My parents were _____.

① sing a song

② works hard all day

③ ate dinner at seven

④ waiting at the bus stop

⑤ will buy some milk

08 다음 중 어법에 맞는 문장의 개수는?

> - The dishes wasn't clean.
> - Did Matt find the tickets?
> - Emily was lived with her sister.
> - Will they coming tonight?
> - Is Minho going to get up at six?

① 1개　② 2개　③ 3개　④ 4개　⑤ 5개

[09-10] 다음 대답이 나올 수 있는 질문을 고르시오.

09

> A: _____
> B: Yes, I was.

① Are you wearing glasses?
② Was I late for the meeting?
③ Were you at the library?
④ Will you answer the question?
⑤ Did I win the game?

10

> A: _____
> B: No, they won't.

① Were you busy yesterday?
② Were the boys doing their homework?
③ Will Sam and Julie practice with us?
④ Did they speak English well?
⑤ Are they going to take the subway?

11 다음 중 시제가 <u>다른</u> 문장은?

① The water was very cold.
② You weren't alone at home.
③ David caught a lot of fish.
④ I didn't make a mistake today.
⑤ We aren't taking French class.

[12-13] 다음 중 문장을 <u>잘못</u> 바꾼 것을 고르시오.

12　① I am good at dancing. (과거시제로)
　　→ I was good at dancing.

② Many people are in the room. (과거시제로)
　→ Many people were in the room.

③ Jenny is sitting under the tree.
(과거진행시제로)
　→ Jenny was sitting under the tree.

④ He is a famous actor. (미래시제로)
　→ He will is a famous actor.

⑤ She travels around the world. (미래시제로)
　→ She is going to travel around the world.

13　① I was sick last week. (부정문으로)
　　→ I wasn't sick last week.

② Alex did 20 push-ups. (의문문으로)
　→ Did Alex did 20 push-ups?

③ He will fix the car. (부정문으로)
　→ He won't fix the car.

④ Somin is brushing her teeth. (부정문으로)
　→ Somin isn't brushing her teeth.

⑤ They were watching a movie. (의문문으로)
　→ Were they watching a movie?

[14-15] 단어를 알맞게 배열한 문장을 고르시오.

14

> the mouse / eating / was / not / cheese

① The mouse eating was not cheese.
② The mouse was eating not cheese.
③ The mouse was not eating cheese.
④ The mouse not eating was cheese.
⑤ The mouse not was eating cheese.

15

> Jamie / cook / going to / beef / is

① Jamie cook going to is beef.
② Jamie cook is going to beef.
③ Jamie going to cook is beef.
④ Jamie is cook going to beef.
⑤ Jamie is going to cook beef.

16 어법에 맞는 문장을 모두 고른 것은?

> ⓐ He didn't forget my birthday.
> ⓑ Were they at the hospital?
> ⓒ She wasn't ate vegetables.
> ⓓ I'm not go to stay at home.
> ⓔ Was he was living in a big city?

① ⓐ, ⓑ   ② ⓑ, ⓒ
③ ⓒ, ⓔ   ④ ⓐ, ⓑ, ⓓ
⑤ ⓑ, ⓒ, ⓔ

17 다음 대화 중 어법상 어색한 것은?

① A: Did you know my name?
  B: Yes, I did.
② A: Was she your math teacher?
  B: No, she wasn't.
③ A: Were they shopping at the store?
  B: Yes, they were.
④ A: Will he train the dog?
  B: No, he will.
⑤ A: Are you going to visit your cousin?
  B: No, I'm not.

18 밑줄 친 ⓐ~ⓔ 중 어법상 옳지 않은 것은?

> Yesterday, I ⓐhad dinner with Todd. We ⓑare went to a nice restaurant. We ⓒwere happy with our meal. The chicken tasted good. It ⓓwasn't spicy. I ⓔwill visit the restaurant again someday.

① ⓐ   ② ⓑ   ③ ⓒ   ④ ⓓ   ⑤ ⓔ

19 다음을 배열했을 때 세 번째로 오는 단어는?

> 그는 가방을 들고 있지 않다.
> (is / a bag / not / he / carrying)

① is   ② bag   ③ not
④ he   ⑤ carrying

20 밑줄 친 부분을 바르게 고친 것은?

① I am go to send a letter. → going
② They are swim in the pool. → swiming
③ He didn't opened the door. → opens
④ She was study English. → studied
⑤ They wasn't lying on the ground. → was

21 우리말을 영어로 잘못 옮긴 것은?

① 그 노래는 아주 인기가 많았다.
  → The song was very popular.
② Ted는 야구 모자를 쓰고 있었다.
  → Ted was wearing a baseball cap.
③ Mandy는 선물을 가져오지 않았다.
  → Mandy didn't brought a gift.
④ 그들은 공원에서 조깅하고 있지 않다.
  → They are not jogging at the park.
⑤ 그녀는 예술가가 되지 않을 것이다.
  → She will not be an artist.

서술형

[22-23] 다음 문장을 조건에 맞게 바꿔 쓰시오.

22

> Sue was taking pictures.

1) 부정문: _____ (4단어)

2) 의문문: _____ (4단어)

23

> Paul eats the chocolate cake.

1) 과거시제: _____ (5단어)

2) 미래시제: _____ (6단어)

서술형

24 제시된 단어를 활용해 우리말을 바르게 영작하시오.

> 그는 자신의 숙제를 끝내지 않았다.
> (his homework, finish)

→ _____ (5단어)

서술형

25 다음을 읽고 <u>틀린</u> 부분을 바르게 고치시오.

> Emma was riding her bike to school. She was late today. The light turn red. Emma stopped and waited. Then, she heard her name. "Emma, let's go together!" Her teacher riding a bike, too.

1) _____ → _____

2) _____ → _____

서술형

26 단어를 바르게 배열하여 문장을 완성하시오.

> A: 1) _____
>   (go / you / to the library / did)?
> B: Yes, I did.
> A: 2) _____
>   (you / alone / were)?
> B: No, I wasn't. I was with my friend.

서술형

27 다음을 보고 제시된 단어를 활용해 문장을 완성하시오. (단어 변형 가능)

Ben이 어제 한 일
✓ 책 한 권을 삼
✓ 핫도그(hot dog) 하나를 먹음

1) Ben _____ yesterday. (buy)

2) Ben _____ yesterday. (eat)

서술형

28 다음을 읽고 **be going to**를 사용한 미래시제로 문장을 완성하시오.

나의 오전 계획표	
9:00	Kitty에게 먹이 주기
11:00	농구하기

1) I _____ at nine. (feed)

2) I _____ at eleven. (play)

 채점표

총점	/ 28

CHAPTER REVIEW

❶ be동사의 과거형은 was, were이다.

❷ 일반동사의 과거형은 '동사원형ed', 진행형은 'be동사+동사원형ing'이다.
(단, 동사의 철자에 따라 규칙이 다르다.)

❸ 일반동사 과거시제는 동사 앞에 did를 활용해 부정문과 의문문을 만들며,
이어서 나오는 동사는 원형으로 쓴다.

❹ 진행시제는 be동사로 현재/과거시제를 구분한다.

❺ 미래시제는 'will+동사원형' 또는 'be동사+going to+동사원형'으로 나타낸다.

복습문제 우리말에 해당하는 알맞은 문장을 고르시오.

---

01 진호는 똑똑한 학생이었다.
- ☐ a. Jinho is a smart student.
- ☐ b. Jinho was a smart student.

---

02 우리는 어제 소풍을 가지 않았다.
- ☐ a. We did go on a picnic yesterday.
- ☐ b. We didn't go on a picnic yesterday.

---

03 그녀는 샌드위치를 만들고 있다.
- ☐ a. She is making a sandwich.
- ☐ b. She was making a sandwich.

---

04 나는 언젠가 유명한 피아니스트가 될 것이다.
- ☐ a. I will am a famous pianist someday.
- ☐ b. I will become a famous pianist someday.

---

05 그들은 이 요리를 주문하지 않을 것이다.
- ☐ a. They are not going to order this dish.
- ☐ b. They not are going to order this dish.

정답 01 b. 02 b. 03 a. 04 b. 05 a.

CHAPTER 04

명사

핵심문장

■ **셀 수 있는 명사** (단수)	There is a cup.	컵이 있다.
■ **셀 수 있는 명사** (복수)	There are cups.	컵들이 있다.
■ **셀 수 없는 명사**	There is hope.	희망이 있다.

셀 수 있는 명사

Point 1. 단수는 a/an과 함께 쓰고, 복수는 복수형으로 바꾼다.

단수	a/an + 명사	a car, an egg
복수	명사+s	cars, eggs

※ 쌍으로 이루어진 것들은 항상 복수로 쓴다. (e.g., glasses, pants)

Point 2. 명사의 철자에 따라 복수형을 만드는 규칙이 다르다.

규칙	대부분의 명사	+s	dogs, houses
	-s, -x, -sh, -ch, -o로 끝나는 명사	+es	glasses, boxes, dishes, watches, potatoes (예외: photos, videos)
	[자음+y]로 끝나는 명사	y → i+es	cities, babies
	-f, -fe로 끝나는 명사	f(e) → v+es	leaves, knives, wives
불규칙	형태가 같은 명사		fish-fish, sheep-sheep, deer-deer
	형태가 다른 명사		man-men, woman-women, child-children, person-people, mouse-mice, foot-feet, tooth-teeth

셀 수 없는 명사

Point 3. 셀 수 없는 명사 앞에 단위 명사를 붙여서 셀 수 있는 형태로 나타낼 수 있다.

a cup of coffee (커피 한 잔)	a slice of cheese (치즈 한 쪽)
a glass of water (물 한 컵)	a piece of cake (케이크 한 조각)
a bottle of juice (주스 한 병)	a spoonful of salt (소금 한 스푼)
a loaf of bread (빵 한 덩이)	a sheet of paper (종이 한 장)

※ 셀 수 없는 명사는 단수로 취급되며 앞에 a/an은 붙지 않는다.

Point 4. 명사는 수량 형용사를 써서 수/양을 나타낼 수 있다.

셀 수 있는 명사	셀 수 없는 명사
many (많은), a few (조금의), few (거의 없는)	much (많은), a little (조금의), little (거의 없는)
a lot of [lots of] (많은), some/any (약간의)	

PRACTICE

01.

밑줄 친 부분이 어법상 옳지 않은 것은?

① I borrowed <u>a book</u> yesterday.
② We visited <u>many cities</u> in Europe.
③ Erin bought <u>three tomatoes</u>.
④ <u>The sheep are</u> eating grass.
⑤ Tom drinks <u>two juices</u> every morning.

① 나는 어제 책 한 권을 빌렸다.
② 우리는 유럽의 여러 도시들을 방문했다.
③ Erin은 토마토 3개를 샀다.
④ 그 양들은 풀을 먹고 있다.
⑤ Tom은 매일 아침 주스 2잔을 마신다.

정답 ⑤ Tom drinks <u>two juices</u> every morning.
목표 셀 수 있는 명사와 셀 수 없는 명사 구분하기
해설 ⑤ two juices → two cups of juice

juice는 셀 수 없는 명사이므로 복수로 나타낼 수 없지만, cup 같은 단위 명사를 이용하면 개수를 셀 수 있는 형태로 나타낼 수 있다. 반면, book, city, tomato, sheep은 셀 수 있는 명사이다.

※ 셀 수 없는 명사의 종류
1) 특정한 형태가 정해지지 않은 물질 (e.g., coffee, sugar)
2) 사람 또는 지역의 이름 같은 고유명사 (e.g., Susie, New York)
3) 추상적인 개념을 가리키는 명사 (e.g., love, happiness)

02.

다음 중 빈칸에 들어갈 수 없는 것은?

_____ children are in the room.

~ 아이들이 그 방에 있다.

① Many   ② A lot of   ③ Some
④ A little   ⑤ Few

정답 ④ A little
목표 수량 형용사의 적합성 판단하기
해설 children은 셀 수 있는 명사이므로 수량 형용사 a little과 함께 쓸 수 없다.
① Many: 많은 아이들이 그 방에 있다. / ② A lot of [Lots of]: 많은 아이들이 그 방에 있다.
③ Some: 몇몇 아이들이 그 방에 있다. / ⑤ Few: 그 방에 아이들이 거의 없다.

※ some vs. any: 뜻은 비슷하지만 주로 쓰이는 문장의 종류가 다르다.
긍정문: I have <u>some</u> water. (나는 물이 있어.)
권유문: Do you want <u>some</u> water? (너는 물을 원하니?)
의문문: Do you have <u>any</u> water? (너는 물이 있니?)
부정문: I don't have <u>any</u> water. (나는 물이 없어.)

10 There is [are]

 ## There is [are]

Point 1. There + be동사: ~이 있다/있었다

현재	There is + 단수 명사	There are + 복수 명사
과거	There was + 단수 명사	There were + 복수 명사

※ 셀 수 없는 명사도 단수 명사로 취급한다.
※ There는 '거기'라는 뜻이지만 여기서는 굳이 해석하지 않는다.

- **There is** a cat in the room. 방 안에 고양이가 있다.
- **There was** a cat in the room. 방 안에 고양이가 있었다.
- **There are** many people on the bus.
  버스에는 많은 사람들이 있다.
- **There were** many people on the bus.
  버스에는 많은 사람들이 있었다.

Point 2. 부정문은 be동사를 부정형으로 쓰고, 의문문은 There와 be동사의 순서를 바꾼다.

부정문	의문문
There + be동사 + not	Be동사 + there ~?

- **There are** many clouds in the sky. 하늘에 많은 구름이 있다.
- **There aren't** many clouds in the sky.
  하늘에 많은 구름이 있지 않다.
- **Are there** many clouds in the sky? 하늘에 많은 구름이 있니?
  - Yes, **there are.** / No, **there aren't.**
    응, 그래. / 아니, 그렇지 않아.

 ## 동격

Point 3. 명사에 대한 추가 정보를 제공할 때 동격을 사용한다.

명사(구) + 쉼표 + 명사(구)

She is Mina, my classmate.
그녀는 내 반 친구인 민아이다. (민아 = 내 반 친구)

- This is **bibimbap, my favorite Korean food.**
  이것은 내가 가장 좋아하는 한국 음식인 비빔밥이다.

01. **다음 중 빈칸에 들어갈 수 있는 것은?**

탁자 위에 ~이 있나요?

Are there _____ on the table?

① milk   ② oranges
③ a book   ④ sugar
⑤ a glass of water

정답   ② oranges
목표   There is [are] 의문문 완성하기
해설   제시된 것은 There are 문장의 의문문 형태인데, There are는 복수 명사와 함께 사용되므로 빈칸에 들어갈 수 있는 것은 oranges이다.

①, ④ 셀 수 없는 명사는 단수로 취급된다.
⑤ 단위 명사를 이용하면 water처럼 셀 수 없는 명사도 셀 수 있는 형태가 된다. 다만, 이 경우 a glass of water는 단수이다.

02. **다음 우리말을 바르게 영작한 것은?**

그들은 한국의 큰 도시인 부산을 방문했다.

① They visited in Korea a big city Busan.
② They visited Korea, a big city in Busan.
③ They visited a big city in Korea Busan.
④ They visited Busan a big city in Korea.
⑤ They visited Busan, a big city in Korea.

정답   ⑤ They visited Busan, a big city in Korea.
목표   동격의 형태 이해하기
해설   '한국의 큰 도시인'은 '부산'을 설명하는 것으로 동격을 사용하여 나타낼 수 있다. They visited Busan 뒤에 쉼표를 넣고 Busan을 보충 설명하는 a big city in Korea를 덧붙인다.

A. 셀 수 있는 명사

01 다음 중 복수형을 만드는 방법이 <u>다른</u> 것은?

① sheep ② bus ③ fox
④ glass ⑤ bench

02 명사의 단수-복수 형태가 바르지 <u>않은</u> 것은?

① flower – flowers
② baby – babies
③ potato – potatoes
④ leaf – leafs
⑤ foot – feet

03 빈칸에 들어갈 말이 바르게 짝지어진 것은?

• She ate an _____ yesterday.
• Did you brush your _____?

① apple – tooth ② apple – tooths
③ apple – teeth ④ apples – tooths
⑤ apples – teeth

04 다음 빈칸에 들어갈 알맞은 말을 쓰시오.

나는 우리 집까지 그 상자들을 들고 갔다.
→ I carried the _____ to my house.

B. 셀 수 없는 명사

05 다음 중 어법상 바른 것은?

① a sand
② two meat
③ three waters
④ four piece of papers
⑤ five bottles of juice

06 다음 중 빈칸에 가장 적합한 것은?

Kevin drinks a cup of _____ every day.

① cheese ② candy
③ class ④ car
⑤ coffee

07 다음 우리말을 바르게 영작한 것은?

너는 케이크 한 조각을 먹고 싶니?

① Do you want to eat many cake?
② Do you want to eat a few cake?
③ Do you want to eat little cake?
④ Do you want to eat a piece of cake?
⑤ Do you want to eat a spoonful of cake?

08 밑줄 친 부분이 어법상 옳지 <u>않은</u> 것은?

① She put <u>some salt</u> in the soup.
② I have <u>much friends</u>.
③ We have <u>a lot of homework</u> today.
④ He watched the movie <u>a few times</u>.
⑤ They had <u>little money</u>.

09 다음 빈칸에 들어갈 알맞은 말을 쓰시오.

> 나는 시장에서 물건을 조금 샀다.
> → I bought _____ _____ things at the market.

C. There is [are]

10 빈칸에 들어갈 말이 바르게 짝지어진 것은?

> • There _____ many buildings.
> • There _____ enough food.

① are - isn't   ② are - aren't
③ is - isn't   ④ is - aren't
⑤ was - isn't

11 밑줄 친 부분이 어법상 옳지 않은 것은?

① There is a long bridge over the river.
② There are many houses along the street.
③ There were a big festival last night.
④ There isn't any water in the cup.
⑤ There weren't a lot of trees in the garden.

12 다음 문장을 의문문으로 바르게 바꾼 것은?

> There is a cafeteria in your school.

① There isn't a cafeteria in your school?
② There wasn't a cafeteria in your school?
③ Was there a cafeteria in your school?
④ Is there a cafeteria in your school?
⑤ Are there a cafeteria in your school?

13 대화의 빈칸에 들어갈 알맞은 말은?

> A: Were there a lot of people at the concert?
> B: _____

① Yes, there are.   ② Yes, there was.
③ Yes, there were.   ④ No, there was.
⑤ No, there were.

14 괄호 안의 단어를 바르게 배열하시오.

> 남은 설탕이 하나도 없다.
> There (sugar / isn't / any) left.

→ _____

D. 동격

15 다음 중 빈칸에 들어갈 수 없는 것은?

> He is David, _____.

① my brother   ② my son
③ a famous singer   ④ our classmate
⑤ my uncle works

16 괄호 안의 단어를 바르게 배열하시오.

> Joy, (is / , / my cousin / tall).

→ _____

✔️ 채점표

A. 셀 수 있는 명사	/ 4
B. 셀 수 없는 명사	/ 5
C. There is [are]	/ 5
D. 동격	/ 2

01 다음 중 올바른 복수형을 <u>모두</u> 고른 것은?

> ⓐ cows ⓑ foxs ⓒ mice ⓓ fish ⓔ wolfs

① ⓐ, ⓑ   ② ⓓ, ⓔ
③ ⓐ, ⓒ, ⓓ   ④ ⓑ, ⓒ, ⓓ
⑤ ⓒ, ⓓ, ⓔ

[02-03] 빈칸에 들어갈 말로 바른 것을 고르시오.

02

> • We need a carrot and two _____.
> • I had some _____ for breakfast.
> • She drank two glasses of _____.

① potato - bread - water
② potato - breads - waters
③ potatoes - bread - water
④ potatoes - bread - waters
⑤ potatoes - breads - waters

03

> • There _____ butter in the frying pan.
> • There _____ many stars in the sky.
> • There _____ any money left.

① is - was - weren't
② is - were - wasn't
③ is - were - weren't
④ are - was - weren't
⑤ are - were - wasn't

04 다음 중 빈칸에 a가 들어갈 수 있는 것은?

① I like to see _____ snow.
② Robert cooked _____ rice for dinner.
③ _____ men are working in the office.
④ _____ children are playing soccer.
⑤ There is _____ tree in my garden.

05 빈칸에 is가 들어가는 문장을 <u>모두</u> 고른 것은?

> ⓐ The glasses ____ on the desk.
> ⓑ The weather ____ nice today.
> ⓒ The book ____ about Korean history.
> ⓓ There ____ salt in the cupboard.
> ⓔ There ____ four people in my family.

① ⓐ, ⓓ   ② ⓑ, ⓔ   ③ ⓐ, ⓑ, ⓒ
④ ⓑ, ⓒ, ⓓ   ⑤ ⓒ, ⓓ, ⓔ

06 밑줄 친 부분이 자연스럽지 <u>않은</u> 것은?

① He gave me <u>a cup of pizza</u>.
② She put in <u>a spoonful of sugar</u>.
③ Helen cut <u>a piece of paper</u>.
④ We didn't buy <u>a loaf of bread</u>.
⑤ Do you want <u>a slice of cheese</u>?

07 다음 중 빈칸에 공통으로 들어갈 단어는?

> A: Were there many toys at the store?
> B: Yes, there _____.
> A: Did you buy these robots?
> B: Yes, I did. They _____ not
> 　 expensive.

① is   ② are   ③ was
④ were   ⑤ weren't

08 다음 중 어법상 옳지 <u>않은</u> 것은?

① He is Roger, my favorite tennis player.
② She is Ann, the host of the party.
③ I'm visiting Daejeon, is my hometown.
④ They met Sam, the winner of the race.
⑤ Lia, my cousin in America, is a nurse.

09 다음 중 문장을 잘못 바꾼 것은?

① There was juice on the table. (부정문으로)
　→ There isn't juice on the table.

② There are a lot of events this year.
　(부정문으로)
　→ There aren't a lot of events this year.

③ There is a bus stop near our school.
　(의문문으로)
　→ Is there a bus stop near our school?

④ There were many dishes on the menu.
　(부정문으로)
　→ There weren't many dishes on the
　　menu.

⑤ There isn't any food in the house.
　(의문문으로)
　→ Isn't there any food in the house?

10 다음 중 어법에 맞는 문장의 개수는?

- There are few cookies in the oven.
- I invited a little friends to the party.
- We don't have many time.
- He drinks a lot of water at the gym.
- She made much mistakes.

① 1개　② 2개　③ 3개　④ 4개　⑤ 5개

11 밑줄 친 ⓐ~ⓔ 중 어법상 옳지 않은 것은?

　My family prepared dinner together.
Mom cooked the ⓐfish, and Dad
washed the ⓑvegetables. I took
out the ⓒdishes. There was a lot of
ⓓfood on the table.
　"Dinner ⓔare ready. Let's eat!"

① ⓐ　　② ⓑ　　③ ⓒ　　④ ⓓ　　⑤ ⓔ

12 밑줄 친 부분을 잘못 고친 것은?

① I looked at the photoes. → photos
② He waited for two hour. → hours
③ She wrote many storys. → stories
④ We enjoyed the fresh airs. → aires
⑤ Do you want some breads? → bread

13 단어를 바르게 배열하여 문장을 완성한 것은?

is / much / information / there / about
it / not

① There much information is not about it.
② There not much is information about it.
③ There not is much information about it.
④ There is much not information about it.
⑤ There is not much information about it.

[14-15] 다음 대답이 나올 수 있는 질문을 고르시오.

14

A: _____
B: Yes, there was.

① Is there a nice restaurant in your town?
② Isn't there a subway station near here?
③ Are there any fruits in the refrigerator?
④ Was there a loud noise last night?
⑤ Were there many leaves on the tree?

15

A: _____
B: No, there aren't.

① Are there any twins in your family?
② Is there a train at eleven?
③ Was there a big fire yesterday?
④ Were there many people outside?
⑤ Weren't there any difficult questions?

16 어법에 맞는 문장을 <u>모두</u> 고른 것은?

> ⓐ There is sand in my shoes.
> ⓑ He listens to music on the bus.
> ⓒ She has long brown hair.
> ⓓ I finish a work at eight.
> ⓔ We need a new information.

① ⓐ, ⓑ   ② ⓓ, ⓔ   ③ ⓐ, ⓑ, ⓒ
④ ⓑ, ⓒ, ⓓ   ⑤ ⓒ, ⓓ, ⓔ

17 다음 대화 중 어법상 <u>어색한</u> 것은?

① A: Do you want to play a game?
    B: Yes, I do.
② A: Is there a rainbow in the sky?
    B: Yes, there is.
③ A: Was she baking bread?
    B: No, she wasn't.
④ A: Did you eat soup this morning?
    B: No, I didn't.
⑤ A: Is there two pieces of cake left?
    B: No, there isn't.

[18-19] 다음을 배열했을 때 <u>마지막</u>에 오는 단어는?

18

> 우리는 그곳에서 며칠 동안 머물렀다.
> (there / days / we / a few / for / stayed)

① we   ② days   ③ there
④ few   ⑤ stayed

19

> 너는 물 한 잔을 원하니?
> (do / a glass / of / want / water / you)

① you   ② water   ③ glass
④ want   ⑤ do

20 다음 중 빈칸에 들어갈 말이 <u>다른</u> 것은?

① There _____ a slice of bread on the plate.
② The sound of the clock _____ very loud.
③ My phone number _____ 123-4567.
④ There _____ not much time.
⑤ My feet _____ warm now.

21 다음 중 문장을 <u>잘못</u> 고친 것은?

① Little people watched the game.
    → A little people watched the game.
② I need a money to buy this.
    → I need some money to buy this.
③ She cooked a little eggs in a pan.
    → She cooked a few eggs in a pan.
④ Mike has much friends at school.
    → Mike has many friends at school.
⑤ We didn't have many snow this year.
    → We didn't have much snow this year.

22 우리말을 영어로 <u>잘못</u> 옮긴 것은?

① 나는 그 책을 내 딸인 민아에게 줬다.
    → I gave the book to Mina, my daughter is.
② 그들은 이탈리아의 수도인 로마를 방문했다.
    → They visited Rome, the capital of Italy.
③ 저분은 내 역사 선생님인 이 선생님이다.
    → That is Mr. Lee, my history teacher.
④ 3월 9일인 어제는 내 생일이었다.
    → Yesterday, March 9th, was my birthday.
⑤ 반장인 재호가 이겼다.
    → Jaeho, the class president, won.

[23-24] 다음 문장을 조건에 맞게 바꿔 쓰시오.

23

> There are many books in the library.

1) 부정문: _____ (7단어)

2) 의문문: _____ (7단어)

24

> There were some kids on the plane.

1) 부정문: _____ (7단어)

2) 의문문: _____ (7단어)

25 다음을 읽고 틀린 부분을 바르게 고치시오.

> This is Toby, my 3-year-old son. Toby and I are in the playground. There are much things to do here. We go on the swings and play in the sand. Childrens love the playground.

1) _____ → _____

2) _____ → _____

26 괄호 안의 단어를 바르게 배열하시오.

> 나는 슈퍼마켓에서 빵 한 덩이와 토마토 몇 개를 샀다.
>
> I bought (and / some / a / of / loaf / tomatoes / bread) at the supermarket.

→ _____

27 제시된 단어를 활용해 동격을 이용한 문장을 바르게 영작하시오.

> 나는 초등학교 때 친구인 Fred를 만났다.
>
> (from elementary school)

→ _____

[28-29] 제시된 단어를 활용해 그림 속 물건의 개수를 나타내는 문장을 완성하시오. (단어 변형 가능)

28

There _____. (box, table)

29

I have _____. (three, water)

✔️ 채점표

총점	/ 29

CHAPTER REVIEW

출제 POINT

❶ 셀 수 있는 명사 중 단수는 a/an과 함께 쓰고, 복수는 복수형으로 바꿔 쓴다.

❷ 셀 수 없는 명사는 단수로 취급되지만, 단위 명사를 이용해 개수를 나타내기도 한다.

❸ 수량 형용사는 명사의 수나 양을 나타낸다.

❹ '~이 있다/있었다'는 'There + be동사'로 나타낸다.

❺ 동격은 명사에 대한 추가 정보를 제공할 때 쓴다. (명사구+쉼표+명사구)

복습문제   우리말에 해당하는 알맞은 문장을 고르시오.

01 그는 여러 유명한 도시들을 방문했다.
- ☐ a. He visited many famous citys.
- ☐ b. He visited many famous cities.

02 그녀는 차 한 잔을 주문했다.
- ☐ a. She ordered a cup of tea.
- ☐ b. She ordered a loaf of tea.

03 내 지갑에는 돈이 거의 없다.
- ☐ a. There is little money in my wallet.
- ☐ b. There is few money in my wallet.

04 흥미로운 곳들이 몇 군데 있다.
- ☐ a. There are a little interesting places.
- ☐ b. There are a few interesting places.

05 내 가장 친한 친구인 Sally가 1등을 했다.
- ☐ a. Sally is my best friend, won first place.
- ☐ b. Sally, my best friend, won first place.

정답 01 b. 02 a. 03 a. 04 b. 05 b.

CHAPTER 05

대명사

핵심문장

■ **인칭대명사**	I wake up in my room. 나는 내 방에서 일어난다.	
■ **재귀대명사**	I look at myself in the mirror. 나는 거울로 내 자신을 본다.	
■ **비인칭 주어**	It is 7 o'clock. I get ready for school. 7시이다. 나는 학교 갈 준비를 한다.	
■ **부정대명사**	My jacket is too small. I want to buy a new one. 내 재킷이 너무 작다. 나는 새것을 사고 싶다.	

인칭대명사

Point 1. 대명사는 문장에서의 역할에 따라 다른 형태로 쓰인다.					
수	인칭	주격 (~은/는, ~이/가)	소유격 (~의)	목적격 (~을/를, ~에게)	소유 대명사 (~의 것)
단수	1인칭	I	my	me	mine
	2인칭	you	your	you	yours
	3인칭	he	his	him	his
		she	her	her	hers
		it	its	it	x
복수	1인칭	we	our	us	ours
	2인칭	you	your	you	yours
	3인칭	they	their	them	theirs

We like **him.**
우리는(주격) 그를(목적격)

This is **my** hat. = This is **mine.**
나의(소유격) 나의 것(소유 대명사)

※ 대명사가 전치사 뒤에 들어갈 때는 목적격으로 쓴다.
  e.g., I sang with them. (나는 그들과 함께 노래했다.)
※ 명사 뒤에 's를 붙이면 소유격 또는 소유 대명사 역할을 할 수 있다.
  e.g., Nicole's bag (Nicole의 가방), Nicole's (Nicole의 것)

 ## 재귀대명사

Point 2. 재귀대명사는 주어와 목적어가 같을 때(재귀용법) 또는 주어를 강조할 때(강조용법) 쓴다.		
	1인칭	2인칭	3인칭
단수	myself	yourself	himself, herself, itself
복수	ourselves	yourselves	themselves

Tom is proud of himself.
(주어) 그 자신(재귀용법)

Tom fixed the car (himself).
(주어) 스스로, 직접(강조용법)

※ 강조용법의 재귀대명사는 수식어이므로 생략 가능하다.

CHECK

Q1. 괄호 안에 알맞은 말을 골라 문장을 완성하시오.
(1) Julie believes (me / my).
(2) I will tell (he / him).
(3) She bought (it / its).
(4) Dad doesn't know (they / them).
(5) They called (our / us).

Q2. 제시된 말과 바꿔 쓸 수 있는 소유 대명사를 고르시오.
(1) my computer = [me / mine]
(2) your bag   = [your / yours]
(3) his pencil   = [him / his]
(4) our house   = [ours / our]
(5) their garden = [theirs / them]

Q3. 밑줄 친 부분이 어법상 옳으면 ○, 틀리면 X를 고르시오.
(1) Ryan hurt <u>themselves</u>.   O / X
(2) I will introduce <u>ourselves</u>.   O / X
(3) She washes the dog <u>herself</u>. O / X

정답 **Q1.** (1) me (2) him (3) it (4) them
(5) us **Q2.** (1) mine (2) yours (3) his
(4) ours (5) theirs **Q3.** (1) X (2) X (3) O

01.

밑줄 친 부분이 어법상 옳지 않은 것은?

① John is waiting for <u>her</u>.
② Lisa talked to <u>them</u>.
③ Milo is <u>ours</u> puppy.
④ This birthday cake is <u>yours</u>.
⑤ That umbrella is <u>mine</u>.

① John은 그녀를 기다리고 있다.
② Lisa는 그들에게 얘기했다.
③ Milo는 우리의 강아지이다.
④ 이 생일 케이크는 너의 것이다.
⑤ 그 우산은 내 것이다.

정답　③ Milo is <u>ours</u> puppy.
목표　인칭대명사의 적합성 판단하기
해설　③ ours는 소유 대명사로 '소유격+명사'를 대신하는 말이다. 명사 앞에서 명사를 수식할 때는 소유격을 쓴다. (our puppy)

①, ② her, them: 전치사 뒤의 목적격 대명사
④ yours: your birthday cake를 뜻하는 소유 대명사
⑤ mine: my umbrella를 뜻하는 소유 대명사

02.

다음 중 빈칸에 공통으로 들어갈 수 있는 것은?

> • I see _____ in the water.
> • I will ask the question _____.

• 나는 물에 (비친) 내 자신을 본다.
• 나는 직접 그 질문을 물어볼 것이다.

① myself
② yourself
③ herself
④ ourselves
⑤ themselves

정답　① myself
목표　문장에 알맞은 재귀대명사 고르기
해설　재귀대명사는 주어가 가리키는 대상을 다시 언급할 때 쓰는 말이다.
• I see <u>myself</u> in the water. → 주어와 목적어의 대상이 같으며 '자신'으로 해석 (재귀용법)
• I will ask the question <u>myself</u>. → 주어의 의미를 강조하며 '직접, 스스로'로 해석 (강조용법)
재귀용법의 재귀대명사는 문장의 목적어이므로 생략할 수 없지만, 강조용법의 재귀대명사는 수식어이므로 생략해도 문장이 성립한다.

비인칭 주어 it, 부정대명사 one

 ## 비인칭 주어 it

Point 1.	비인칭 주어 it은 계절, 날짜, 요일 등을 나타낼 때 주어 자리에 들어가며 해석은 하지 않는다.

비인칭 주어 it	It is 9 o'clock.	9시이다.
대명사 it	I have a cat. It is cute. It = a cat	나는 고양이가 있다. 그것은 귀엽다.

계절: **It** is winter. 겨울이다.

날짜: **It** is September 1st. 9월 1일이다.

요일: **It** is Friday today. 오늘은 금요일이다.

시간: **It** is midnight. 자정이다.

날씨: **It** is rainy. 비 오는 날씨이다.

온도: **It** is very warm. 아주 따뜻하다.

명암: **It** is getting dark. 어두워지고 있다.

거리: **It** is one kilometer. 1킬로미터이다.

 ## 부정대명사 one

Point 2.	부정대명사 one은 같은 종류의 다른 대상을 가리킨다.

one (a + 명사)	Juhee has a scarf. I need **one**, too. one ≠ Juhee's scarf	주희는 스카프를 가지고 있다. 나도 하나가 필요하다.
it (the + 명사)	Where is my scarf? I need **it** today. it = my scarf	내 스카프는 어디 있을까? 나는 오늘 그게 필요하다.

• I bought some **cupcakes**. Do you want **one**?

나는 컵케이크를 몇 개 샀다.

너는 (이 중에 어느 것이든) 하나를 원하니?

• I bought **a chocolate cupcake**. I will eat **it** now.

나는 초콜릿 컵케이크 하나를 샀다.

나는 (바로) 그것을 지금 먹을 것이다.

CHECK

Q1. 다음 문장이 어법상 옳으면 ○, 틀리면 X를 고르시오.

(1) It is cold today.　　　　　 ○ / X

(2) That is Monday.　　　　　 ○ / X

(3) That is a dog.　　　　　　 ○ / X

(4) This is June 30th.　　　　 ○ / X

(5) There is 10:30 now.　　　 ○ / X

(6) It will be snowy.　　　　　 ○ / X

Q2. 밑줄 친 부분을 대체할 수 있는 말을 고르시오.

(1) Mom ate a cookie. I ate a cookie, too.　　　　　　→ [it / one]

(2) This is my picture. I drew the picture yesterday.　　→ [it / one]

(3) Brian has tickets to the concert. I have a ticket, too.　→ [it / one]

(4) The room is so messy. I will clean the room now.　　→ [it / one]

정답　**Q1.** (1) ○ (2) X (3) ○ (4) X (5) X (6) ○
Q2. (1) one (2) it (3) one (4) it

PRACTICE

01. 다음 중 It의 쓰임이 나머지와 <u>다른</u> 것은?

① It is almost ten.
② It is warm in spring.
③ It is January 14th.
④ It is on the table.
⑤ It is Wednesday today.

① 거의 10시이다.
② 봄에는 따뜻하다.
③ 1월 14일이다.
④ 그것은 탁자 위에 있다.
⑤ 오늘은 수요일이다.

정답   ④ It is on the table.
목표   비인칭 주어 it과 대명사 it 구분하기
해설   ④ It은 탁자 위에 있는 물건을 뜻하므로 특정 대상을 가리키는 인칭대명사이다.

나머지 문장에서는 시간, 온도, 날짜, 요일을 나타내는 비인칭 주어 it이 사용되었으며, it은 단지 주어 자리를 채울 뿐 우리말로는 따로 해석되지 않는다.

02. 다음 빈칸에 들어갈 알맞은 말은?

A: I live near a subway station.
B: There is _____ near my house, too.

A: 나는 지하철역 근처에 살아.
B: 우리 집 근처에도 하나가 있어.

① a   ② an   ③ one
④ it   ⑤ that

정답   ③ one
목표   부정대명사 one의 쓰임 이해하기
해설   빈칸에 a subway station이 들어갈 수 있지만, 같은 말의 중복을 피하기 위해 부정대명사 one을 넣으면 훨씬 자연스러운 문장이 된다. 여기서의 one은 앞서 A가 언급한 a subway station과 동일한 대상이 아닌 다른 지하철역을 가리킨다.

A. 인칭대명사

[01-02] 다음 빈칸에 들어갈 알맞은 말을 고르시오.

01

> John answered the phone.
>
> = _____ answered the phone.

① They ② He ③ It
④ Him ⑤ We

02

> I met Ben and Lily at the airport.
>
> = I met _____ at the airport.

① you ② we ③ they
④ us ⑤ them

03 다음 중 의미가 통하지 <u>않는</u> 것은?

① my baseball cap = mine
② your history book = yours
③ her notebook = hers
④ its food = its
⑤ their garden = theirs

[04-05] 빈칸에 들어갈 수 <u>없는</u> 것을 고르시오.

04

> Mom takes care of _____.

① it ② them
③ our ④ my family
⑤ her cat

05

> A: Is this your computer?
>
> B: No, it's _____.

① mine ② his
③ hers ④ theirs
⑤ my friend's

06 단어를 바르게 배열하여 문장을 완성하시오.

> liked / my / Fiona / idea

→ _____

B. 재귀대명사

07 다음 빈칸에 들어갈 알맞은 말은?

> I was thinking about _____.

① I ② me ③ my
④ myself ⑤ yourself

08 밑줄 친 부분이 어법상 옳은 것은?

① I was looking at <u>herself</u>.
② He introduced <u>yourself</u>.
③ She went there by <u>himself</u>.
④ They are proud of <u>themselves</u>.
⑤ We bought the tickets <u>ourself</u>.

09 밑줄 친 부분을 생략할 수 <u>없는</u> 것은?

① Dan cooked the chicken <u>himself</u>.
② Erin learned the language <u>herself</u>.
③ They found the answer <u>themselves</u>.
④ I closed the door <u>myself</u>.
⑤ We enjoyed <u>ourselves</u> at the concert.

10 다음 빈칸에 들어갈 알맞은 말을 쓰시오.

> 그녀는 자신을 사랑한다.
> → She loves _____ .

C. 비인칭 주어 it

11 다음 중 빈칸에 공통으로 들어갈 말은?

> • _____ is very cold outside.
> • _____ was Tuesday yesterday.

① It   ② This   ③ That
④ You   ⑤ They

12 밑줄 친 It 중에서 쓰임이 <u>다른</u> 것은?

① <u>It</u> is snowy in winter.
② <u>It</u> is December 25th tomorrow.
③ <u>It</u> is about 10 years old.
④ <u>It</u> is bright outside.
⑤ <u>It</u> is two kilometers to the beach.

13 다음 중 해석이 바르지 <u>않은</u> 것은?

① It is midnight. = 자정이다.
② It is autumn. = 가을이다.
③ It is April 21st. = 4월 21일이다.
④ It is my pencil case. = 그것은 내 필통이다.
⑤ It is raining now. = 그것은 지금 비가 온다.

14 단어를 바르게 배열하여 문장을 완성하시오.

> (날씨가) 맑았다.
> (sunny / it / was)

→ _____

D. 부정대명사 one

15 밑줄 친 우리말을 바르게 영작한 것은?

> My computer is too slow. <u>나는 새것을 살 것이다.</u>

① I will buy it.
② I will buy a new it.
③ I will buy a new one.
④ I will buy a computer.
⑤ I will buy my computer.

16 다음 빈칸에 들어갈 알맞은 말을 쓰시오.

> 그거 멋진 모자네. 나도 하나 사고 싶어.
> → That is a nice hat. I want to buy
> _____ , too.

 채점표

A. 인칭대명사	/ 6
B. 재귀대명사	/ 4
C. 비인칭 주어 it	/ 4
D. 부정대명사 one	/ 2

[01-02] 빈칸에 들어갈 말로 바른 것을 고르시오.

01

> • _____ visited your house.
> • She sent a text message to _____.
> • He took a picture of _____.

① We - I - myself
② We - me - himself
③ We - me - myself
④ Us - I - himself
⑤ Us - me - himself

02

> • Do you know _____?
> • We live with _____ parents.
> • They bought the present _____.

① she - us - themself
② she - our - themselves
③ her - us - themself
④ her - our - themself
⑤ her - our - themselves

03 빈칸에 it이 들어갈 수 있는 문장을 모두 고른 것은?

> ⓐ _____ is seven thirty.
> ⓑ _____ am very cold.
> ⓒ _____ was May 5th yesterday.
> ⓓ Is _____ autumn in September?
> ⓔ _____ were late today.

① ⓐ, ⓒ   ② ⓑ, ⓔ
③ ⓒ, ⓓ   ④ ⓐ, ⓒ, ⓓ
⑤ ⓑ, ⓓ, ⓔ

[04-05] 밑줄 친 부분과 뜻이 통하지 <u>않는</u> 것을 고르시오.

04 ① <u>Jack</u> is playing the piano. → He
② <u>Sujin and I</u> will be partners. → We
③ The bee scared <u>the girl</u>. → her
④ Lucy takes care of <u>the children</u>. → them
⑤ The chef cooked for <u>me and my wife</u>.
　　→ our

05 ① Is this <u>your guitar</u>? → yours
② That isn't <u>my watch</u>. → my
③ The bag on the chair is <u>Tony's</u>. → his
④ <u>Their shoes</u> are on the floor. → Theirs
⑤ <u>Our keys</u> are in your room. → Ours

06 밑줄 친 부분이 어법상 옳지 않은 것은?

① <u>It's</u> very expensive.
② Did <u>it</u> rain last night?
③ The bird moved <u>it's</u> wings.
④ <u>It</u> was early in the morning.
⑤ I found <u>it</u> in the classroom.

07 밑줄 친 부분이 뜻하는 것은?

> Ashley has a laptop computer. I have
> <u>one</u> at home, too.

① Ashley   ② 나
③ Ashley의 노트북   ④ 내 노트북
⑤ 우리 집

08 빈칸에 들어갈 재귀대명사가 <u>다른</u> 것은?

① My friends enjoyed _____.

② The teachers drew the pictures _____.

③ The players found a coach _____.

④ Jimin and I taught _____ French.

⑤ Chris and Sue bought _____ a new TV.

09 다음 중 어법에 맞는 문장의 개수는?

> • Somi met him at the library.
> • They invited us to the party.
> • Is this yours bike?
> • Ted saw she in a movie.
> • The room on the first floor is mine.

① 1개　② 2개　③ 3개　④ 4개　⑤ 5개

10 다음 대화 중 자연스럽지 <u>않은</u> 것은?

① A: Did she wash the dishes?
　 B: Yes, she did.

② A: Did you hear me?
　 B: No, I didn't.

③ A: Are they looking for him?
　 B: Yes, they are.

④ A: Are these your gloves?
　 B: Yes, they're yours.

⑤ A: Is this smartphone hers?
　 B: No, it's Josh's.

11 밑줄 친 부분을 생략할 수 <u>없는</u> 것은?

① He fixed the phone <u>himself</u>.

② I sent an e-mail <u>myself</u>.

③ She tasted the food <u>herself</u>.

④ Did they lock the door <u>themselves</u>?

⑤ Do you believe in <u>yourself</u>?

12 <보기>와 It의 쓰임이 같은 것은?

> **보기** It is hot in summer.

① <u>It</u> is running in the rain.

② <u>It</u> will be January 1st next week.

③ <u>It</u> is sleeping in the living room.

④ <u>It</u> was a good idea.

⑤ <u>It</u> likes to swim in the water.

13 <보기>와 her의 쓰임이 <u>다른</u> 것은?

> **보기** Do you know <u>her</u> name?

① I asked <u>her</u> phone number.

② Mr. Davis is <u>her</u> father.

③ People love <u>her</u> voice.

④ Emma enjoyed <u>her</u> trip to Korea.

⑤ We miss <u>her</u> very much.

14 밑줄 친 ⓐ~ⓔ 중 어법상 옳지 <u>않은</u> 것은?

> ⓐ<u>It</u> was Friday yesterday. Beth and Mia visited a shopping mall. Beth bought a hat. Mia bought ⓑ<u>it</u>, too. They looked at ⓒ<u>themselves</u> in the mirror. The hats were perfect for ⓓ<u>them</u>. ⓔ<u>They</u> were both happy.

① ⓐ　　　② ⓑ　　　③ ⓒ

④ ⓓ　　　⑤ ⓔ

15 다음 중 밑줄 친 부분을 <u>잘못</u> 고친 것은?

① Mom made spaghetti for <u>ours</u>. → our

② I feed <u>their</u> every day. → them

③ Sangmin finished <u>him</u> homework. → his

④ The cat is lying on <u>mine</u> bed. → my

⑤ <u>She</u> shirt is yellow. → Her

[16-17] 다음을 배열했을 때 세 번째로 오는 단어를 고르시오.

16

> 그녀는 학생들에게 그를 소개했다.
> (him / she / to the students / introduced)

① him　　② she　　③ to
④ students　⑤ introduced

17

> 나는 인도에서 그들을 만났다.
> (met / I / them / in India)

① met　　② I　　③ them
④ in　　⑤ India

[18-19] 어법상 옳은 문장들로 묶인 것을 고르시오.

18

> ⓐ I took a picture of their.
> ⓑ We will throw a party for her.
> ⓒ It is cold outside at night.
> ⓓ The dog saw itself in the water.

① ⓐ, ⓑ　　　② ⓑ, ⓒ
③ ⓒ, ⓓ　　　④ ⓐ, ⓑ, ⓒ
⑤ ⓑ, ⓒ, ⓓ

19

> ⓐ I will eat its later.
> ⓑ We are proud of ourselves.
> ⓒ It is eight in the morning.
> ⓓ The baby smiled at my.

① ⓐ, ⓑ　　　② ⓑ, ⓒ
③ ⓒ, ⓓ　　　④ ⓐ, ⓑ, ⓒ
⑤ ⓑ, ⓒ, ⓓ

20 다음 대답이 나올 수 있는 질문은?

> A: _____
> B: Yes, it's hers.

① Is this your puppy?
② Is this Sue's umbrella?
③ Is the car theirs?
④ Are these his shoes?
⑤ Are those books Mary's?

21 다음 중 문장을 잘못 고친 것은?

① Todd likes your very much.
　→ Todd likes you very much.
② I went camping by yourself.
　→ I went camping by myself.
③ You surprised ours.
　→ You surprised us.
④ She saw I at the gym.
　→ She saw me at the gym.
⑤ My uncle drove the car him.
　→ My uncle drove the car his.

22 우리말을 영어로 잘못 옮긴 것은?

① 거의 자정이다.
　→ It's almost midnight.
② 여기서 멀지 않다.
　→ It isn't far from here.
③ 밖은 아주 어두웠다.
　→ That was so dark outside.
④ 이거 네 반지니? Gina도 하나 갖고 있어.
　→ Is this your ring? Gina has one, too.
⑤ 나는 안경을 잃어버렸다. 나는 새것을 살 것이다.
　→ I lost my glasses. I will buy new ones.

서술형

[23-24] 단어를 바르게 배열하여 문장을 완성하시오.

23

> called / I / yesterday / her

→ _____

24

> himself / he / talked / about

→ _____

서술형

[25-26] 제시된 단어를 활용해 우리말을 영작하시오.

25

> 내일은 추울까? (cold, tomorrow)

→ _____

26

> 이 수건은 더럽다. 나는 새것이 필요하다.
> (this towel, dirty)

→ _____

서술형

[27-28] 제시된 단어를 활용해 다음 대답이 나올 수 있는 질문을 쓰시오.

27

> A: _____
> (these, shoes)
> B: Yes, they're mine.

28

> A: _____
> (this, Joe, computer)
> B: Yes, it's his.

서술형

[29-30] 다음을 읽고 <u>틀린</u> 부분을 바르게 고치시오.

29

> Jimmy is my son. It is 6 years old. Every morning, I wake him up. Then, he gets dressed by myself.

1) _____ → _____

2) _____ → _____

30

> There is very cold in December. I need some winter clothes. My sister bought a new sweater. I will buy it, too.

1) _____ → _____

2) _____ → _____

채점표

총점	/ 30

출제 POINT

❶ 인칭대명사는 역할에 따라 주격, 소유격, 목적격, 소유 대명사로 구분된다.

❷ 재귀대명사는 주어와 목적어가 같을 때(재귀용법) 또는 주어를 강조할 때(강조용법) 쓴다.

❸ 비인칭 주어 it은 날씨, 시간 등을 나타낼 때 주어 자리를 채워 주고 해석은 하지 않는다.

❹ 부정대명사 one은 앞서 언급된 명사와 같은 종류의 다른 대상을 가리킨다.

복습문제 우리말에 해당하는 알맞은 문장을 고르시오.

---

01 Sean이 열쇠들을 가지고 있다.
그는 그것들을 탁자 위에 놓았다.

☐ a. Sean has the keys. He put they on the table.
☐ b. Sean has the keys. He put them on the table.

---

02 이것은 너의 집이다. 그것은 너의 것이다.

☐ a. This is your house. It's yours.
☐ b. This is your house. It's you.

---

03 나는 내 자신을 소개할 것이다.

☐ a. I will introduce myselves.
☐ b. I will introduce myself.

---

04 2월 14일이다. 발렌타인 데이다.

☐ a. It is February 14th. It's Valentine's Day.
☐ b. This is February 14th. It's Valentine's Day.

---

05 Lauren은 자전거를 가지고 있다.
나도 하나를 원한다.

☐ a. Lauren has a bike. I want one, too.
☐ b. Lauren has a bike. I want it, too.

정답 01 b. 02 a. 03 b. 04 a. 05 a.

CHAPTER 06

조동사

핵심문장

▪ **can**	I can drive.	나는 운전을 할 수 있다.
▪ **may**	You may drive the car.	너는 그 차를 운전해도 된다.
▪ **must**	I must drive the car.	내가 그 차를 운전해야만 한다.
▪ **have to**	I have to drive the car.	내가 그 차를 운전해야 한다.
▪ **should**	I should drive the car.	내가 그 차를 운전하는 게 좋겠다.

조동사

Point 1.	조동사는 동사 앞에서 다양한 의미를 더해주며, 조동사 뒤의 동사는 항상 원형으로 쓴다.

I ride a bike.　　나는 자전거를 탄다.
I can ride a bike.　나는 자전거를 탈 수 있다. (능력)

긍정문	주어 + 조동사 + 동사원형
부정문	주어 + 조동사 + not + 동사원형
의문문	조동사 + 주어 + 동사원형 ~? - 긍정 대답: Yes, 주어 + 조동사. - 부정 대답: No, 주어 + 조동사 + not.

 ## 조동사 can

Point 2.	can은 능력, 허락, 요청의 의미를 나타낸다.

능력	허락	요청
~할 수 있다	~해도 된다	~해 주겠니?

- I **can** speak English. 나는 영어를 할 수 있다. (능력)
- You **cannot [can't]** use this pen.
  너는 이 펜을 쓰면 안 된다. (허락)
- **Can** you open the door? 문을 열어 주겠니? (요청)
- I **could** run for an hour.
  나는 1시간 동안 달릴 수 있었다. (can의 과거형 could)

※ 능력을 나타내는 can은 be able to로 바꿔 쓸 수 있다.
　e.g., I can speak English. = I am able to speak English.

 ## 조동사 may

Point 3.	may는 추측 또는 허락의 의미를 나타낸다.

추측	허락
~일지 모른다	~해도 된다

- She **may** come. 그녀는 올지도 모른다. (추측)
- She **may not** come. 그녀는 오지 않을지도 모른다. (추측)
- **May** I sit here? 제가 여기 앉아도 되나요? (허락)

※ may not은 축약형이 없다. (may not ≠ mayn't)

CHECK

Q1. 괄호 안에 알맞은 말을 골라 문장을 완성하시오.

(1) Andy can (play / plays) basketball.
(2) Andy (was / could) run fast.
(3) You (can / cans) take this.
(4) You (cann't / can't) take that.
(5) (Are / Can) you teach me?
(6) Can she (help / helps) me?

Q2. 밑줄 친 부분이 어법상 옳으면 ○, 틀리면 X를 고르시오.

(1) She may <u>calls</u> you. 　　　　 ○ / X
(2) She may not <u>understand</u>. 　 ○ / X
(3) You <u>may</u> borrow this. 　　　 ○ / X
(4) You <u>mayn't</u> come in. 　　　　○ / X
(5) May I <u>goes</u> now? 　　　　　 ○ / X
(6) May I <u>sit</u> down? 　　　　　　○ / X

정답　**Q1.** (1) play　(2) could　(3) can
(4) can't　(5) Can　(6) help　**Q2.** (1) X　(2) O
(3) O　(4) X　(5) X　(6) O

PRACTICE

01.

다음 우리말을 바르게 영작한 것은?

> 민희는 배드민턴을 칠 줄 안다.

① Minhee could play badminton.
② Minhee can play badminton.
③ Minhee couldn't play badminton.
④ Minhee cannot play badminton.
⑤ Minhee can't badminton.

정답 ② Minhee can play badminton.
목표 조동사 can 문장 영작하기
해설 조동사 can은 '~할 수 있다', '~할 줄 안다'라는 능력의 의미를 나타낸다. 조동사는 동사원형과 함께 쓴다는 점에 유의하자.

① could: can의 과거형 (~할 줄 알았다)
③ couldn't: could의 부정형 (~할 줄 몰랐다)
④ cannot: can의 부정형 (~할 줄 모른다) → can과 not을 붙여 쓴다.
⑤ can't: cannot의 줄임말 → cann't로 줄여 쓰지 않는다.

02.

밑줄 친 ⓐ~ⓔ 중 어법상 옳지 <u>않은</u> 것은?

> A: ⓐMay I ⓑeat this candy?
> B: ⓒNo, ⓓyou ⓔmayn't. Dinner
> is ready.

A: 제가 이 사탕을 먹어도 되나요?
B: 아니, 안 돼. 저녁이 준비됐거든.

① ⓐ　　② ⓑ　　③ ⓒ　　④ ⓓ　　⑤ ⓔ

정답 ⑤ ⓔ
목표 조동사 may 의문문과 대답의 어법성 판단하기
해설 의문문과 그 대답은 같은 조동사를 쓴다. 단, 부정 대답일 경우에는 조동사가 부정형으로 바뀐다. 조동사 may의 부정형 may not은 축약형이 없으므로 mayn't는 잘못된 표현이다.

ⓑ 조동사는 동사원형과 함께 쓴다.
ⓓ 1인칭 주어의 질문은 2인칭 주어로 대답한다.

must, have to, should

 ## 조동사 must

Point 1. must는 강한 의무나 추측의 뜻을 나타낸다.

	의무	추측
긍정	must (~해야 한다)	must (~임에 틀림없다)
부정	must not [mustn't] (~하면 안 된다: 금지)	cannot [can't] (~일 리 없다)

- You **must** come early. 너는 일찍 와야 한다. (의무)
- You **must not** come in. 너는 안에 들어오면 안 된다. (의무)
- It **must** be true. 그것은 사실임에 틀림없다. (추측)
- It **can't** be true. 그것은 사실일 리 없다. (추측)

 ## 조동사 have to

Point 2. have to는 의무의 뜻을 나타낸다.

	의무	
긍정	have to (~해야 한다)	= must
부정	don't have to (~하지 않아도 된다: 선택)	≠ must not

- I **have to** work today. 나는 오늘 일해야 한다.
- I **don't have to** work tomorrow.
나는 내일 일하지 않아도 된다.

※ have는 주어와 시제에 따라 형태가 변한다.
  1) 현재시제: 주어(3인칭 단수) + has to, doesn't have to
  2) 과거시제: 주어(인칭 무관) + had to, didn't have to

 ## 조동사 should

Point 3. should는 약한 의무나 충고, 제안의 뜻을 나타낸다.

	(must보다 약한) 의무, 충고, 제안
긍정	should (~해야 한다, ~하는 게 좋겠다)
부정	should not [shouldn't] (~하지 말아야 한다, ~하지 않는 게 좋겠다)

- You **should** exercise every day. 너는 매일 운동을 해야 한다.
- You **shouldn't** waste paper. 너는 종이를 낭비하지 말아야 한다.

CHECK

Q1. 다음 조동사의 알맞은 뜻을 고르시오.
(1) must
  → [해야 한다 / 할 것이다]
(2) must not
  → [하지 않아도 된다 / 하면 안 된다]
(3) have to
  → [하는 게 좋겠다 / 해야 한다]
(4) don't have to
  → [하지 않아도 된다 / 하면 안 된다]
(5) should
  → [할 수 있다 / 해야 한다]
(6) should not
  → [하지 말아야 한다 / 틀림없다]

Q2. 괄호 안에 알맞은 말을 골라 문장을 완성하시오.
(1) I (have / has) to go.
(2) He (have / has) to go.
(3) We (has / had) to go.
(4) You (don't / doesn't) have to go.
(5) She (don't / doesn't) have to go.
(6) They didn't (have / had) to go.

정답 **Q1.** (1) 해야 한다 (2) 하면 안 된다 (3) 해야 한다 (4) 하지 않아도 된다 (5) 해야 한다 (6) 하지 말아야 한다 **Q2.** (1) have (2) has (3) had (4) don't (5) doesn't (6) have

01.

빈칸에 공통으로 들어갈 수 있는 것은?

• You _____ take off your shoes.
• You _____ not open the box.

• 너는 신발을 벗어야 한다.
• 너는 그 상자를 열면 안 된다.

① are　　② were　　③ must
④ have to　　⑤ has to

정답　③ must
목표　문장에 적합한 조동사 고르기
해설　첫 번째 문장의 동사원형 take 앞에는 조동사 must 또는 have to가 들어갈 수 있다. 두 번째 문장은 not 이 들어간 부정문인데, must의 부정형은 must not, have to의 부정형은 don't have to이므로 빈칸에 들어갈 수 있는 것은 must이다.

①, ② be동사는 동사원형 앞에 들어가지 않는다.
⑤ 주어가 3인칭 단수일 때 has to를 쓴다.

02.

다음 중 어법상 옳지 <u>않은</u> 것은?

① I have to go to the dentist.
② She has to go to bed.
③ We don't had to wait for Will.
④ You should be quiet in the library.
⑤ They shouldn't cross the street.

① 나는 치과에 가야 한다.
② 그녀는 잠자리에 들어야 한다.
③ 우리는 Will을 기다리지 않아도 된다/되었다.
④ 너는 도서관에서 조용히 해야 한다.
⑤ 그들은 길을 건너지 말아야 한다.

정답　③ We don't had to wait for Will.
목표　조동사 쓰임의 적합성 판단하기
해설　have to의 부정형은 don't have to, 과거시제 부정형은 didn't have to이다. 긍정문에서는 주어나 시제에 따라 have의 형태가 변하지만, 부정문에서는 have의 형태가 변하지 않는다.

② 주어 She가 3인칭 단수이므로 has to를 쓴다.
⑤ should의 부정형은 should not [shouldn't]이다.

A. 조동사 can

[01-02] 빈칸에 들어갈 수 <u>없는</u> 것을 고르시오.

01

> Owen _____ play the guitar.

① can　　② cannot　　③ cann't

④ could　　⑤ couldn't

02

> Can she _____?

① eat hot food

② play tennis

③ find the answer

④ make a sandwich

⑤ runs fast

03 밑줄 친 can의 의미가 <u>다른</u> 것은?

① The girl <u>can</u> read the alphabet.

② He <u>can</u> play the flute.

③ They <u>cannot</u> come tonight.

④ <u>Can</u> I borrow your computer?

⑤ <u>Can</u> you see the rainbow?

04 다음 빈칸에 들어갈 알맞은 말을 쓰시오.

> 내 여동생은 스케이트보드를 탈 줄 안다.
> → My sister _____ ride a skateboard.

B. 조동사 may

05 다음 우리말을 바르게 영작한 것은?

> 오늘 밤에 비가 올지도 모른다.

① It rains tonight.

② It may rain tonight.

③ It will rain tonight.

④ It is raining tonight.

⑤ It rained tonight.

06 다음 대화의 빈칸에 들어갈 알맞은 말은?

> A: May I join you for dinner?
> B: _____

① Yes, I am.　　② Yes, you are.

③ Yes, you may.　　④ No, you are.

⑤ No, you may.

07 괄호 안의 단어를 바르게 배열하시오.

> Becky는 이것을 원하지 않을지도 모른다.
> Becky (may / want / not) this.

→ _____

C. 조동사 must

08 밑줄 친 must 중에서 의미가 <u>다른</u> 것은?

① Jihye <u>must</u> wear a uniform.

② They <u>must</u> turn off their phones.

③ We <u>must</u> stop at the red light.

④ You <u>must</u> not be late tomorrow.

⑤ The key <u>must</u> be at home.

09 다음 문장을 부정문으로 바르게 바꾼 것은?

> 태우는 지금 학교에 있는 게 틀림없다.
> Taewoo must be at school now.

① Taewoo isn't at school now.
② Taewoo wasn't at school now.
③ Taewoo can't be at school now.
④ Taewoo not must be at school now.
⑤ Taewoo must not be at school now.

10 다음 빈칸에 들어갈 말을 쓰시오.

> 그들은 미국에서 온 것이 틀림없다.
> → They _____ be from America.

D. 조동사 have to

11 다음 중 빈칸에 공통으로 들어갈 말은?

> • We _____ to go now.
> • You don't _____ to wake up at seven.

① have   ② has   ③ having
④ are   ⑤ were

12 빈칸에 들어갈 have의 형태가 다른 것은?

① You _____ to wear a helmet.
② She _____ to call her parents.
③ I _____ to buy new glasses.
④ He doesn't _____ to pay for this.
⑤ We don't _____ to take lessons.

13 다음 중 don't가 들어갈 알맞은 위치는?

> ⓐ I ⓑ have ⓒ to ⓓ go ⓔ to the airport.

① ⓐ   ② ⓑ   ③ ⓒ   ④ ⓓ   ⑤ ⓔ

14 괄호 안의 단어를 바르게 배열하시오.

> Mike는 그 가방을 들고 가야 한다.
> Mike (carry / to / has) the bag.

→ _____

E. 조동사 should

15 다음 중 빈칸에 들어갈 수 <u>없는</u> 것은?

> We should _____.

① take the subway   ② wait for him
③ ate vegetables   ④ not drive so fast
⑤ not say that to her

16 다음 빈칸에 들어갈 알맞은 말을 쓰시오.

> 너는 진찰을 받는 것이 좋겠다.
> → You _____ see a doctor.

 채점표

A. 조동사 can	/ 4
B. 조동사 may	/ 3
C. 조동사 must	/ 3
D. 조동사 have to	/ 4
E. 조동사 should	/ 2

[01-02] 빈칸에 들어갈 말로 바른 것을 고르시오.

01

> • 민아는 피아노를 칠 줄 안다.
>   → Mina _____ play the piano.
> • 그는 체육관에 있을지도 모른다.
>   → He _____ be in the gym.

① can - may
② can - must
③ could - may
④ can't - may
⑤ can't - must

02

> • 나는 설거지를 해야 한다.
>   → I _____ wash the dishes.
> • 너는 커피를 마시지 않는 게 좋겠다.
>   → You _____ drink coffee.

① may - should
② may - shouldn't
③ can - shouldn't
④ have to - should
⑤ have to - shouldn't

03 <보기>와 can의 뜻이 같은 것은?

> 보기 Ben can swim.

① Julie can stay at my house.
② They can go home now.
③ You can't use your phone.
④ Can they speak Korean?
⑤ Can you turn off the TV?

04 <보기>와 may의 뜻이 같은 것은?

> 보기 It may snow tomorrow.

① She may be sick.
② You may borrow my pencil.
③ You may not take pictures here.
④ May I bring my friend?
⑤ May I use your car tomorrow?

05 다음 중 시제가 다른 문장은?

① She could sing very well.
② You can cook Thai food.
③ They had to go to work on Sunday.
④ He could speak three languages.
⑤ I had to call the police.

06 <보기>와 빈칸에 들어갈 have의 형태가 다른 것은?

> 보기 I _____ to return this book.

① I _____ to study for the test tonight.
② They _____ to walk the dog every day.
③ We don't _____ to buy a present.
④ He doesn't _____ to write his name.
⑤ She _____ to buy the ticket today.

07 밑줄 친 ⓐ~ⓔ 중 어법상 옳지 않은 것은?

> A: You must ⓐ are very cold.
> B: I am. ⓑ May I ⓒ borrow your blanket?
> A: Yes, you ⓓ may. Here you go.
> B: Thanks. I should ⓔ bring mine next time.

① ⓐ ② ⓑ ③ ⓒ ④ ⓓ ⑤ ⓔ

08 다음 중 어법에 맞는 문장의 개수는?

> • The boy must be careful.
> • You don't must enter the room.
> • Hailey has to take care of the baby.
> • I has to read this book by Monday.
> • You shouldn't lie to other people.

① 1개 ② 2개 ③ 3개 ④ 4개 ⑤ 5개

09 다음 대화 중 어법상 <u>어색한</u> 것은?

① A: Can I come to the party?
   B: Yes, you can.

② A: May I use the bathroom?
   B: Yes, you may.

③ A: Should I open the window?
   B: No, you must not.

④ A: Do I have to finish this today?
   B: No, you don't.

⑤ A: May I use a dictionary?
   B: No, you may not.

[10-11] 다음을 배열했을 때 <u>두 번째</u>로 오는 단어를 고르시오.

10

> 나는 내 지갑을 찾지 못 하겠다.
> (I / wallet / my / find / can't)

① I   ② wallet   ③ my
④ find   ⑤ can't

11

> Ken은 그 문제를 해결해야 했다.
> (Ken / to / the problem / had / solve)

① Ken   ② to   ③ problem
④ had   ⑤ solve

12 I를 주어로 하는 부정문으로 바르게 바꾼 것은?

> Lauren has to take a bus.

① I don't has to take a bus.
② I don't have to take a bus.
③ I has to not take a bus.
④ I have to not take a bus.
⑤ I haven't to take a bus.

13 he를 주어로 하는 의문문으로 바르게 바꾼 것은?

> You should buy these shoes.

① Is he buy these shoes?
② Does he buy these shoes?
③ Will he buy these shoes?
④ Can he buy these shoes?
⑤ Should he buy these shoes?

[14-15] 어법상 옳은 문장들로 묶인 것을 고르시오.

14

> ⓐ You have to bring your textbook.
> ⓑ Mark shouldn't call me at night.
> ⓒ You are must fasten your seat belt.
> ⓓ I don't can answer this question.

① ⓐ, ⓑ   ② ⓐ, ⓓ   ③ ⓒ, ⓓ
④ ⓐ, ⓑ, ⓒ   ⑤ ⓑ, ⓒ, ⓓ

15

> ⓐ Nick couldn't sleep well.
> ⓑ I may not see you tomorrow.
> ⓒ We should do our best.
> ⓓ She have to brush her teeth.

① ⓐ, ⓑ   ② ⓐ, ⓓ   ③ ⓒ, ⓓ
④ ⓐ, ⓑ, ⓒ   ⑤ ⓑ, ⓒ, ⓓ

[16-17] 대화의 빈칸에 들어갈 알맞은 말을 고르시오.

16

> A: It's sunny today.
> B: _____

① You should sunglasses.
② You should wear sunglasses.
③ You should wearing sunglasses.
④ You wear should sunglasses.
⑤ You wearing should sunglasses.

17

A: Do we have homework today?
B: Yes, _____.

① we have reading this book
② we have to read this book
③ we have to reading this book
④ we having reading this book
⑤ we having to read this book

18 빈칸에 should가 들어갈 수 있는 문장을 모두 고른 것은?

ⓐ You _____ wear a winter jacket.
ⓑ We don't _____ fix the car ourselves.
ⓒ He _____ be more adventurous.
ⓓ You _____ not run in the hallway.
ⓔ _____ you a teacher?

① ⓐ, ⓒ   ② ⓑ, ⓔ   ③ ⓒ, ⓓ
④ ⓐ, ⓒ, ⓓ   ⑤ ⓑ, ⓓ, ⓔ

19 다음 중 문장을 잘못 바꾼 것은?

① Ted can speak Chinese. (부정문으로)
   → Ted can't speak Chinese.
② You may drink water. (부정문으로)
   → You may not drink water.
③ Tina must be mad at me. (부정문으로)
   → Tina must not be mad at me.
④ I should send a message. (의문문으로)
   → Should I send a message?
⑤ They have to stay at home. (의문문으로)
   → Do they have to stay at home?

20 다음 중 문장을 잘못 고친 것은?

① Megan can bakes cakes.
   → Megan could bakes cakes.
② You don't must feed the birds.
   → You must not feed the birds.
③ We not may invite Jane.
   → We may not invite Jane.
④ Tony have to find his phone.
   → Tony has to find his phone.
⑤ I may talk to Steven?
   → May I talk to Steven?

21 우리말을 영어로 잘못 옮긴 것은?

① Bob은 휴식을 취해야만 한다.
   → Bob must take a rest.
② 우리는 여기에 머무르지 않아도 된다.
   → We don't have to stay here.
③ 나는 그 이야기를 이해할 수 없다.
   → I can't understand the story.
④ 너희는 지금 배가 고플 게 틀림없다.
   → You must be hungry now.
⑤ 너는 돈을 저축하는 것이 좋겠다.
   → You can save money.

22 상황에 대한 말 중 어법상 옳지 않은 것은?

친구의 생일 파티를 준비하는 상황

① 민서: I can make a birthday cake.
② 상우: We should buy some balloons.
③ 유진: We must be ready by seven.
④ 준기: We may playing games.
⑤ 소라: We have to buy a nice present.

서술형

[23-24] 단어를 바르게 배열한 문장을 쓰시오.

23

can / he / the piano / play (의문문)

→ _____

24

don't / you / wait / have to (부정문)

→ _____

서술형

[25-26] can, must, may 중 알맞은 조동사를 골라 우리말을 영작하시오.

25

너는 세수를 해야만 한다. (wash your face)

→ _____

26

그녀는 그 선물을 좋아하지 않을지도 모른다. (the gift)

→ _____

서술형

[27-28] 대화의 빈칸에 들어갈 알맞은 말을 쓰시오.

27

A: May I open the window?
B: _____ (긍정 대답)

28

A: Do I have to pack my bags now?
B: _____ (부정 대답)

서술형

29 다음을 읽고 틀린 부분을 바르게 고치시오.

I hurt my leg. Can I walk? No. I don't can walk or run. I has to go to the hospital. I should be more careful.

1) _____ → _____

2) _____ → _____

서술형

30 그림을 보고 알맞은 조동사를 넣어 친구에게 충고하는 문장을 쓰시오.

오늘의 날씨

Me: Joe, it's rainy today.

_____

(take, your umbrella)

 채점표

총점	/ 30

CHAPTER REVIEW

❶ 조동사의 종류: can (능력, 허락, 요청), may (추측, 허락), must (강한 의무, 추측),
have to (의무), should (약한 의무, 충고, 제안)

❷ 조동사는 동사 앞에 위치하며, 동사는 원형을 쓴다.

❸ 같은 조동사라도 의미에 따라 부정형이 다르므로 유의하자.

복습문제 우리말에 해당하는 알맞은 문장을 고르시오.

---

01 나는 내 교과서를 못 찾겠다.
- ☐ a. I can't find my textbook.
- ☐ b. I cann't find my textbook.

---

02 그 열쇠들은 네 주머니 안에 있을지도
모른다.
- ☐ a. The keys must be in your pocket.
- ☐ b. The keys may be in your pocket.

---

03 영화 도중에는 전화를 받지
말아야 한다.
- ☐ a. You must answer the phone during a movie.
- ☐ b. You mustn't answer the phone during a movie.

---

04 그녀는 물을 많이 마셔야 한다.
- ☐ a. She has to drink a lot of water.
- ☐ b. She have to drink a lot of water.

---

05 나는 자정 전에 잠을 자야겠다.
- ☐ a. I can go to bed before midnight.
- ☐ b. I should go to bed before midnight.

정답 01 a. 02 b. 03 b. 04 a. 05 b.

CHAPTER 07

형용사와 부사

핵심문장

■ **형용사**	Michelle's dress is beautiful.	Michelle의 드레스는 아름답다.
■ **부사**	Michelle dances beautifully.	Michelle은 아름답게 춤춘다.
■ **원급**	Mike is as tall as Ben.	Mike는 Ben만큼 키가 크다.
■ **비교급**	Mike is taller than Ben.	Mike는 Ben보다 키가 크다.
■ **최상급**	Mike is the tallest in his class.	Mike는 자기 반에서 가장 키가 크다.

형용사

형용사의 역할 1

Point 1. 형용사는 명사 앞에서 명사를 수식한다.

한정적 용법	He is a <u>young</u> <u>boy</u>. 형용사　명사

- It is a **beautiful** flower. 그것은 아름다운 꽃이다.
- They eat **delicious** food. 그들은 맛있는 음식을 먹는다.

- There are **many** books. 많은 책들이 있다.
- We have **little** time. 우리는 시간이 거의 없다.

형용사의 역할 2

Point 2. 형용사는 be동사 뒤에서 주어를 설명하기도 한다.

서술적 용법	The boy is young. 주어　　형용사

- She was **busy** all day. 그녀는 하루 종일 바빴다.
- These shoes are **small** for me. 이 신발은 나에게 작다.

Point 3. 감각동사, 상태동사는 형용사를 써서 주어를 설명한다.

감각동사	**look** (~하게 보이다), **seem** (~하게 보이다), **sound** (~하게 들리다), **taste** (~한 맛이 나다), **smell** (~한 냄새가 나다), **feel** (~하게 느끼다/느껴지다)
상태동사	**become** (~이 되다), **stay** (~인 상태로 있다), **keep** (~인 상태를 유지하다), **grow** (~하게 되어가다)

- Chocolate **tastes sweet**. 초콜릿은 단맛이 난다.
- The pillow **feels soft**. 그 베개는 부드럽게 느껴진다.

- The tree **grew tall**. 그 나무는 키가 커졌다.
- Her face **turned red**. 그녀의 얼굴은 붉게 변했다.

※ 감각동사, 상태동사와 함께 쓰이는 단어는 부사처럼 '~하게'로 해석되지만 형용사라는 점에 유의하자.

CHECK

Q1. 우리말에 해당하는 것을 고르시오.

(1) 빨간 양말
　☐ red socks　　☐ socks red

(2) 재미있는 이야기
　☐ a fun story　　☐ a story fun

(3) 무더운 날씨
　☐ hot weather　　☐ weather hot

(4) 쉬운 질문
　☐ a question easy
　☐ an easy question

(5) 훌륭한 아이디어
　☐ a great idea　　☐ an idea great

(6) 사랑스러운 아이
　☐ a child lovely　　☐ a lovely child

Q2. 다음 문장이 어법상 옳으면 ○, 틀리면 X를 고르시오.

(1) We feel happily.　　O / X

(2) The music sounds good.　　O / X

(3) Lemon tastes sour.　　O / X

(4) I hungry became.　　O / X

(5) He stayed healthy.　　O / X

(6) The dog quiet kept.　　O / X

정답　**Q1.** (1) red socks　(2) a fun story
(3) hot weather　(4) an easy question
(5) a great idea　(6) a lovely child
Q2. (1) X　(2) O　(3) O　(4) X　(5) O　(6) X

PRACTICE

01. 다음 중 빈칸에 들어갈 수 <u>없는</u> 것은?

> I had a(n) _____ dream.

나는 ~한 꿈을 꾸었다.

① terrible　② exciting　③ sleep
④ scary　⑤ interesting

정답　③ sleep
목표　형용사의 한정적 용법 이해하기
해설　'형용사+명사'에서 형용사는 뒤에 오는 명사를 수식한다. terrible, exciting, scary, interesting은 모두 형용사로서 명사인 dream을 수식하여 내가 꾼 꿈이 어떤 꿈이었는지를 설명한다. 반면, sleep은 형용사가 아니므로 빈칸에 들어갈 수 없다.

02. 빈칸에 wonderful이 들어갈 수 <u>없는</u> 것은?

① The picture looks _____.
② The song sounds _____.
③ The cookies smell _____.
④ The soup tastes _____.
⑤ The bird sings _____.

① 그 사진은 ~해 보인다.
② 그 노래는 ~하게 들린다.
③ 그 쿠키들은 ~한 냄새가 난다.
④ 그 수프는 ~한 맛이 난다.
⑤ 그 새는 ~하게 노래한다.

정답　⑤ The bird sings _____.
목표　형용사의 서술적 용법 이해하기
해설　형용사가 be동사, 감각동사, 상태동사 뒤에서 주어를 설명하는 것을 형용사의 서술적 용법이라고 한다. look, sound, smell, taste는 모두 감각동사로서 형용사인 wonderful과 함께 쓸 수 있지만, ⑤의 sing은 일반동사이므로 부사 wonderfully와 함께 쓴다.

부사

 ## 부사의 역할

Point 1.	부사는 형용사, 동사, 부사 또는 문장 전체를 수식한다.
형용사 수식	The sound is too loud. 그 소리는 너무 시끄럽다.
동사 수식	She opened the box carefully. 그녀는 조심스럽게 상자를 열었다.
부사 수식	He plays soccer very well. 그는 축구를 아주 잘한다.
문장 전체 수식	Sadly, we have to say goodbye. 슬프게도, 우리는 작별해야 한다.

※ 부사가 형용사/부사를 수식하는 경우 수식하는 단어 바로 앞에 위치한다.

 ## 부사의 형태

Point 2.	부사는 일반적으로 형용사에 -ly를 붙여서 만든다.

대부분의 경우 (형용사+ly)	+ly	kind-kindly, slow-slowly
	y → i+ly	easy-easily, lucky-luckily
	그 외	true-truly, simple-simply, full-fully
형용사와 형태가 같은 경우	fast-fast, early-early, high-high, late-late, hard-hard, near-near	

※ 형용사와 형태가 같은 부사에 -ly를 붙이면 다른 뜻의 부사가 된다.
high(높게)-highly(매우), late(늦게)-lately(최근에),
hard(열심히)-hardly(거의 ~하지 않다), near(가까이)-nearly(거의)

 ## 빈도부사

Point 3.	빈도부사는 어떤 일이 얼마나 자주 일어나는지 나타내는 부사다.

always > usually > often > sometimes > never
(항상)　　(보통)　　(자주)　　(가끔)　　(절대 ~않는)

- He is **always** late. 그는 항상 늦는다. [be동사 뒤]
- He should **never** be late. 그는 절대 늦지 말아야 한다. [조동사 뒤]
- He **often** comes late. 그는 종종 늦게 온다. [일반동사 앞]

CHECK

Q1. 다음 형용사의 부사형을 고르시오.

(1) quick → ☐ quickly ☐ quickily
(2) quiet → ☐ quietly ☐ quietily
(3) easy → ☐ easyly ☐ easily
(4) loud → ☐ loudly ☐ loudily
(5) happy → ☐ happyly ☐ happily
(6) heavy → ☐ heavyly ☐ heavily

Q2. 빈도부사와 뜻을 바르게 연결하시오.

(1) always　　　　ⓐ 보통
(2) usually　　　　ⓑ 가끔
(3) often　　　　　ⓒ 항상
(4) sometimes　　ⓓ 자주
(5) never　　　　　ⓔ 절대 ~않는

정답 **Q1.** (1) quickly (2) quietly (3) easily
(4) loudly (5) happily (6) heavily
Q2. (1) ⓒ (2) ⓐ (3) ⓓ (4) ⓑ (5) ⓔ

PRACTICE

01. 다음 중 단어의 관계가 <u>다른</u> 것은?

① kind - kindly   ② sad - sadly

③ easy - easily   ④ friend - friendly

⑤ true - truly

정답   ④ friend - friendly

목표   형용사와 부사의 형태 판단하기

해설   ④는 명사-형용사 관계인 반면, 나머지는 모두 형용사와 부사(형용사+ly)의 관계이다. friendly는 형용사이지만 -ly로 끝나는 단어여서 부사로 혼동하기 쉽다. 이와 같이 -ly로 끝나는 형용사에는 costly(값비싼), lovely(사랑스러운), lonely(외로운), lively(활기찬) 등이 있다.

02. 다음 중 빈칸에 들어갈 수 <u>없는</u> 것은?

| Mina _____ goes to the library. | 민아는 ~ 도서관에 간다. |

① always   ② studies

③ sometimes   ④ often

⑤ never

정답   ② studies

목표   빈도부사의 종류 판단하기

해설   always, sometimes, often, never는 빈도부사로 일반동사 앞에 쓰여 민아가 얼마나 자주 도서관에 가는지를 설명한다. 반면, studies는 일반동사이므로 빈칸에 적합하지 않다.

원급, 비교급, 최상급

 ## 원급 비교

Point 1. 비슷한 정도를 나타낼 때 원급 비교를 사용한다.

원급 비교 구문	as + 형용사 원급 + as	…만큼 ~한
	as + 부사 원급 + as	…만큼 ~하게

- My hair is **as long as** yours. 내 머리카락은 네 것만큼 길다.
- I can run **as fast as** you. 나는 너만큼 빨리 달릴 수 있다.

 ## 비교급 및 최상급

Point 2. 둘을 비교할 때는 비교급, 셋 이상은 최상급을 쓴다.

비교급 구문	형용사 비교급 + than	…보다 ~한
	부사 비교급 + than	…보다 ~하게
최상급 구문	the + 형용사 최상급	가장 ~한
	(the) + 부사 최상급	가장 ~하게

Point 3. 단어 철자에 따른 규칙으로 비교급/최상급을 만든다.

대부분	+er/est	high-higher-highest
-e로 끝나는 경우	+r/st	large-larger-largest
[단모음+단자음]으로 끝나는 경우	자음 추가+er/est	big-bigger-biggest
[자음+y]로 끝나는 경우	y → i+er/est	happy-happier-happiest
3음절 이상	more/most+원급	important-more important-most important
불규칙 변화	good/well-better-best, bad/ill-worse-worst, many/much-more-most, little-less-least	

- John is **stronger than** Jack. John은 Jack보다 힘이 세다.
- She is **the smartest** in my class.
  그녀는 우리 반에서 가장 똑똑하다.

※ than: 접속사 또는 전치사로 쓰임 (than 뒤에는 주격/목적격)
  e.g., He is taller than I (am tall). → than (접속사) + 주격
    He is taller than me. → than (전치사) + 목적격
※ 2음절 단어 중에서도 일부는 more/most를 쓴다. (e.g., more careful)

CHECK

Q1. 알맞은 비교급/최상급을 고르시오.

(1) big 비교급 → [biger / **bigger**]
(2) large 비교급 → [**larger** / more large]
(3) lazy 최상급 → [lazyest / **laziest**]
(4) hot 최상급 → [hotest / **hottest**]
(5) good 최상급 → [goodest / **best**]

Q2. 괄호 안에 알맞은 말을 고르시오.

(1) He is as (**tall** / taller) as me.
(2) She is (kind / **kinder**) than Rachel.
(3) I am (**the fastest** / the faster) in my class.

Q3. 다음 문장이 어법상 옳으면 ○, 틀리면 X를 고르시오.

(1) I am young than you.   ○ / **X**
(2) He is the most famous singer in the world.   **○** / X

정답 **Q1.** (1) bigger (2) larger (3) laziest
(4) hottest (5) best **Q2.** (1) tall (2) kinder
(3) the fastest **Q3.** (1) X (2) O

PRACTICE

01.

다음 빈칸에 들어갈 알맞은 말은?

> Tom is _____ than Eric.

Tom은 Eric보다 ~하다.

① smarter　　② more short
③ famous　　④ happiest
⑤ youngger

정답　① smarter
목표　비교급 문장 구조 이해하기
해설　'비교급+than' 구문을 사용한 비교급 문장이다. 단, be동사/감각동사/상태동사는 형용사와, 부사는 일반동사와 함께 쓰이므로 빈칸에는 형용사의 비교급이 들어갈 수 있다. smarter는 형용사 smart의 비교급이다.

② short는 3음절 이상이 아니므로 'more+원급'으로 쓰지 않는다. (shorter)
③ famous는 형용사의 원급이다. 비교급은 more famous이다.
④ happiest는 happy의 최상급이다. 비교급은 happier이다.
⑤ young은 [단모음+단자음]으로 끝나지 않으므로 자음을 추가하지 않는다. (younger)

02.

다음 우리말을 바르게 영작한 것은?

> 이것은 내 정원에서 가장 키 큰 나무이다.

① This is the tall tree in my garden.
② This is the taller tree in my garden.
③ This is the tallest tree in my garden.
④ This is the more tall tree in my garden.
⑤ This is the most tall tree in my garden.

정답　③ This is the tallest tree in my garden.
목표　최상급 문장 구조 이해하기
해설　'가장 키 큰'이라는 최상급 표현이 들어간 최상급 문장이다. 형용사 tall의 최상급은 tallest이며, 그 앞에 the를 붙여서 최상급 구문을 만든다. (가장 키 큰 = the tallest)

A. 형용사

[01-02] 빈칸에 들어갈 수 <u>없는</u> 것을 고르시오.

01

> It is a(n) _____ bag.

① heavy   ② old   ③ brown
④ softly   ⑤ expensive

02

> The woman is _____.

① busy   ② young   ③ angry
④ nicely   ⑤ lovely

03 다음 중 뜻이 통하지 <u>않는</u> 것은?

① 비 오는 날 = a rainy day
② 어려운 질문 = a difficult question
③ 아름다운 꽃 = a flower beautiful
④ 그 깊은 바다 = the deep sea
⑤ 그 배고픈 아이 = the hungry child

04 다음 중 어법상 옳지 <u>않은</u> 것은?

① The chocolate cake tastes well.
② The chicken smells delicious.
③ The story doesn't sound interesting.
④ Minho and I became curious.
⑤ Do you feel thirsty?

05 단어를 바르게 배열하여 문장을 완성하시오.

> hot / the weather / is

→ _____

B. 부사

06 다음 중 부사와 뜻이 <u>잘못</u> 짝지어진 것은?

① easily – 쉽게
② luckily – 운 좋게
③ quietly – 조용히
④ early – 일찍
⑤ hardly – 열심히

07 부사 too가 들어갈 알맞은 위치는?

> 진수와 나는 너무 피곤했다.
> → Jinsu ⓐ and ⓑ I ⓒ were ⓓ tired ⓔ.

① ⓐ   ② ⓑ   ③ ⓒ
④ ⓓ   ⑤ ⓔ

08 밑줄 친 very가 문장에서 수식하는 것은?

> Taemin and Taehee speak English
> <u>very</u> well.

① Sam   ② Jessica
③ speak   ④ English
⑤ well

09 밑줄 친 부분이 어법상 옳지 <u>않은</u> 것은?

① She answered the phone <u>kindly</u>.
② I waited for the news <u>nervous</u>.
③ They arrived <u>late</u> today.
④ <u>Luckily</u>, I found my wallet.
⑤ <u>Finally</u>, we won the game.

10 다음 빈칸에 들어갈 알맞은 말을 쓰시오.

나는 항상 아침 식사를 한다.

→ I _____ have breakfast.

C. 원급 비교, 비교급, 최상급

11 다음 중 비교급을 만드는 방법이 <u>다른</u> 것은?

① cold   ② short

③ dangerous   ④ cheap

⑤ strong

12 다음 중 원급-비교급-최상급의 형태가 바르지 <u>않은</u> 것은?

① fast - faster - fastest

② heavy - heavier - heaviest

③ bad - badder - baddest

④ good - better - best

⑤ popular - more popular - most popular

13 빈칸에 들어갈 말이 바르게 짝지어진 것은?

• The tree is as _____ as my grandfather.

• He is the _____ man in the world.

① old - richest   ② old - richer

③ older - richest   ④ older - richer

⑤ oldest - richest

14 다음 중 어법상 옳지 <u>않은</u> 것은?

① The streetlight is as tall as the house.

② My sister is older than you.

③ The test was more difficult than last year's test.

④ Blake is the weakest in the team.

⑤ Demi is the most youngest in my family.

15 다음 우리말을 바르게 영작한 것은?

Jack은 Matt보다 용감하다.

① Matt is brave than Jack.

② Matt is braver than Jack.

③ Jack is brave than Matt.

④ Jack is braver than Matt.

⑤ Jack is bravest than Matt.

16 다음 빈칸에 들어갈 알맞은 말을 쓰시오.

이것은 내 집에서 가장 큰 방이다. (big)

→ This is _____ _____ room in my house.

 채점표

A. 형용사	/ 5
B. 부사	/ 5
C. 원급 비교, 비교급, 최상급	/ 6

[01-02] 빈칸에 들어갈 말로 바른 것을 고르시오.

01

> • This is a _____ question.
> • Your hands are as _____ as ice.
> • That is the _____ building in the city.

① simple - cold - tallest
② simple - cold - most tall
③ simple - colder - tallest
④ simply - cold - tallest
⑤ simply - colder - most tall

02

> • I eat a lot of _____ food.
> • The airplane flew _____ than the clouds.
> • She was the _____ cook in the restaurant.

① health - high - goodest
② health - higher - best
③ healthy - high - best
④ healthy - higher - goodest
⑤ healthy - higher - best

[03-04] 단어의 관계가 <보기>와 **다른** 것을 고르시오.

03

> 보기 beautiful - beautifully

① sad - sadly   ② love - lovely
③ nice - nicely   ④ safe - safely
⑤ early - early

04

> 보기 great - greater

① thin - thinner   ② pretty - prettier
③ worse - worst   ④ little - less
⑤ curious - more curious

05 형용사 expensive가 들어갈 수 있는 위치를 모두 고른 것은?

> • It is ⓐ a(n) ⓑ bag ⓒ.
> • The bag is ⓓ very ⓔ.

① ⓐ, ⓓ   ② ⓐ, ⓔ   ③ ⓑ, ⓓ
④ ⓑ, ⓔ   ⑤ ⓒ, ⓔ

06 빈칸에 big이 들어갈 수 있는 것을 **모두** 고른 것은?

> ⓐ We live in a _____ house.
> ⓑ Oranges are not as _____ as watermelons.
> ⓒ My shirt is _____ than yours.
> ⓓ It is the _____ festival in the world.

① ⓐ, ⓑ   ② ⓑ, ⓒ   ③ ⓒ, ⓓ
④ ⓐ, ⓑ, ⓒ   ⑤ ⓑ, ⓒ, ⓓ

07 빈칸에 들어갈 말의 형태가 **다른** 것은?

① Art is _____ difficult than science to me.
② I read _____ books than you.
③ Becky is the _____ popular girl in school.
④ Health is _____ important than money.
⑤ You should be _____ careful than last time.

08 밑줄 친 부분 중 부사가 **아닌** 것은?

① <u>Unfortunately</u>, they were not at home.
② He couldn't find the answer <u>easily</u>.
③ I was late for our <u>weekly</u> meeting.
④ The man talked on the phone <u>quietly</u>.
⑤ Minju studied <u>hard</u> for the test.

09 다음 중 어법에 맞는 문장의 개수는?

> · The weather is hoter than Monday.
> · Karen is wearing a pretty scarf.
> · He was the most fastest runner.
> · The bird flew highly in the sky.
> · I don't sing as better as you.

① 1개   ② 2개   ③ 3개   ④ 4개   ⑤ 5개

[10-11] 빈칸에 들어갈 수 <u>없는</u> 것을 고르시오.

10

> Ryan is _____.

① famous
② a famous singer
③ sings beautifully
④ more famous than Mike
⑤ the most famous singer in the country

11

> The chicken soup _____.

① looks good
② tasted wonderful
③ smelled delicious
④ was hot
⑤ became coldly

12 어법에 맞는 문장을 <u>모두</u> 고른 것은?

> ⓐ I usually do my homework after school.
> ⓑ We often wash the dishes together.
> ⓒ Marie never wears a hat.
> ⓓ Tim gets up at seven always.

① ⓐ, ⓑ   ② ⓑ, ⓒ   ③ ⓒ, ⓓ
④ ⓐ, ⓑ, ⓒ   ⑤ ⓑ, ⓒ, ⓓ

13 밑줄 친 ⓐ~ⓔ 중 어법상 옳지 <u>않은</u> 것은?

> A: You like soccer a lot. Is it ⓐ<u>fun</u>?
> B: Yes, it is. I ⓑ<u>often</u> play with my friends.
> A: For me, tennis is ⓒ<u>more</u> ⓓ<u>interestingly</u> than soccer.
> B: Tennis is an ⓔ<u>exciting</u> sport, too.

① ⓐ   ② ⓑ   ③ ⓒ   ④ ⓓ   ⑤ ⓔ

14 밑줄 친 부분을 <u>잘못</u> 고친 것은?

① She has a <u>puppy small</u>. → small puppy
② He is <u>happy very</u>. → happily very
③ The teacher said <u>angryly</u>. → angrily
④ They worked <u>hardly</u>. → hard
⑤ <u>Final</u>, they came to Korea. → Finally

15 괄호 안의 단어를 바르게 배열한 것은?

> It is (flower / the / beautiful / most) in the garden.

① flower the most beautiful
② flower the beautiful most
③ the beautiful flower most
④ the flower most beautiful
⑤ the most beautiful flower

16 다음 중 어법상 적절한 대답은?

> A: I didn't eat lunch today.
> B: _____

① You must be hungry.
② You look hungrily.
③ I can share my food. It is well.
④ I feel hungrier, too.
⑤ I will give you some pie delicious.

17 두 문장의 의미가 통하지 <u>않는</u> 것은?

① Emma has a new car.

= Her car is not old.

② The music sounds nice.

= It doesn't sound bad.

③ Spring is warmer than winter.

= Winter is colder than spring.

④ My bag is heavier than yours.

= Your bag is lighter than mine.

⑤ Dad is the tallest in my family.

= Mom is taller than Dad.

18 밑줄 친 부분을 <u>잘못</u> 고친 것은?

① The room is not <u>cleanly</u>. → clean

② Irene lives <u>nearly</u> us. → near

③ Harry moved the vase <u>careful</u>.

→ carefully

④ I am <u>late never</u> for class. → never late

⑤ Alice is <u>the kinder</u> than Ben. → kinder

19 우리말을 영어로 <u>잘못</u> 옮긴 것은?

① Erin은 가끔 영화를 본다.

→ Erin sometimes watches movies.

② 그 선생님은 다정해 보인다.

→ The teacher looks friendly.

③ 서울에서 가장 유명한 건물은 무엇이니?

→ What is most famous building in Seoul?

④ 너는 나보다 요리를 더 잘한다.

→ You cook better than me.

⑤ 슬프게도 그녀는 다른 도시로 이사했다.

→ Sadly, she moved to a different city.

[20-22] 다음 표에 대한 설명 중 내용과 일치하지 <u>않</u>는 것을 고르시오.

20

겨울 휴가 계획	
Tara	December 10th ~ 12th
Sam	December 14th ~ 18th
Alex	December 21st ~ 27th

① Tara's vacation is shorter than Sam's.

② Sam's vacation is shorter than Tara's.

③ Alex's vacation is longer than Sam's.

④ Tara has the shortest vacation.

⑤ Alex has the longest vacation.

21

체육관 출석표					
이름	월	화	수	목	금
Minsu	O	O	O	O	O
Yura	X	O	X	X	O
Jinho	X	X	X	X	X

① Minsu always went to the gym.

② Yura sometimes went to the gym.

③ Jinho often went to the gym.

④ Yura wasn't always at the gym.

⑤ Jinho was never at the gym.

22

요리	가격	인기도
Seafood pasta	$15	★★★
Potato pizza	$25	★★
Rib-eye steak	$30	★

① The pasta is the cheapest.

② The steak is the most expensive.

③ The pizza is cheaper than the pasta.

④ The pasta is the most popular dish.

⑤ The steak is the least popular dish.

[23-24] 제시된 단어를 활용해 의미가 통하도록 문장을 바꿔 쓰시오. (단어 변형 가능)

23
> Rabbits are faster than turtles.

→ Turtles _____. (slow)

24
> Dolphins are smaller than whales.

→ Whales _____. (big)

[25-26] 제시된 단어를 활용해 우리말을 영작하시오. (단어 변형 가능)

25
> 나는 그 편지를 기쁘게 읽었다. (happy)

→ _____

26
> 그 책은 그 영화만큼 흥미롭다. (interesting)

→ _____

[27-28] 다음을 읽고 틀린 부분을 바르게 고치시오.

27
> I bought a new bed. It looked comfortably. I slept on the bed last night. I felt good.

_____ → _____

28
> March was a busy month. I always had a lot of homework, so I studied very hardly.

_____ → _____

29 **many의 비교급과 최상급을 활용해 빈칸에 알맞은 말을 넣어 문장을 완성하시오.**

노래 경연 대회 결과	
Marie	75 points
Wendy	82 points
Sally	96 points

1) Wendy got _____ _____ _____ Marie.

2) Sally got _____ _____ _____ of the three.

30 **다음을 보고 알맞은 빈도부사를 사용하여 문장을 완성하시오. (단어 변형 가능)**

지난주 날씨						
월	화	수	목	금	토	일
☀	☀	☀	☀	☀	☀	☀

1) It _____ last week. (sunny)

2) It _____ last week. (snow)

 채점표

총점	/ 30

출제 POINT

❶ 형용사의 역할: 명사 수식(형용사+명사), 주어 설명(주어+동사+형용사)

형용사와 함께 쓰이는 동사: be동사, 감각동사, 상태동사

❷ 부사의 역할: 형용사, 동사, 부사, 또는 문장 전체 수식

부사의 형태: 형용사+ly이지만, 형용사와 형태가 같은 부사도 있다.

❸ 빈도부사의 종류: always, usually, often, sometimes, never

빈도부사의 위치: be동사/조동사 뒤, 일반동사 앞

❹ 비교 구문: 원급 비교(as+원급+as), 비교급(비교급+than), 최상급(the+최상급)

복습문제　우리말에 해당하는 알맞은 문장을 고르시오.

01　내 가방은 책들로 가득 찼다.
- ☐ a. My bag is full of books.
- ☐ b. My bag is fully of books.

02　그는 항상 아침 식사 전에
샤워를 한다.
- ☐ a. He takes a shower always before breakfast.
- ☐ b. He always takes a shower before breakfast.

03　우리 교실은 도서관만큼 조용하다.
- ☐ a. Our classroom is as quiet as the library.
- ☐ b. Our classroom is quiet as the library.

04　창민은 나보다 미국을 더 여러 번
방문했다.
- ☐ a. Changmin visited America more times than I did.
- ☐ b. Changmin visited America many times than I did.

05　한국에서 가장 인기 있는 음식은
무엇이니?
- ☐ a. What is the popularest food in Korea?
- ☐ b. What is the most popular food in Korea?

정답　01 a.　02 b.　03 a.　04 a.　05 b.

CHAPTER 08

문장의 형식

핵심문장

■ **1형식**	Max hides.	Max는 숨는다.
■ **2형식**	Max looks happy.	Max는 행복해 보인다.
■ **3형식**	Max hides the ball.	Max는 공을 숨긴다.
■ **4형식**	I show Max the ball.	나는 Max에게 공을 보여준다.
■ **5형식**	I make Max happy.	나는 Max를 행복하게 만든다.

1형식, 2형식, 3형식 문장

 ## 1형식 문장

Point 1.	1형식 문장 = 주어 + 동사		

주어	동사	(수식어구)	뜻
My cat	sleeps	-	내 고양이가 잔다.
Sophie	sings	softly	Sophie는 부드럽게 노래한다.

※ 각 형식을 구성하는 주어, 동사, 목적어, 보어 등을 문장 성분이라고 하는데, 부사구 등의 수식어구는 문장 성분을 따질 때 고려하지 않는다.

 ## 2형식 문장

Point 2.	2형식 문장 = 주어 + 동사 + 보어(명사/형용사)		

주어	동사	보어	뜻
The apple	is (be동사)	fresh	그 사과는 신선하다.
The apple	tastes (감각동사)	good	그 사과는 맛이 좋다.
The apple	turned (상태동사)	brown	그 사과는 갈색으로 변했다.

※ 2형식 문장의 보어는 주어를 설명하는 주격 보어이다.
※ 감각동사는 형용사 또는 'like+명사'와 함께 쓰인다.
  e.g., It tastes sweet. 그것은 달콤한 맛이 난다.
  It tastes like ice cream. 그것은 아이스크림 같은 맛이 난다.

 ## 3형식 문장

Point 3.	3형식 문장 = 주어 + 동사 + 목적어(명사)		

	주어	동사	목적어	(수식어구)
1형식	We	returned	x	early
	우리는 일찍 돌아왔다.			
3형식	We	returned	the books	yesterday
	우리는 어제 책들을 반납했다.			

※ 목적어는 동사의 대상이 되는 단어로서 '~을(를)'로 해석된다.

PRACTICE

01. 다음 중 빈칸에 들어갈 수 <u>없는</u> 것은?

Lucy looks _____.

Lucy는 ~하게 보인다.

① happy　　　　② tired
③ angry　　　　④ beauty
⑤ like an angel

정답　④ beauty
목표　2형식 문장 구조 이해하기
해설　감각동사 look은 형용사를 보어로 취해서 주어를 설명하는 2형식 동사이다. 따라서 감각동사 뒤에는
①~③ 같은 형용사가 쓰이지만, ⑤처럼 'like+명사(구)'가 형용사의 역할을 대신하기도 한다. 반면, ④의 beauty
는 명사이므로 감각동사 뒤에 쓰일 수 없다.

02. 밑줄 친 부분의 역할이 <u>다른</u> 것은?

① I saw <u>him</u> on the street.
② We have <u>breakfast</u> at seven.
③ Sam needs <u>a new computer</u>.
④ Ann wants <u>a glass of water</u>.
⑤ My grandmother cooks <u>well</u>.

① 나는 그를 거리에서 봤다.
② 우리는 7시에 아침을 먹는다.
③ Sam은 새 컴퓨터를 필요로 한다.
④ Ann은 물 한 잔을 원한다.
⑤ 나의 할머니는 잘 요리하신다.
　(나의 할머니는 요리를 잘하신다.)

정답　⑤ My grandmother cooks <u>well</u>.
목표　1형식과 3형식 문장 구분하기
해설　①~④의 밑줄 친 부분은 모두 명사(구)로서 동사의 대상이 되며 '~을(를)'로 해석된다. 반면, ⑤의 well은
동사의 목적어가 아니라 동사를 수식해서 의미를 강조하는 부사이다. 따라서 ①~④는 '주어+동사+목적어' 구조
를 갖춘 3형식 문장이고, ⑤는 '주어+동사+(수식어)' 구조의 1형식 문장이다.

4형식 문장

 ## 4형식 문장

Point 1. 4형식 = 주어 + 동사 + 간접목적어 + 직접목적어

주어	동사	간접목적어	직접목적어
Jason	teaches	us	English
(Jason은)	(가르친다)	(우리에게)	(영어를)

※ 2개의 목적어를 갖는 4형식 동사를 수여동사라고 한다.

※ 간접목적어는 '~에게', 직접목적어는 '~을(를)'로 해석된다.

※ 대명사는 직접목적어로 쓰지 않는다. e.g., Jason teaches us it. (X)

대표적인 4형식 동사 (수여동사)		
give (주다)	tell (말해 주다)	send (보내 주다)
teach (가르쳐 주다)	make (만들어 주다)	ask (묻다)
show (보여 주다)	buy (사 주다)	get (가져다주다)
cook (요리해 주다)	lend (빌려주다)	sell (팔다)

 ## 3형식 문장으로의 전환

Point 2. 두 목적어 순서를 바꿔서 4형식을 3형식으로 만든다.

4형식 문장	Toby 주어	showed 수여동사	me 간/목	his bike. 직/목
3형식 문장	Toby 주어	showed 동사	his bike 직/목	to me. 부사구

※ 간접목적어와 직접목적어의 순서를 바꾸되,
간접목적어는 전치사와 함께 쓰인다.

1) 동사 give, send, teach, show, tell, sell, lend + 전치사 to

2) 동사 make, cook, buy, get + 전치사 for

3) 동사 ask + 전치사 of (단, ask는 주로 4형식으로 쓰인다.)

• I bought **Mom a new scarf**. (4형식)

• I bought **a new scarf for Mom**. (3형식)
나는 엄마께 새 스카프를 사 드렸다.

• Lynn gave **me her umbrella**. (4형식)

• Lynn gave **her umbrella to me**. (3형식)
Lynn은 나에게 그녀의 우산을 줬다.

CHECK

Q1. '~을(를)'로 해석되는 직접목적어를 찾아 동그라미 하시오.

(1) Philip taught us French.

(2) He gave the monkey a banana.

(3) She wrote the teacher a letter.

(4) Dad passed me the salt.

(5) I brought her some water.

(6) The chef cooked the guest a steak.

Q2. 다음 문장이 어법상 옳으면 ○, 틀리면 X를 고르시오.

(1) Ted sent a message me.　　　　O / X

(2) Marie sang a song for us.　　　O / X

(3) Santa gives presents to
children.　　　　　　　　　　　O / X

(4) He showed a map to them.　　O / X

(5) She made a snowman her son.
　　　　　　　　　　　　　　　O / X

(6) Nick told his story to me.　　　O / X

정답　**Q1.** (1) French　(2) a banana
(3) a letter　(4) the salt　(5) some water
(6) a steak　**Q2.** (1) X　(2) O　(3) O　(4) O
(5) X　(6) O

PRACTICE

01. 다음 중 빈칸에 들어갈 수 <u>없는</u> 것은?

> Jack bought _____ a present.

Jack은 ~에게 선물을 사 줬다.

① me
② wonderful
③ the girl
④ Todd and Jerry
⑤ his best friend

정답 ② wonderful
목표 4형식 문장 구조 이해하기
해설 buy는 두 개의 목적어를 갖는 수여동사이므로 직접목적어 a present 앞에는 간접목적어 역할의 명사(구)가 들어갈 수 있다. (제시된 문장에서 간접목적어는 Jack이 누구에게 선물을 사 주었는지 나타낸다.) ②의 wonderful은 명사가 아닌 형용사이므로 간접목적어가 될 수 없다.

02. 다음 4형식 문장을 3형식으로 바꾼 것은?

> Mom made me some gimbap.

엄마는 나에게 김밥을 좀 만들어 주셨다.

① Mom makes me some gimbap.
② Mom made some gimbap with me.
③ Mom made some gimbap for me.
④ Mom and I made some gimbap.
⑤ I made some gimbap for Mom.

정답 ③ Mom made some gimbap for me.
목표 4형식 문장을 3형식으로 전환하기
해설 4형식 문장에서 두 목적어의 순서를 바꾸고 간접목적어 앞에 전치사를 넣어서 부사구로 만들면 3형식 문장이 된다. make는 전치사 for와 함께 쓰이는 동사이므로 부사구는 for me가 된다.

① 엄마는 나에게 김밥을 좀 만들어 주신다.
② 엄마는 나와 김밥을 좀 만드셨다.
④ 엄마와 나는 김밥을 좀 만들었다.
⑤ 나는 엄마에게 김밥을 좀 만들어 드렸다.

20 5형식 문장

 ## 5형식 문장

Point 1. 5형식 = 주어 + 동사 + 목적어 + 목적격 보어(명/형)

주어	동사	목적어	목적격 보어
They (그들은)	made (만들었다)	Tom (Tom을)	the leader (리더로)
			happy (기쁘게)

※ 목적격 보어는 목적어의 성질, 상태를 설명하며, 명사/형용사가 쓰인다. 이때, 목적격 보어로 쓰인 형용사는 '~하게'로 해석되므로 부사로 혼동하지 않도록 유의하자.

대표적인 5형식 동사	
make (~을 …하게/되게 만들다)	keep (~을 …하게 유지하다)
call (~을 …라고 부르다)	find (~을 …라고 생각하다)

- We **call** him Grandpa. 우리는 그를 할아버지라고 부른다.
- She **keeps** the room clean. 그녀는 방을 깨끗하게 유지한다.

 ## 3, 4형식과의 비교

Point 2. 목적격 보어는 목적어를 보충 설명한다.

	주어	동사	목적어	
3형식	I (나는)	made (만들었다)	a cake (케이크를)	-
	주어	동사	간접목적어	직접목적어
4형식	I (나는)	made (만들어 줬다)	him (그에게)	a cake (케이크를)
	주어	동사	목적어	목적격 보어
5형식	I (나는)	made (만들었다)	him (그를)	the winner (우승자로)

※ 같은 동사라도 문장 형식에 따라 다양한 의미로 사용된다.

Q1. 괄호 안에 알맞은 말을 고르시오.

(1) The news made us (sad / sadly).
(2) They left him (sit / alone).
(3) We thought him (kind / kindly).
(4) School keeps me (work / busy).
(5) I found the book (interest / interesting).
(6) Did you leave the door (open / openly)?

Q2. 밑줄 친 부분이 설명하는 단어를 찾아 동그라미 하시오.

(1) The music made me comfortable.
(2) We made her the class president.
(3) She kept her hands clean.
(4) Everyone calls him a star.
(5) The teacher called me a genius.
(6) David found the movie boring.

정답 **Q1.** (1) sad (2) alone (3) kind (4) busy (5) interesting (6) open **Q2.** (1) me (2) her (3) her hands (4) him (5) me (6) the movie

01.

단어를 바르게 배열한 것은?

눈은 우리를 신나게 만들었다.

> the snow / excited / us / made

① The snow excited us made.
② The snow excited made us.
③ The snow us made excited.
④ The snow made excited us.
⑤ The snow made us excited.

정답 ⑤ The snow made us excited.
목표 5형식 문장 구조 이해하기
해설 동사 made의 대상이 되는 목적어(us)와 목적어의 상태를 설명하는 목적격 보어(excited)가 포함된 5형식 문장이므로 '주어+동사+목적어+목적격 보어' 순서로 배열한다.

※ make A B의 구조와 뜻 비교하기
1) 3형식: She made the cake happily. (그녀는 케이크를 기쁘게 만들었다.) → happily는 동사 수식
   5형식: She made me happy. (그녀는 나를 기쁘게 만들었다.) → happy는 목적어 보충 설명
2) 4형식: She made him a sweater. (그녀는 그에게 스웨터를 만들어 주었다.) → him ≠ a sweater
   5형식: She made him a hero. (그녀는 그를 영웅으로 만들었다.) → him = a hero

02.

밑줄 친 부분이 어법상 옳지 않은 것은?

① I found the information <u>useful</u>.
② People call me <u>Billy</u>.
③ The trip made me <u>tired</u>.
④ The baby's smile made me <u>happily</u>.
⑤ They kept the volume <u>low</u>.

① 나는 그 정보를 유용하다고 생각했다.
② 사람들은 나를 Billy라고 부른다.
③ 그 여행은 나를 피곤하게 만들었다.
④ 그 아기의 미소는 나를 기쁘게 만들었다.
⑤ 그들은 볼륨을 낮게 유지했다.

정답 ④ The baby's smile made me happily.
목표 목적격 보어의 적절성 판단하기
해설 5형식 문장의 목적격 보어는 명사(구) 또는 형용사(구)이다. ④의 happily는 부사이므로 목적격 보어 자리에 적합하지 않다. 우리말로는 '~하게'로 해석되므로 부사를 쓰는 것으로 혼동하지 않도록 유의하자.

A. 1형식과 3형식 문장

01 다음 중 빈칸에 들어갈 수 <u>없는</u> 것은?

> They play _____.

① soccer
② exciting
③ fun games
④ after school
⑤ in the playground

02 다음 중 1형식 문장이 <u>아닌</u> 것은?

① My car moves quickly.
② She listened carefully.
③ The concert starts at seven.
④ The singer changed her clothes.
⑤ We exercise together.

03 다음 우리말을 바르게 영작한 것은?

> 나뭇잎들은 가을에 색을 바꾼다.

① Color leaves change in fall.
② Color change leaves in fall.
③ Leaves change in fall.
④ Leaves color change in fall.
⑤ Leaves change color in fall.

04 괄호 안의 단어를 바르게 배열하시오.

> Jeff는 어제 자전거를 반납했다.
> Jeff (the bike / returned / yesterday).

→ _____

B. 2형식 문장

05 다음 중 빈칸에 들어갈 수 <u>없는</u> 것은?

> Emma looks _____.

① her sister   ② bored
③ pretty   ④ happy
⑤ young

06 빈칸에 넣었을 때 문장 형식이 <u>다른</u> 것은?

> The sunflower _____.

① looks beautiful
② looks like the sun
③ smells nice
④ grew tall
⑤ moved in the wind

07 다음 중 어법상 옳지 <u>않은</u> 것은?

① It became a butterfly.
② Minsu was carefully.
③ Yoonji is a middle school student.
④ The soup smells delicious.
⑤ We feel safe inside.

08 다음 빈칸에 들어갈 알맞은 말을 쓰시오.

> 그의 목소리는 차분하게 들린다.
> → His voice _____ calm.

C. 4형식 문장

09 밑줄 친 부분의 쓰임이 <u>다른</u> 것은?

① Nate bought <u>me</u> a present.
② She told <u>me</u> a secret.
③ Dad drove <u>me</u> to school.
④ Lisa showed <u>me</u> a picture.
⑤ He gave <u>me</u> a good idea.

10 단어를 바르게 배열한 것은?

> her / I / the bad news / told

① I her told the bad news.
② I told the bad news her.
③ I told her the bad news.
④ Her I told the bad news.
⑤ Her told I the bad news.

11 다음 4형식 문장을 3형식으로 바꿀 때 문장에 포함되지 <u>않는</u> 것은?

> Jack gave Marie some flowers.

① Jack   ② Marie
③ flowers   ④ to
⑤ with

12 다음 빈칸에 들어갈 알맞은 말을 쓰시오.

> 역사는 우리에게 교훈을 가르쳐 준다.
> → History teaches _____ a lesson.

D. 5형식 문장

13 다음 중 나머지와 문장 형식이 <u>다른</u> 것은?

① I made them some fried eggs.
② The blanket made her warm.
③ His joke made me angry.
④ The players made him the captain.
⑤ The TV show made her a huge star.

14 다음 중 밑줄 친 Kitty가 설명하는 것은?

> My friends called me <u>Kitty</u> in school.

① My friends   ② called   ③ me
④ in   ⑤ school

15 다음 문장을 바르게 해석한 것은?

> We kept the vegetables fresh.

① 우리는 그 채소들을 먹었다.
② 우리는 그 채소들을 가지고 있다.
③ 우리는 그 채소들을 신선하게 유지했다.
④ 우리의 채소들은 신선하다.
⑤ 그 채소들은 우리를 유지시킨다.

16 괄호 안의 단어를 바르게 배열하시오.

> 나는 그 이야기가 지루하다고 생각한다.
> I (boring / find / the story).

→ _____

채점표

A. 1형식과 3형식 문장	/ 4
B. 2형식 문장	/ 4
C. 4형식 문장	/ 4
D. 5형식 문장	/ 4

[01-02] 빈칸에 들어갈 수 있는 것을 고르시오.

01

Dan returned _____.

① school   ② the book
③ his friends   ④ run
⑤ quiet

02

Jess gave her brother _____.

① teach   ② yesterday
③ warmly   ④ young
⑤ her gloves

[03-04] <보기>와 문장 형식이 같은 것을 고르시오.

03

보기 He became a soccer player.

① We exercise every day.
② My friend wrote me a letter.
③ Marie's family is rich.
④ I go to school at eight.
⑤ They met a bear in the forest.

04

보기 The movie made me sad.

① I eat breakfast every day.
② We play basketball after school.
③ The teacher read them a story.
④ The fire kept us warm.
⑤ He cooked spaghetti for them.

05 다음 문장에서 **me**가 들어갈 알맞은 위치는?

Josh's ⓐ mother ⓑ showed ⓒ his
ⓓ picture ⓔ.

① ⓐ   ② ⓑ   ③ ⓒ
④ ⓓ   ⑤ ⓔ

06 다음 중 의미가 바르지 <u>않은</u> 것은?

① look pretty = 예뻐 보이다
② sound interesting = 흥미롭게 들리다
③ smell delicious = 맛있는 냄새가 나다
④ feel soft = 부드럽게 느껴지다
⑤ taste good = 잘 맛보다

[07-08] 빈칸에 들어갈 수 <u>없는</u> 것을 고르시오.

07

Jim moved _____.

① carefully
② the boxes
③ to New York
④ into a new house
⑤ Sarah her bag

08

Sue made _____.

① new friends at school
② at seven in the morning
③ some cookies with her sister
④ everyone bored
⑤ her grandmother a scarf

09 다음 중 어법에 맞는 문장의 개수는?

> • The concert finishes at eight thirty.
> • Sam knocked on the door.
> • Her face turned red.
> • I left him alone in his room.
> • They didn't tell the reason us.

① 1개   ② 2개   ③ 3개
④ 4개   ⑤ 5개

[10-11] 밑줄 친 부분의 역할이 다른 것을 고르시오.

10 ① The TV show was funny.
② I eat an apple every morning.
③ He finished his homework already.
④ She sent a message to Mark.
⑤ We take the bus to school.

11 ① I find the movie interesting.
② We left the windows open.
③ The teacher taught us math.
④ They made me class president.
⑤ Everyone calls him a hero.

12 대화의 빈칸에 들어갈 알맞은 말은?

> A: Do you have an umbrella?
> B: Yes, I do. _____

① Jenny gave it me.
② Jenny gave it to you.
③ Jenny gave it to me.
④ Jenny gave me it.
⑤ Jenny gave you it.

13 다음을 3형식으로 바꿀 때 네 번째로 오는 단어는?

> James bought me a movie ticket.

① for   ② bought   ③ me
④ movie   ⑤ ticket

14 밑줄 친 부분이 어법상 옳지 않은 것은?

① We keep the room clean.
② They became happily.
③ Hannah looks very young.
④ Her lie made me angry.
⑤ People feel safe at home.

15 다음 중 두 문장의 형식이 같지 않은 것은?

① They dance in the rain.
I walk to the bus stop.
② The kitten became a cat.
Chocolate tastes sweet.
③ Everyone loves fried chicken.
This book isn't easy.
④ She showed me the answer.
The chef cooked us a nice dish.
⑤ I wore boots today.
He gave a present to me.

16 어법에 맞는 문장을 모두 고른 것은?

> ⓐ She practiced for ten hours.
> ⓑ It looks like beautiful.
> ⓒ I walk 10,000 steps every day.
> ⓓ The long trip made him tiredly.

① ⓐ, ⓒ   ② ⓑ, ⓓ   ③ ⓐ, ⓑ, ⓒ
④ ⓐ, ⓒ, ⓓ   ⑤ ⓑ, ⓒ, ⓓ

17 두 문장의 의미가 같지 <u>않은</u> 것은?

① I bought Andy a birthday present.

= I bought a birthday present for Andy.

② The scientist showed us a robot.

= The scientist showed a robot to us.

③ She sent them a package.

= She sent a package to them.

④ He made his son a paper plane.

= He made a paper plane of his son.

⑤ The guide gave me information.

= The guide gave information to me.

[18-19] 우리말에 맞게 단어를 배열한 것을 고르시오.

18

선생님이 우리에게 웃긴 이야기를 들려주셨다.
(the teacher / us / told / a funny story)

① The teacher a funny story told us.

② The teacher us a funny story told.

③ The teacher us told a funny story.

④ The teacher told a funny story us.

⑤ The teacher told us a funny story.

19

그 음악이 나를 차분하게 만들었다.
(the music / me / calm / made)

① The music me made calm.

② The music made calm me.

③ The music made me calm.

④ The music calm made me.

⑤ The music calm me made.

20 밑줄 친 ⓐ~ⓔ 중 어법상 옳지 <u>않은</u> 것은?

It was ⓐ<u>snowy</u> last night. Dad made ⓑ<u>me and my sister</u> a snowman. He looked very ⓒ<u>friend</u>. I gave him ⓓ<u>my hat</u>. The snowman made us ⓔ<u>happy</u>.

① ⓐ   ② ⓑ   ③ ⓒ

④ ⓓ   ⑤ ⓔ

21 다음 중 문장을 <u>잘못</u> 고친 것은?

① I gave to her a glass of water.

→ I gave her a glass of water.

② Her idea sounds wonderfully.

→ Her idea sounds me wonderfully.

③ The stars look diamonds.

→ The stars look like diamonds.

④ The smell of pizza made us hungrily.

→ The smell of pizza made us hungry.

⑤ Ken found a four-leaf clover to me.

→ Ken found a four-leaf clover for me.

22 우리말을 영어로 <u>잘못</u> 옮긴 것은?

① 불이 녹색으로 바뀌었다.

→ The light turned green.

② 수진은 나에게 사진을 보내 줬다.

→ Sujin sent a picture me.

③ 그는 나에게 그의 전화 번호를 말해 줬다.

→ He told me his phone number.

④ 진수는 새 선생님을 좋아한다.

→ Jinsu likes the new teacher.

⑤ 그녀의 화난 얼굴이 나를 긴장하게 만들었다.

→ Her angry face made me nervous.

서술형

[23-24] 다음 문장을 3형식으로 바꿔 쓰시오.

23

> Love brings you happiness.

→ _____

24

> He bought his daughter a doll.

→ _____

서술형

[25-26] 제시된 단어를 활용해 우리말을 영작하시오.

25

> 그 직업은 위험하게 들린다.
> (the job, dangerous)

→ _____

26

> 나는 Sam에게 볶음밥을 요리해 줬다.
> (fried rice)

→ _____

서술형

[27-28] 다음을 읽고 틀린 부분을 바르게 고치시오.

27

> I bought a big box of chocolate. I showed my friends it. We shared the chocolate together.

→ _____

28

> My aunt made me some cookies. They smelled so good. They tasted butter.

_____ → _____

서술형

[29-30] 다음을 보고 〈조건〉에 맞는 문장을 쓰시오. (단어 변형 가능)

Message	
From	Kevin
To	Julie
Title	Happy Birthday!

29

> 조건 1) 4형식 문장으로 쓴다.
>   2) 과거 시제로 쓴다.

→ Kevin _____.
　　(send, a message)

30

> 조건 1) 5형식 문장으로 쓴다.
>   2) 과거 시제로 쓴다.

→ The message _____.
　　(make, happy, Julie)

 채점표

총점	/ 30

CHAPTER REVIEW

출제 POINT

❶ 1형식 = 주어 + 동사

❷ 2형식 = 주어 + 동사 + 보어 (명사/형용사)

❸ 3형식 = 주어 + 동사 + 목적어 (명사)

❹ 4형식 = 주어 + 동사 + 간접목적어 + 직접목적어

❺ 5형식 = 주어 + 동사 + 목적어 + 목적격 보어 (명사/형용사)

복습문제 우리말에 해당하는 알맞은 문장을 고르시오.

01 밤하늘은 아름다워 보였다.
- [ ] a. The night sky looked beautiful.
- [ ] b. The night sky looked beautifully.

02 Joanne은 팀 대표가 되었다.
- [ ] a. Joanne became like the team leader.
- [ ] b. Joanne became the team leader.

03 Terry는 Sally를 위해 꽃을 샀다.
- [ ] a. Terry bought flowers for Sally.
- [ ] b. Terry bought flowers with Sally.

04 이 책은 나에게 중요한 교훈을 가르쳐 줬다.
- [ ] a. This book taught to me an important lesson.
- [ ] b. This book taught me an important lesson.

05 그의 팬들은 그를 유명하게 만들었다.
- [ ] a. His fans made famous him.
- [ ] b. His fans made him famous.

정답 01 a. 02 b. 03 a. 04 b. 05 b.

CHAPTER 09

수동태

핵심문장

■ **능동태**	Many people love the actor. 많은 사람들은 그 배우를 사랑한다.
■ **수동태** (긍정문)	The actor is loved by many people. 그 배우는 많은 사람들로부터 사랑받는다.
■ **수동태** (부정문)	The actor is not loved by many people. 그 배우는 많은 사람들로부터 사랑받지 않는다.
■ **수동태** (의문문)	Is the actor loved by many people? 그 배우는 많은 사람들로부터 사랑받는가?

수동태 문장을 만드는 방법

Point 1. 능동태: 주어가 동작을 할 때
수동태: 주어가 동작을 받을 때

능동태	He builds a sandcastle. 그는 모래성을 짓는다.	
↓	1) 목적어 → 주어[주격]	A sandcastle
	2) 동사 → [be동사+과거분사]	is built
	3) 주어 → [by+목적격]	by him
수동태	A sandcastle is built by him. 모래성은 그에 의해 지어진다.	

Point 2. 인칭대명사의 주격/목적격 형태에 유의하자.

주격	I	you	he	she	it	we	they
목적격	me	you	him	her	it	us	them

- **She** reads a book. 그녀는 책을 읽는다.
- A book is read by **her**. 책이 그녀에 의해 읽힌다.

수동태에 쓰이는 동사의 불규칙 변화

Point 3. 과거분사: 동사에 -ed가 붙거나 불규칙적으로 변한다.

형태가 모두 다른 경우			형태가 중복되는 경우		
동사원형	과거	과거분사	동사원형	과거	과거분사
be	was/were	been	say	said	said
do	did	done	find	found	found
give	gave	given	make	made	made
eat	ate	eaten	read	read	read
break	broke	broken	cut	cut	cut

- I was **visited** by Tom. 나는 Tom의 방문을 받았다.
- His wallet was **found** by me. 그의 지갑은 나에 의해 발견되었다.

CHECK

Q1. 다음 문장이 능동태인지 수동태인지 고르시오.

(1) Michael writes a letter.
→ [능동 / 수동]

(2) The car is driven by Erin.
→ [능동 / 수동]

(3) Dinner is made by us.
→ [능동 / 수동]

(4) The girl rides her bike.
→ [능동 / 수동]

(5) Megan knows the answer.
→ [능동 / 수동]

(6) The paper is cut by the boy.
→ [능동 / 수동]

Q2. 동사의 과거분사 형태를 고르시오.

(1) do → [did / done]
(2) give → [gave / given]
(3) make → [made / maked]
(4) eat → [ate / eaten]
(5) break → [broke / broken]
(6) say → [sayed / said]

정답 **Q1.** (1) 능동 (2) 수동 (3) 수동 (4) 능동 (5) 능동 (6) 수동 **Q2.** (1) done (2) given (3) made (4) eaten (5) broken (6) said

PRACTICE

01.

다음 중 수동태 문장이 <u>아닌</u> 것은?

① Homework is given by the teacher.
② She understood the question.
③ They are known to everyone.
④ The ball is thrown by the pitcher.
⑤ The show is watched by teens.

① 숙제는 선생님에 의해 주어진다.
② 그녀는 그 질문을 이해했다.
③ 그들은 모두에게 알려져 있다.
④ 그 공은 투수에 의해 던져진다.
⑤ 그 프로그램은 10대들에 의해 시청된다.

정답 ② She understood the question.
목표 수동태와 능동태 문장 구분하기
해설 능동태와 수동태의 구분은 동사의 형태를 보고 판단할 수 있다. 나머지는 모두 'be동사+과거분사'가 쓰인 수동태 문장인 반면, ②는 be동사가 빠져 있으므로 수동태 문장이 아닌 것을 알 수 있다.

※ 수동태를 쓰는 이유
같은 내용을 왜 능동태와 수동태로 나누어 표현할까? 주어가 동사의 영향을 받거나 동작의 대상이 되는 것을 강조해서 표현할 때 수동태를 사용한다. 행위자가 중요하지 않거나 모를 때도 수동태를 활용해 표현할 수 있다.

02.

다음 문장을 수동태로 바르게 바꾼 것은?

> He hides the treasure.

그는 보물을 숨긴다.
→ 보물이 그에 의해 숨겨진다.

① He is hidden the treasure.
② The treasure hidden him.
③ The treasure is hidden him.
④ The treasure is hidden by he.
⑤ The treasure is hidden by him.

정답 ⑤ The treasure is hidden by him.
목표 수동태 문장 만들기
해설 1) 목적어가 주어 자리로 온다. (the treasure → The treasure)
2) 동사를 'be동사+과거분사' 형태로 만든다. (hides → is hidden)
이때, 원래 문장이 현재시제이므로 be동사 현재형이 사용된다.
3) 주어를 'by+목적격' 형태로 만든다. (He → by him)

수동태의 형태 2

수동태 문장의 변화

Point 1. 수동태 문장은 be동사로 시제를 나타낸다.

현재시제	과거시제
am/is/are + 과거분사	was/were + 과거분사

- The song **is sung** by her. 그 노래는 그녀에 의해 불린다.
- The song **was sung** by her. 그 노래는 그녀에 의해 불렸다.

Point 2. 수동태 문장은 부정문, 의문문의 형태로도 사용된다.

부정문	의문문
be동사 + not + 과거분사	Be동사 + 주어 + 과거분사 ~?

- The song **wasn't sung** by her.
  그 노래는 그녀에 의해 불리지 않았다.

- **Was the song sung** by her? 그 노래는 그녀에 의해 불렸니?

'by+행위자'의 생략

Point 3. 수동태 문장에서 'by+행위자'가 생략되기도 한다.

상황1	행위자가 불특정 다수일 때
상황2	행위자를 모를 때
상황3	행위자를 추측할 수 있을 때

- English is spoken **(by people)** in many countries.
  영어는 (사람들에 의해) 여러 나라에서 말해진다.

- The window was broken **(by someone)**.
  그 창문이 (누군가에 의해) 깨졌다.

- These crops are harvested **(by farmers)** in fall.
  이 농작물은 (농부들에 의해) 가을에 수확된다.

CHECK

Q1. 괄호 안에 알맞은 말을 고르시오.

(1) The tree (cut / was cut).

(2) Sean (was not forgiven / was forgiven not).

(3) Was (invented it / it invented) in 1900?

(4) The winner (chosen / was chosen).

(5) The car (was fixed not / was not fixed).

(6) Is (the seat taken / taken the seat)?

Q2. 다음 문장에서 생략할 수 있는 부분에 동그라미 하시오.

(1) My car was stolen by someone.

(2) The thief was caught by the police.

(3) Mistakes were made by us.

(4) Her computer was hacked by a hacker.

(5) The packages were delivered by a mail carrier.

(6) Paper was invented a long time ago by someone.

정답 **Q1.** (1) was cut (2) was not forgiven (3) it invented (4) was chosen (5) was not fixed (6) the seat taken **Q2.** (1) by someone (2) by the police (3) by us (4) by a hacker (5) by a mail carrier (6) by someone

01. ### 다음 문장을 과거시제로 바르게 바꾼 것은?

| The clothes are left on the floor. |

그 옷들은 바닥에 남겨져 있다.
→ 그 옷들은 바닥에 남겨져 있었다.

① The clothes left on the floor.
② The clothes be left on the floor.
③ The clothes were left on the floor.
④ The clothes aren't left on the floor.
⑤ Are the clothes left on the floor?

정답 ③ The clothes were left on the floor.
목표 수동태 문장의 시제 바꾸기
해설 제시된 문장은 과거분사 앞에 현재형 be동사를 쓴 현재시제 문장인데, be동사를 과거형으로 바꾸면 과거
시제로 만들 수 있다. 주어 The clothes는 3인칭 복수이므로 be동사 were를 쓴다. (were left)

① 과거분사 앞에 be동사가 빠져 있다.
② be동사는 반드시 주어의 인칭/수에 알맞은 형태로 쓴다.
④ 현재시제 부정문이다.
⑤ 현재시제 의문문이다.

02. ### 다음 문장에서 생략 가능한 것은?

| ⓐSoccer ⓑis ⓒplayed ⓓby people ⓔall around the world. |

축구는 전 세계에서 사람들에 의해
경기된다.

① ⓐ   ② ⓑ   ③ ⓒ
④ ⓓ   ⑤ ⓔ

정답 ④ ⓓ
목표 'by+행위자'의 생략 이해하기
해설 축구를 사람이 한다는 것은 굳이 설명하지 않아도 될 정보이므로 by people은 생략할 수 있다. 이처럼 행
위자가 불특정 다수일 때에는 행위자를 언급하지 않는 편이 자연스럽다.

A. 수동태 문장 만드는 방법

01 다음 중 두 단어의 관계가 <u>다른</u> 하나는?

① I - me
② We - us
③ He - his
④ She - her
⑤ They - them

02 다음 중 빈칸에 들어갈 알맞은 말은?

> They visited me every day.
> = I was visited by _____ every day.

① I
② me
③ we
④ them
⑤ us

03 다음 중 수동태인 문장은?

① The singer is loved by everyone.
② We keep our money in the bank.
③ She puts her phone in her bag.
④ He will buy a new keyboard.
⑤ I get ready for school at seven.

04 다음 문장이 모두 현재시제일 때, 빈칸에 들어갈 take의 형태가 다른 것은?

① The students _____ the test.
② Orders are _____ by the server.
③ I _____ piano lessons every day.
④ We _____ the subway to work.
⑤ You should _____ a rest now.

05 다음 우리말을 바르게 영작한 것은?

> 그 파티는 우리에 의해 계획되었다.

① We were planned the party.
② We were planned by the party.
③ The party planned by us.
④ The party is planned by us.
⑤ The party was planned by us.

06 괄호 안의 단어를 바르게 배열하시오.

> 섬은 물에 둘러싸여 있다.
> An island (by / surrounded / is) water.

→ _____

B. 수동태에 쓰이는 과거분사

07 다음 중 뜻이 바르지 <u>않은</u> 것은?

① is sent = 보내진다
② is built = 지어진다
③ is called = 부른다
④ is taught = 가르쳐진다
⑤ is written = 쓰인다

08 빈칸에 들어갈 말이 바르게 짝지어진 것은?

> • Music is _____ by the band.
> • Jeans are _____ by people of all ages.

① play - wear
② play - worn
③ played - wear
④ played - worn
⑤ played - weared

09 밑줄 친 부분이 어법상 옳지 <u>않은</u> 것은?

① The baby is <u>loved</u> by her mother.

② The result was <u>showed</u> by the judges.

③ We were <u>invited</u> by Brian.

④ Little fish are <u>eaten</u> by bigger fish.

⑤ The book is <u>read</u> by children.

10 다음 빈칸에 들어갈 알맞은 말을 쓰시오.

> 그 영화는 많은 사람들에 의해 관람되었다.
> → The movie was _____ by many people. (see)

C. 수동태의 문장 변화

11 다음 중 시제가 <u>다른</u> 문장은?

① The question was asked by Jason.

② I am called Bobby by my friends.

③ The town was hit by a storm.

④ The message was left by Larry.

⑤ The actors were cast by the producer.

12 밑줄 친 단어의 쓰임이 <u>다른</u> 것은?

① My dad <u>caught</u> a big fish.

② The laundry was <u>done</u> by me.

③ The dogs weren't <u>trained</u> by trainers.

④ Was his secret <u>told</u> by Mandy?

⑤ Was it <u>explained</u> by a scientist?

13 다음 부정문에서 not이 들어갈 알맞은 위치는?

> ⓐ The picture ⓑ was ⓒ taken ⓓ by ⓔ him.

① ⓐ   ② ⓑ   ③ ⓒ   ④ ⓓ   ⑤ ⓔ

14 다음 우리말을 바르게 영작한 것은?

> 그것은 유명한 작가에 의해 쓰였니?

① Written it is by a famous writer?

② Written it was by a famous writer?

③ Is it written by a famous writer?

④ Was it written by a famous writer?

⑤ Were it written by a famous writer?

15 다음 중 어법상 옳지 <u>않은</u> 것은?

① I was introduced to my classmates.

② My wallet was stolen last week.

③ The brand is loved in many countries.

④ The net was thrown into the water.

⑤ The windows were broken by today.

16 괄호 안의 단어를 바르게 배열하시오.

> 그 소포는 오늘 아침에 배달되지 않았다.
> The package (was / delivered / not) this morning.

→ _____

채점표

채점표	
A. 수동태 문장 만드는 방법	/ 6
B. 수동태에 쓰이는 과거분사	/ 4
C. 수동태의 문장 변화	/ 6

01 두 단어의 관계가 <u>다른</u> 하나는?

① do - done ② eat - eaten

③ speak - spoken ④ know - knew

⑤ get - gotten

02 수동태 만들기에 대한 설명이 옳지 <u>않은</u> 것은?

① 지우: 목적어를 주어 자리로 옮긴다.

② 세영: 동사 앞에 be동사가 들어간다.

③ 정민: 동사는 과거형으로 바꿔 쓴다.

④ 민주: 주어를 목적어 자리로 옮긴다.

⑤ 윤기: 행위자 앞에 by를 쓴다.

03 빈칸에 들어갈 말이 바르게 짝지어진 것은?

> • _____ were helped by the teacher.
> • The letter was sent by _____.
> • The money was spent by _____.

① Us - he - they

② Us - him - them

③ We - he - them

④ We - him - they

⑤ We - him - them

04 어법에 맞는 문장을 <u>모두</u> 고른 것은?

> ⓐ He was chosen by the company.
> ⓑ They were seen by her.
> ⓒ The lights weren't fixed by I.
> ⓓ Was the door shut the wind?

① ⓐ, ⓑ ② ⓑ, ⓒ

③ ⓒ, ⓓ ④ ⓐ, ⓑ, ⓒ

⑤ ⓑ, ⓒ, ⓓ

05 다음 빈칸에 들어갈 알맞은 말은?

> We _____ by different cultures.

① surround ② surrounded

③ surrounding ④ are surrounded

⑤ are surrounding

06 빈칸에 넣었을 때 수동태가 되지 <u>않는</u> 것은?

> The book was _____.

① sold online ② very interesting

③ read by Lily ④ bought by me

⑤ kept in the library

07 두 문장의 의미가 통하지 <u>않는</u> 것은?

① Harry hid the keys.

　= The keys were hidden by Harry.

② Claire took my notebook.

　= My notebook took Claire.

③ Danny forgave me.

　= I was forgiven by Danny.

④ Sam drew the picture.

　= The picture was drawn by Sam.

⑤ Gina rode a horse.

　= A horse was ridden by Gina.

08 다음을 수동태로 바꿀 때 세 번째로 오는 단어는?

> Nate reported the news.

① news ② reported ③ by

④ Nate ⑤ was

09 다음을 능동태로 바꿀 때 세 번째로 오는 단어는?

> Beautiful clothes are designed by Sue.

① beautiful ② clothes ③ Sue
④ by ⑤ designs

10 밑줄 친 단어의 쓰임이 다른 것은?

① The girl brought a sandwich for lunch.
② The puppy was brought back home.
③ The food was brought by different people.
④ The idea was brought up at the meeting.
⑤ The umbrella was brought by Ben.

11 다음 빈칸에 들어갈 알맞은 말은?

> A: This is a wonderful picture.
>   Who is the painter?
> B: The picture was painted _____.

① last year
② very quickly
③ for my homework
④ by a Korean artist
⑤ at the gallery

12 밑줄 친 부분 중 의미상 생략해도 되는 것은?

① The performance was done by Sally.
② Nature is studied by scientists.
③ The Internet is used by us every day.
④ The country was ruled by a king.
⑤ The speech was given by the CEO.

13 다음 중 어법에 맞는 문장 개수는?

> • Rice is eaten in many countries.
> • The bread was made a baker.
> • My books bitten by the dog.
> • Aprons are used in the kitchen.
> • The guests were welcomed by.

① 1개 ② 2개 ③ 3개 ④ 4개 ⑤ 5개

14 다음 중 문장을 잘못 바꾼 것은?

① The gifts are chosen by Sean. (과거시제로)
  → The gifts were chosen by Sean.
② The lie was told by George. (부정문으로)
  → The lie wasn't told by George.
③ The store is closed at ten. (과거시제로)
  → The store was closed at ten.
④ I was surprised by his actions. (부정문으로)
  → I was not surprised by his actions.
⑤ Ice hockey is played on ice. (의문문으로)
  → Is played ice hockey on ice?

[15-16] 단어를 바르게 배열한 것을 고르시오.

15

> was / the silence / the noise / by / broken (평서문)

① The silence was the noise by broken.
② The silence was by the noise broken.
③ The silence was broken by the noise.
④ Was the silence by the noise broken.
⑤ Was the silence by broken the noise.

16

ten years ago / was / built / the house (의문문)

① Was ten years ago built the house?
② Was the house ten years ago built?
③ Was the house built ten years ago?
④ Built was the house ten years ago?
⑤ Built was ten years ago the house?

17 다음 중 밑줄 친 부분을 잘못 고친 것은?

① His name was write in red. → is write
② The meat wasn't cook well. → cooked
③ The package was sended back. → sent
④ Was the message taken Erin? → by Erin
⑤ Two pieces of cake were leaved. → left

18 다음 표에 대한 설명 중 어법상 옳지 않은 것은?

지난 주말 캠핑 여행 담당				
운전	텐트	불	요리	설거지
Noah	Becky	Tim	Andy	Mia

① The car was driven by Noah.
② The tent was put up by Becky.
③ The fire was made by Tim.
④ The food was cooked by Andy.
⑤ The dishes were did by Mia.

19 밑줄 친 ⓐ~ⓔ 중 어법상 옳지 않은 것은?

A fireworks festival ⓐwas ⓑheld last week. The fireworks were ⓒsaw ⓓby thousands of people. The beautiful scene was also ⓔshown on TV.

① ⓐ ② ⓑ ③ ⓒ ④ ⓓ ⑤ ⓔ

20 다음 수동태 문장을 잘못 고친 것은?

① Money given by his grandfather.
　→ Money was given by his grandfather.
② The problem was solved them.
　→ The problem was solved by them.
③ Her hair was cutted very short.
　→ Her hair was cut very short.
④ Babies feed many times a day.
　→ Babies fed many times a day.
⑤ Was the cake by the children eaten?
　→ Was the cake eaten by the children?

[21-22] 우리말을 영어로 잘못 옮긴 것을 고르시오.

21
① 나는 내 부모님에 의해 이름 지어졌다.
　→ I was named by my parents.
② 이상한 소리가 들려왔다.
　→ We were heard a strange sound.
③ 그 비밀은 지켜지지 않았다.
　→ The secret wasn't kept.
④ 그 고양이는 나에 의해 돌봄을 받고 있다.
　→ The kitten is taken care of by me.
⑤ 그 씨앗은 정원에 심어졌니?
　→ Was the seed planted in the garden?

22
① 하늘에 무지개가 보였다.
　→ A rainbow was seen in the sky.
② 새로운 단서가 경찰에 의해 발견되었다.
　→ The police was found by a new clue.
③ 그것은 백화점에서 판매되지 않는다.
　→ It isn't sold in department stores.
④ 많은 질문들이 그들에 의해 질문되었다.
　→ Many questions were asked by them.
⑤ 그 고기는 오븐에서 조리되었니?
　→ Was the meat cooked in the oven?

서술형

[23-24] 다음 문장을 수동태로 바꿔 쓰시오.

23

> Romeo loved Juliet.

→ _____

24

> She hid the keys.

→ _____

서술형

[25-26] 제시된 단어를 활용해 우리말을 바르게 영작하시오. (단어 변형 가능)

25

> 내 인생은 그의 말에 의해 달라졌다.
> (change, his words)

→ _____

26

> 그는 병원으로 데려가졌니?
> (take, to the hospital)

→ _____

서술형

27 다음을 읽고 <u>틀린</u> 부분을 바르게 고치시오.

> The game was watched by millions of people. Henry was nervous. He shot the ball. Was it a goal? No. The ball catched by the goalkeeper.

_____ → _____

서술형

[28-30] 다음을 보고 수동태를 사용하여 빈칸에 알맞은 말을 쓰시오.

영화 제작/출연		
Director	Screenplay	Lead Role
George	Megan	Charlie

28

> A: Who directed the movie?
> B: It _____.

29

> A: Who wrote the screenplay?
> B: It _____.

30

> A: Who played the lead role?
> B: It _____.

✔️ 채점표

총점	/ 30

CHAPTER REVIEW

❶ 능동태: 주어가 동작을 하는 표현 / 수동태: 주어가 동작을 받는 표현

❷ 능동태를 수동태로 바꾸기
  1) 능동태 문장의 주어 → by + 목적격(행위자)
  2) 능동태 문장의 목적어 → 수동태 문장의 주어
  3) 능동태 문장의 동사 → be동사 + 과거분사

❸ 과거분사는 보통 동사 뒤에 -ed를 붙이지만, 불규칙적으로 변하기도 한다.

❹ 수동태 부정문: be동사+not+과거분사 / 의문문: Be동사+주어+과거분사~?

❺ 수동태 문장의 'by+행위자'는 문맥에 따라 생략되기도 한다.

복습문제 우리말에 해당하는 알맞은 문장을 고르시오.

---

01 그 케이크는 그녀에 의해 구워졌다.

☐ a. The cake was baked by her.
☐ b. The cake was baked by she.

---

02 그 남자는 벼락에 맞았다.

☐ a. The man was struck by lightning.
☐ b. The man struck by lightning.

---

03 그 박물관은 많은 사람들의 방문을 받는다.

☐ a. The museum was visited by many people.
☐ b. The museum is visited by many people.

---

04 나에게는 두 번째 기회가 주어지지 않았다.

☐ a. I wasn't given a second chance.
☐ b. I didn't give a second chance.

---

05 한국어는 한국에서 말해진다.

☐ a. Korean is spoke in Korea.
☐ b. Korean is spoken in Korea.

정답 01 a. 02 a. 03 b. 04 a. 05 b.

CHAPTER 10

to부정사 와 동명사

핵심문장

■ **to부정사** (명사적 용법)	I like to eat pizza.	나는 피자 먹는 것을 좋아한다.
■ **to부정사** (형용사적 용법)	I want something to eat.	나는 먹을 것을 원한다.
■ **to부정사** (부사적 용법)	I went there to eat pizza.	나는 피자를 먹기 위해 그곳에 갔다.
■ **동명사**	I like eating pizza.	나는 피자 먹는 것을 좋아한다.

to부정사란?

Point 1. to부정사는 'to+동사원형'의 형태로 문장에서 명사, 형용사, 부사로 쓰인다.

- I want **to visit** London. (명사적 용법)
  나는 런던에 방문하기를 원한다.

- I have a plan **to visit** London. (형용사적 용법)
  나는 런던에 방문할 계획을 가지고 있다.

- I went to the airport **to visit** London. (부사적 용법)
  나는 런던에 방문하기 위해 공항에 갔다.

 ## to부정사의 명사적 용법

Point 2. to부정사는 명사로서 주어, 보어, 목적어 역할을 한다.

주어	To be a chef is exciting. 주어　　　동사	요리사가 되는 건 신나는 일이다.
	It is exciting to be a chef. 가주어　　　　　진주어	
보어	My dream is to be a chef. 주어　동사　　보어	내 꿈은 요리사가 되는 것이다.
목적어	I want to be a chef. 동사　　　목적어	나는 요리사가 되기를 원한다.

※ 명사적 용법의 to부정사는 '~하기' 또는 '~하는 것'으로 해석된다.
※ to부정사는 주어 자리에 쓰기도 하지만, 보통의 경우에는 문장 뒤로 보내고 가주어 It으로 주어 자리를 채운다.

to부정사를 목적어로 사용하는 동사	
want, hope, plan, decide, need, learn	+ to부정사

- They <u>hope</u> **to return** next year.
  그들은 내년에 돌아오기를 희망한다.

- She <u>decided</u> **to buy** a new bag.
  그녀는 새 가방을 사기로 결정했다.

CHECK

Q1. to부정사의 형태가 옳으면 ○, 아니면 X를 고르시오.

(1) to run　　　　○ / X
(2) to walking　　○ / X
(3) to slept　　　○ / X
(4) to see　　　　○ / X
(5) to thinks　　　○ / X
(6) to work　　　　○ / X

Q2. 밑줄 친 부분의 알맞은 뜻을 고르시오.

(1) It makes me happy <u>to sing</u>.
　□ 노래할　　　　□ 노래하는 것
(2) My goal is <u>to win</u> the game.
　□ 이기는 것　　　□ 이기기 위해
(3) We learn <u>to speak</u> English.
　□ 말할　　　　　□ 말하는 것

정답 **Q1.** (1) ○ (2) X (3) X (4) ○ (5) X (6) ○
Q2. (1) 노래하는 것 (2) 이기는 것 (3) 말하는 것

01.

다음 중 빈칸에 들어갈 수 있는 것은?

My plan is _____.

내 계획은 <u>바이올린 레슨을 받는 것</u>이다.

① violin lessons
② take violin lessons
③ to take violin lessons
④ to taking violin lessons
⑤ to taken violin lessons

정답 ③ to take violin lessons
목표 to부정사 명사적 용법 이해하기
해설 제시된 빈칸은 주어(My plan)를 설명하는 보어의 자리이므로 명사나 형용사가 들어간다. to부정사를 이용하면 명사(구)를 만들 수 있으므로 동사 take를 'to+동사원형' 형태로 만든다.

① violin lessons 역시 명사구이지만 문맥상 어울리지 않는다.

02.

밑줄 친 부분의 역할이 <u>다른</u> 것은?

① I need <u>to go to the hospital</u>.
② David wants <u>to play basketball</u>.
③ She chose <u>to stay at home</u>.
④ They decided <u>to live together</u>.
⑤ My wish is <u>to travel the world</u>.

① 나는 병원에 가야 한다.
② David는 농구하기를 원한다.
③ 그녀는 집에 남을 것을 선택했다.
④ 그들은 함께 살기로 결정했다.
⑤ 내 소원은 세계를 여행하는 것이다.

정답 ⑤ My wish is <u>to travel the world</u>.
목표 to부정사 명사적 용법의 문장 내 역할 구분하기
해설 ①~④에서 to부정사는 동사의 목적어로 사용되었다. need, want, choose, decide는 to부정사를 목적어로 취하는 대표적인 동사들이다. 반면, ⑤의 to travel the world는 주어 My wish를 보충 설명하는 보어이므로 이것만 쓰임이 다르다.

to부정사의 형용사적 용법

Point 1. to부정사는 형용사로서 명사를 수식할 수 있다.

명사 + to부정사	뜻
food to eat	먹을 음식

※ 형용사적 용법의 to부정사는 '~하는', '~할' 등으로 해석된다.

Point 2. to부정사는 -thing, -body, -one으로 끝나는 대명사를 수식하기도 한다.

대명사 + to부정사	뜻
something to eat	먹을 것

- She has **a book to read**. 그녀는 읽을 책이 있다.
- She has **something to read**. 그녀는 읽을거리가 있다.

※ 대명사가 형용사의 수식을 받는 경우 to부정사는 형용사 뒤에 온다.
  e.g., something interesting to read (대명사-형용사-to부정사)

 ## to부정사의 부사적 용법

Point 3. to부정사는 부사로서 추가 정보를 제공한다.

목적 (~하기 위해)	**come** to play 놀기 위해 오다 (놀러 오다)
감정의 원인 (~해서)	**happy** to see you 당신을 보게 되어 기쁜
결과 (…해서 ~하다)	**grew up** to be a scientist 자라서 (결국) 과학자가 되었다

※ 감정의 원인을 나타낼 때 to부정사는 감정 형용사와 함께 쓰인다.
※ 결과를 나타낼 때는 문장을 앞에서부터 순차적으로 해석한다.

- I went to the library **to study**. 나는 공부하기 위해 도서관에 갔다.
- We were sad **to say goodbye**. 우리는 작별하게 되어 슬펐다.
- The tree grew up **to be 10 meters tall**.
  그 나무는 자라서 키가 10미터가 되었다.

CHECK

Q1. 해석이 옳으면 ○, 틀리면 X를 고르시오.

(1) a place to stay = 머무를 장소 　O / X
(2) clothes to wear = 옷을 입는 것 　O / X
(3) work to do = 일을 하기 위해 　O / X
(4) a movie to watch = 볼 영화 　O / X
(5) something to drink
   = 무엇을 마시러 　O / X
(6) someone to talk to = 말할 사람 　O / X

Q2. 밑줄 친 부분의 알맞은 뜻을 고르시오.

(1) He saved money to buy a car.
   ☐ 차를 사게 되어 　☐ 차를 사기 위해
(2) They were surprised to see me.
   ☐ 나를 보기 위해 　☐ 나를 보게 되어
(3) She lived to be 100 years old.
   ☐ (살아서) 100살이 되었다
   ☐ 100살이 되기 위해 (살았다)

정답 **Q1.** (1) O (2) X (3) X (4) O (5) X (6) O
Q2. (1) 차를 사기 위해 (2) 나를 보게 되어
(3) (살아서) 100살이 되었다

PRACTICE

01. 단어를 바르게 배열한 것은?

나는 마실 것을 원한다.
(I / to drink / something / want)

① I to drink want something.
② I to drink something want.
③ I something want to drink.
④ I something to drink want.
⑤ I want something to drink.

정답 ⑤ I want something to drink.
목표 to부정사 형용사적 용법의 문장 구조 이해하기
해설 제시된 문장은 '주어+동사+목적어' 구조인데, 그 중 목적어인 '마실 것'은 대명사 something을 이용해 '대명사+to부정사'로 나타낼 수 있다. 이때의 to부정사는 형용사적 용법으로서 '~할'로 해석된다.

02. 밑줄 친 부분의 쓰임이 다른 것은?

① They met at six <u>to have dinner</u>.
② We're looking for a gift <u>to buy</u>.
③ She went to the park <u>to go jogging</u>.
④ We ran fast <u>to win the race</u>.
⑤ He bought a ticket <u>to go home</u>.

① 그들은 저녁을 먹기 위해 6시에 만났다.
② 우리는 살 선물을 찾고 있다.
③ 그녀는 조깅을 하러 공원에 갔다.
④ 우리는 경기에서 이기려고 빨리 달렸다.
⑤ 그는 집에 가기 위해 표를 샀다.

정답 ② We're looking for a gift to buy.
목표 to부정사의 용법 구분하기
해설 ①, ③, ④, ⑤의 to부정사는 부사로서 동사의 목적을 나타내는 반면, ②의 to부정사는 명사(a gift)를 꾸미는 형용사의 역할을 한다.

UNIT **25** 동명사

동명사의 형태

Point 1. 동명사는 '동사원형+ing'의 형태로 명사처럼 쓰인다.

동사	**read** (읽다)	**run** (달리다)
동명사	reading (읽기)	running (달리기)

※ 동명사는 현재진행형의 동사원형ing와 형태가 같으므로 유의하자.
  e.g., Beth's hobby is reading. → 읽기 (동명사)
     Beth is reading. → 읽고 있는 (현재진행형)

동명사의 역할

Point 2. 동명사는 명사로서 주어, 보어, 목적어 역할을 한다.

주어	Playing the guitar is fun. 　주어　　　　동사	기타를 치는 것은 재미있다.
보어	Tim's hobby is playing the guitar. 　　　동사　　　보어	Tim의 취미는 기타를 치는 것이다.
목적어	Tim enjoys playing the guitar. 　　동사　　　목적어	Tim은 기타 치는 것을 즐긴다.

※ 주어 자리의 동명사는 단수로 취급된다.
※ 동명사는 동사의 목적어 외에 전치사의 목적어로 쓰이기도 한다.
  (반면, 명사적 용법의 to부정사는 전치사의 목적어로 쓰이지 않는다.)
  e.g., Tim is good at playing the guitar. (playing → at의 목적어)

동명사 vs. to부정사

Point 3. 동사마다 취하는 목적어의 형태가 다르다.

동사	목적어
enjoy, keep, finish, practice, stop	동명사
want, plan, hope, wish, learn	to부정사
like, love, hate, start, continue	동명사/to부정사

※ 일반적으로 동명사는 과거적 속성, to부정사는 미래적 속성을 가지고 있다.

• I **enjoy** swimming. 나는 수영하는 것을 즐긴다.
• I **plan** to swim. 나는 수영할 계획이다.
• I **started** swimming [to swim]. 나는 수영하기를 시작했다.

CHECK

Q1. 괄호 안에 알맞은 말을 고르시오.
(1) She started (bake / baking) a cake.
(2) His job is (teach / teaching) students.
(3) (Making / Make) a paper plane is easy.
(4) We finished (cleaning / cleaned).
(5) They practice (skate / skating).
(6) (Build / Building) a house takes a long time.

Q2. 다음 문장이 어법상 옳으면 ○, 틀리면 X를 고르시오.
(1) He finished to cut the paper.　O / X
(2) It kept making a sound.　O / X
(3) She practiced to dance.　O / X
(4) I want eating ice cream.　O / X
(5) We stopped laughing.　O / X
(6) They continued to run fast.　O / X

정답　**Q1.** (1) baking (2) teaching
(3) Making (4) cleaning (5) skating
(6) Building　**Q2.** (1) X (2) O (3) X (4) X
(5) O (6) O

PRACTICE

01.

밑줄 친 부분이 어법상 옳지 <u>않은</u> 것은?

① <u>Play</u> online games is fun.

② Lucy hates <u>eating</u> pickles.

③ <u>Learning</u> Korean isn't easy.

④ Andy likes <u>taking</u> pictures.

⑤ Do you mind <u>closing</u> the door?

① 온라인 게임을 하는 것은 재미있다.
② Lucy는 피클 먹는 것을 싫어한다.
③ 한국어를 배우는 것은 쉽지 않다.
④ Andy는 사진 찍는 것을 좋아한다.
⑤ 문을 닫아 주시겠어요?

정답   ① <u>Play</u> online games is fun.

목표   동명사 문장의 어법성 판단하기

해설   ①에서 동사 is 앞이 주어가 되려면 명사의 형태를 갖추어야 하므로 to부정사 또는 동명사가 되어야 한다.
(To play, Playing)

※ 명사 역할을 하는 동명사는 일반적인 명사와 어떻게 다를까?
1) 동명사는 목적어를 취할 수 있다. e.g., I enjoy watching TV. → TV는 watching의 목적어
2) 동명사는 관사를 쓰지 않는다. e.g., a camping trip (O), a camping (X)

02.

다음 빈칸에 들어갈 알맞은 말은?

Sue finished _____ the pie.

Sue는 그 파이 먹는 것을 끝냈다.
(Sue는 그 파이를 다 먹었다.)

① eat   ② eats

③ eating   ④ to eat

⑤ ate

정답   ③ eating

목표   동사가 취하는 목적어의 형태 판단하기

해설   동사 뒤에는 동사의 대상이 되는 목적어가 오는데, finish는 동명사를 목적어로 취하는 동사이므로 eat를
동명사 형태로 쓸 수 있다. 동사에 따라 취하는 목적어의 형태가 다르므로 잘 구분하여 기억해 두자.

A. to부정사의 명사적 용법

01 다음 빈칸에 들어갈 알맞은 말은?

> Jane likes _____ scary movies.

① watch　　② watched
③ to watch　　④ to watched
⑤ to watching

02 밑줄 친 부분이 어법상 옳지 <u>않은</u> 것은?

① It is my dream to <u>be</u> an artist.
② We want to <u>win</u> the game.
③ My plan is to <u>learn</u> Spanish.
④ Jessica decided to <u>goes</u> skiing.
⑤ Alex wants to <u>become</u> a doctor.

03 다음 밑줄 친 부분의 알맞은 뜻은?

> Emily doesn't like <u>to eat carrots</u>.

① 당근을 먹는 것
② 당근을 먹어서
③ 당근을 먹기 위해
④ 당근을 먹었다
⑤ 먹을 당근

04 괄호 안의 단어를 바르게 배열하시오.

> 나는 시드니에 머물기로 계획했다.
> I (to / planned / stay) in Sydney.

→ _____

B. to부정사의 형용사적 용법

05 다음 중 빈칸에 들어갈 수 <u>없는</u> 것은?

> Junho has _____.

① something to drink
② a book to read
③ homework to do
④ nobody to talk to
⑤ go to school

06 다음 우리말을 바르게 영작한 것은?

> 나는 앉을 의자를 가지고 있지 않다.

① I don't have a chair sit on.
② I don't have a chair to sit on.
③ I don't have a chair to sitting on.
④ I don't have a sit on chair.
⑤ I don't have a sitting on chair.

07 다음 빈칸에 들어갈 알맞은 말을 쓰시오.

> 너는 (글씨를) 쓸 종이가 필요하니?
> → Do you need a paper _____?
> (write on)

C. to부정사의 부사적 용법

08 빈칸에 들어갈 말이 바르게 짝지어진 것은?

> • She came to Seoul to _____ her son.
> • I wear a watch to _____ the time.

① met - check　　② met - checks
③ meet - check　　④ meet - checks
⑤ meeting - check

09 다음 문장에서 to가 들어갈 알맞은 위치는?

> ⓐ Let's ⓑ meet ⓒ after ⓓ school
> ⓔ play basketball.

① ⓐ   ② ⓑ   ③ ⓒ
④ ⓓ   ⑤ ⓔ

10 다음 우리말을 바르게 영작한 것은?

> 선미는 패션을 공부하러 대학에 갔다.

① Sunmi studied fashion in college.
② Sunmi studied fashion to go to college.
③ Sunmi studied to go to fashion school.
④ Sunmi went to college to study fashion.
⑤ Sunmi went to fashion school.

11 다음 빈칸에 들어갈 알맞은 말을 쓰시오.

> A: Why do you need butter?
> B: I need butter _____ cookies.
> (bake)

<h3>D. 동명사</h3>

12 빈칸에 들어갈 말이 바르게 짝지어진 것은?

> • _____ push-ups is difficult.
> • Olivia enjoys _____ to music.

① Do - to listen   ② Do - listening
③ Did - listening   ④ Doing - to listen
⑤ Doing - listening

13 다음 문장에서 어법상 옳지 <u>않은</u> 부분은?

> ⓐ<u>My</u> ⓑ<u>family</u> ⓒ<u>loves</u> ⓓ<u>take</u>
> ⓔ<u>pictures</u>.

① ⓐ   ② ⓑ   ③ ⓒ
④ ⓓ   ⑤ ⓔ

14 밑줄 친 부분의 쓰임이 <u>다른</u> 것은?

① I finished <u>reading</u> the book.
② Matt is <u>playing</u> badminton.
③ The door kept <u>shutting</u>.
④ Emma enjoys <u>cooking</u> Korean food.
⑤ They started <u>dancing</u> in the rain.

15 밑줄 친 부분을 제시된 말로 바꿀 수 <u>없는</u> 것은?

① We avoided <u>fighting</u>. → to fight
② I love <u>playing</u> action games. → to play
③ They continued <u>searching</u>. → to search
④ She began <u>singing</u>. → to sing
⑤ He hates <u>exercising</u>. → to exercise

16 다음 빈칸에 들어갈 알맞은 말을 쓰시오.

> Wendy는 그림 그리기를 끝냈다.
> → Wendy finished _____
>   a picture. (draw)

 채점표

A. to부정사의 명사적 용법	/ 4
B. to부정사의 형용사적 용법	/ 3
C. to부정사의 부사적 용법	/ 4
D. 동명사	/ 5

[01-02] 빈칸에 들어갈 말로 바른 것을 고르시오.

01

> • My plan is _____ 100 books this year.
> • Danny learned _____ the drums.
> • Do you want _____ this sauce?

① read - play - taste
② read - to play - to taste
③ to read - play - to taste
④ to read - to play - taste
⑤ to read - to play - to taste

02

> • She promised _____ early.
> • The lights keep _____ off.
> • They couldn't stop _____.

① to come - to turn - to smile
② to come - turning - smiling
③ to come - turning - to smile
④ coming - to turn - to smile
⑤ coming - turning - smiling

[03-04] 빈칸에 들어갈 수 없는 것을 고르시오.

03

> Lisa loves _____.

① to travel   ② writing stories
③ plays tennis   ④ to ride her bike
⑤ eating hamburgers

04

> Jacob started _____.

① taking lessons   ② to sing
③ made money   ④ to learn French
⑤ doing his homework

05 다음 중 뜻이 바르지 않은 것은?

① a movie to watch = 볼 영화
② a car to drive = 운전할 차
③ time to play = 놀 시간
④ something to say = 무엇을 말하기 위해
⑤ someone to meet = 만날 사람

06 다음 중 to의 쓰임이 다른 것은?

① We met <u>to</u> go shopping together.
② They went on a trip <u>to</u> Sydney.
③ She raised her hand <u>to</u> ask a question.
④ He became a doctor <u>to</u> help sick people.
⑤ I called Tom <u>to</u> congratulate him.

07 다음 중 어법에 맞는 문장의 개수는?

> • Solving the problem isn't easy.
> • Tammy loves be a teacher.
> • Listening to music is my hobby.
> • They practiced dancing on stage.
> • Sam enjoys collecting shoes.

① 1개   ② 2개   ③ 3개
④ 4개   ⑤ 5개

08 다음 중 빈칸에 to가 들어갈 수 없는 것은?

① Yeonsuh finished _____ cleaning up the desk.
② Minho continued _____ study hard.
③ The boy wishes _____ meet Santa.
④ It began _____ rain heavily.
⑤ They decided _____ buy the house.

[09-11] 밑줄 친 부분의 용법이 <보기>와 같은 것은?

09

 Ted wants to be a dog trainer.

① I was excited to meet my family.
② They needed some water to drink.
③ He wants something to eat.
④ We plan to go hiking next week.
⑤ She called me to say goodbye.

10

 I sent a message to thank them.

① He hopes to visit Iceland someday.
② She has an oven to use.
③ The girl has many friends to play with.
④ I chose to take art class this year.
⑤ We bought tickets to see a musical.

11

 We don't have time to waste.

① Do you want to know the answer?
② Do you have a helmet to wear?
③ Jamie went to the store to buy a shirt.
④ I was nervous to travel alone.
⑤ She doesn't like to eat spicy food.

12 다음 중 어법상 옳지 않은 것은?

① Will hates going to the dentist.
② They decided moving to a new house.
③ She stopped playing the piano.
④ Mom enjoys drinking coffee.
⑤ I want to have dinner with you.

[13-14] 대화의 빈칸에 들어갈 알맞은 말을 고르시오.

13

A: Why is Julie crying?
B: _____

① She is sad to leave her old school.
② She is sad leave her old school.
③ She is to leave her old school sad.
④ She is leave her old school sad.
⑤ She to leave her old school is sad.

14

A: Where is Peter?
B: _____

① He is at the market buy fruits.
② He is at the market to buying fruits.
③ He is at the market to buy fruits.
④ He buy fruits is at the market.
⑤ He to buy fruits is at the market.

[15-16] 단어를 바르게 배열한 것을 고르시오.

15

the lesson of the book / is / be kind / to

① The lesson of the book is to be kind.
② The lesson of the book is be kind to.
③ The lesson of the book to be kind is.
④ Be kind is to the lesson of the book.
⑤ Be kind to the lesson of the book is.

16

a new language / is / learning / difficult

① A new language is learning difficult.
② A new language is difficult learning.
③ Difficult is learning a new language.
④ Learning a new language is difficult.
⑤ Learning a new language difficult is.

17 어법에 맞는 문장을 모두 고른 것은?

> ⓐ I learned to playing the trumpet.
> ⓑ They ran to catch the bus.
> ⓒ Exercising is good for your health.
> ⓓ Do you have something do now?

① ⓐ, ⓑ   ② ⓑ, ⓒ   ③ ⓒ, ⓓ
④ ⓐ, ⓑ, ⓒ   ⑤ ⓑ, ⓒ, ⓓ

18 다음 중 문장을 잘못 고친 것은?

① I was sorry to waking them up.
   → I was sorry to wake them up.
② My hobby is drew pictures.
   → My hobby is draw pictures.
③ He went to Germany study music.
   → He went to Germany to study music.
④ She has a lot of things buying.
   → She has a lot of things to buy.
⑤ We hope seeing you soon.
   → We hope to see you soon.

19 문장에 대한 설명이 옳지 않은 것은?

① Jenn's wish is to become a pilot.
   → to become a pilot은
     주어 Jenn's wish를 설명한다.
② I use my phone to send an e-mail.
   → to send an e-mail은 목적을 나타낸다.
③ We are glad to hear the news.
   → to hear the news는 glad라는
     감정의 원인을 나타낸다.
④ Running down the stairs is dangerous.
   → Running down the stairs는 명사구다.
⑤ They want snacks to eat before dinner.
   → to eat은 문장의 목적어이다.

20 밑줄 친 ⓐ~ⓔ 중 어법상 옳지 않은 것은?

> Becky went to Seattle ⓐto study. She was sad ⓑto be alone. ⓒMake new friends wasn't easy for her. She decided ⓓto join a club ⓔto meet new people.

① ⓐ   ② ⓑ   ③ ⓒ
④ ⓓ   ⑤ ⓔ

21 우리말을 영어로 잘못 옮긴 것은?

① 너는 오늘 일찍 오기로 약속했다.
   → You promised coming early today.
② 그녀는 출근하기 위해 지하철을 탄다.
   → She takes the subway to go to work.
③ 나는 월요일에 할 일이 있었다.
   → I had something to do on Monday.
④ 그는 자라서 우주 비행사가 되었다.
   → He grew up to be an astronaut.
⑤ 안전벨트를 매는 것은 중요하다.
   → Fastening your seat belt is important.

22 민아가 자신을 소개하는 말 중 어법상 옳지 않은 것은?

① I enjoy bowling with my friends.
② I like reading all kinds of books.
③ I hate cooking food.
④ I don't want go hiking.
⑤ I love to travel around the world.

서술형

[23-24] 괄호 안의 단어를 바르게 배열하시오.

23

> **조건** to부정사 명사적 용법
>
> I (Chinese food / to / want / eat) for lunch.

→ _____

24

> **조건** to부정사 부사적 용법
>
> I (to / am / happy / a new phone / buy).

→ _____

서술형

[25-26] 제시된 단어를 활용해 우리말을 바르게 영작하시오. (단어 변형 가능)

25

> 너는 결혼식 갈 때 입을 것이 있니?
>
> (have, wear, to the wedding)

→ _____

26

> 나는 춤 레슨을 받는 것을 그만뒀다.
>
> (stop, take, dance lessons)

→ _____

서술형

[27-28] 다음을 읽고 <u>틀린</u> 부분을 바르게 고치시오.

27

> Claire decided to stay at home this weekend. She wants watching a movie. She likes watching comedies.

_____ → _____

28

> Taylor plans to visit Italy for his summer vacation. He is excited tasting delicious food. He will also go swimming.

_____ → _____

서술형

[29-30] 빈칸에 들어갈 알맞은 대답을 쓰시오. (단어 변형 가능)

29

> A: Why did you become a vet?
>
> B: I became a vet _____
>
> _____ .
>
> (help sick animals)

30

> A: Do you like being a musician?
>
> B: Yes, I do. I enjoy _____
>
> _____ .
>
> (play beautiful music)

 채점표

총점	/ 30

❶ to부정사 = to + 동사원형 (문장에서 명사, 형용사, 부사로 쓰임)

❷ to부정사 명사적 용법: 주어, 보어, 목적어 역할

❸ to부정사 형용사적 용법: 명사나 -thing/body/one으로 끝나는 대명사 수식

❹ to부정사 부사적 용법: 목적, 감정의 이유, 결과 설명

❺ 동명사 = 동사원형+ing (명사로서 주어, 보어, 목적어 역할)

복습문제   우리말에 해당하는 알맞은 문장을 고르시오.

---

01   나는 첼로를 연주하는 것을 배웠다.
☐ a. I learned to play the cello.
☐ b. I learned playing the cello.

---

02   나의 취미는 꽃 사진을 찍는 것이다.
☐ a. My hobby is to taking pictures of flowers.
☐ b. My hobby is to take pictures of flowers.

---

03   그들은 부를 좋은 노래를 생각해냈다.
☐ a. They thought of to sing a good song.
☐ b. They thought of a good song to sing.

---

04   그녀는 사촌을 만나러 덴마크에 갔다.
☐ a. She went to Denmark to visit her cousin.
☐ b. She went to Denmark visiting her cousin.

---

05   채소를 먹는 것은 건강에 좋다.
☐ a. Eat vegetables is good for your health.
☐ b. Eating vegetables is good for your health.

정답   01 a.   02 b.   03 b.   04 a.   05 b.

CHAPTER 11

문장의 종류

UNIT 26 명령문, 청유문, 의문문
UNIT 27 감탄문, 부가의문문

핵심문장		
▪ **명령문**	Open the window, please.	창문을 열어 주세요.
▪ **청유문**	Let's go outside.	밖으로 나가자.
▪ **의문문**	Where are my sunglasses?	내 선글라스는 어디 있지?
▪ **감탄문**	What a beautiful day!	정말 날씨가 좋구나!
▪ **부가의문문**	The weather is warm, isn't it?	날씨가 따뜻하네, 그렇지 않니?

명령문, 청유문, 의문문

 명령문과 청유문

Point 1. 명령문은 동사원형으로 문장을 시작한다.	
긍정 명령문	동사원형 ~ (~해라)
부정 명령문	Do not [Don't] 동사원형 ~ (~하지 마라)

※ 명령문 앞 또는 뒤에 please를 넣으면 조금 더 정중한 표현이 된다.
　e.g., Open the door, please. (문 좀 열어 주세요.)

- **Be** quiet in the library. 도서관에서는 조용히 해라.
- **Don't forget** the date. 그 날짜를 잊지 마라.

Point 2. 함께 하자고 제안할 때 Let's 청유문을 쓴다.	
긍정 청유문	Let's [Let us] + 동사원형 (~하자)
부정 청유문	Let's [Let us] not + 동사원형 (~하지 말자)

- **Let's wait** for Sean. Sean을 기다리자.
- **Let's not go** together. 같이 가지 말자.

 의문사가 있는 의문문

Point 3. 구체적인 내용을 물을 때 의문문 앞에 의문사를 쓴다.		
의문사의 종류		
대명사 역할	형용사 역할	부사 역할
who(m) (누구) whose (누구의 것) what (무엇) which (어느 것)	whose (누구의) what (어떤) which (어느)	when (언제) where (어디) why (왜) how (어떻게)

※ 의문사가 주어일 때에는 평서문처럼 주어-동사 순서로 쓰며,
　의문사가 주어가 아닐 때에는 일반 의문문 앞에 의문사가 붙는다.

- **What** happened? 무엇이 일어났니? (무슨 일이니?)
- **What** is she doing? 그녀는 무엇을 하고 있니?
- **Why** did you go there? 너는 왜 그곳에 갔니?
- **Where** can I find the bus stop? 버스 정류장은 어디에 있나요?

CHECK

Q1. 괄호 안에 알맞은 말을 고르시오.

(1) (Be / Do) careful.

(2) (Answer / Answers) the question.

(3) (Close / To close) the door, please.

(4) (Not / Don't) fall asleep.

(5) (Be don't / Don't be) late.

(6) Don't (turn / turned) off the lights.

Q2. 다음 의문사에 이어질 말을 고르시오.

(1) Who
　☐ are they?　　☐ they are?

(2) Which
　☐ is yours?　　☐ is her?

(3) Where
　☐ should I go?　☐ I should go?

(4) How
　☐ did it?　　☐ did it happen?

정답　**Q1.** (1) Be　(2) Answer　(3) Close
(4) Don't　(5) Don't be　(6) turn
Q2. (1) are they?　(2) is yours?
(3) should I go?　(4) did it happen?

01. **다음 빈칸에 들어갈 알맞은 말은?**

_____ me the salt, please.

소금 좀 건네주세요.

① Pass　　　　② Passes

③ Passed　　　④ Passing

⑤ To pass

정답　① Pass
목표　명령문의 구조 이해하기
해설　위의 문장은 상대에게 소금을 건네 달라고 요청하는 명령문이며, 공손한 표현을 위해 문장 끝에 please가 들어갔다. 명령문은 동사원형으로 시작되며 주어는 생략된다.

02. **다음 우리말을 바르게 영작한 것은?**

너는 언제 그 영화를 봤니?

① Did you see the movie where?
② Did you see the movie when?
③ Where did you see the movie?
④ When did you see the movie?
⑤ Why did you see the movie?

정답　④ When did you see the movie?
목표　의문사가 들어간 의문문 영작하기
해설　'너는 그 영화를 봤니?'를 뜻하는 일반 의문문 Did you see the movie? 앞에 시간을 묻는 의문사 When 을 덧붙이는 구조이다.

①, ③ Where: 어디 (장소를 묻는 의문사)
⑤ Why: 왜 (이유를 묻는 의문사)

감탄문, 부가의문문

 ## 감탄문

Point 1. 감탄문은 감정을 강조하여 나타내는 문장이다.

What 감탄문	What+(a/an)+형용사+명사+(주어+동사)!
How 감탄문	How+형용사/부사+(주어+동사)!

- **What** a kind person! 정말 친절한 사람이구나!
- **What** beautiful pictures! 정말 아름다운 그림들이구나!
- **How** kind she is! 그녀는 참 친절하구나!
- **How** well the girl sings! 그 소녀는 참 노래를 잘하는구나!

 ## 부가의문문

Point 2. 부가의문문은 앞의 내용을 확인하거나 동의를 구하기 위해 덧붙이는 짧은 의문문이다.

평서문	쉼표	부가의문문(동사+주격 대명사)
They are happy	,	aren't they?

※ 부가의문문의 동사는 반드시 축약형을 사용한다.
(isn't/aren't, won't, don't/doesn't/didn't 등)

부가의문문 만드는 규칙	
긍정 → 부정 부정 → 긍정	He is John, isn't he? 그는 John이야, 그렇지 않니? He isn't John, is he? 그는 John이 아니야, 그렇지?
주어 → 주격 대명사	This watch is yours, isn't it? 이 시계는 네 거야, 그렇지 않니?
be동사 → be동사 조동사 → 조동사	Terry can't swim, can he? Terry는 수영을 못 해, 그렇지?
일반동사 → do/does/did	Sue likes cats, doesn't she? Sue는 고양이를 좋아해, 그렇지 않니?

- Ashley was at the library, **wasn't she**?
  Ashley는 도서관에 있었어, 그렇지 않니?

- Children like ice cream, **don't they**?
  아이들은 아이스크림을 좋아해, 그렇지 않니?

CHECK

Q1. 괄호 안에 알맞은 말을 고르시오.

(1) (What / How) smart!

(2) (What / How) a big surprise!

(3) (What / How) a bad person he is!

(4) (What / How) lovely they are!

(5) (What / How) strange it is!

(6) (What / How) an interesting book!

Q2. 다음에 이어질 부가의문문을 고르시오.

(1) The food is delicious,
  ☐ isn't the food? ☐ isn't it?

(2) He was at the party,
  ☐ was he? ☐ wasn't he?

(3) You will come tomorrow,
  ☐ won't you? ☐ will you?

(4) They live in Seoul,
  ☐ aren't they? ☐ don't they?

정답 **Q1.** (1) How (2) What (3) What
(4) How (5) How (6) What **Q2.** (1) isn't it?
(2) wasn't he? (3) won't you?
(4) don't they?

01.

우리말에 맞게 단어를 배열한 것은?

> 이곳은 정말 큰 도시구나!
> (this is / a / what / city / big)

① This is what a big city!
② This is big what a city!
③ What a big city this is!
④ What this is a big city!
⑤ A big city what this is!

정답 ③ What a big city this is!
목표 감탄문 만들기
해설 위 문장은 What으로 시작하는 What 감탄문이며, 'What+(a/an)+형용사+명사+(주어+동사)!' 구조이다.
What a big city this is!에서 this is는 생략해도 문장이 성립한다.

02.

밑줄 친 부분이 어법상 옳지 않은 것은?

① That tree is very old, <u>isn't</u> it?
② David was late for school, <u>wasn't</u> he?
③ They won't win the race, <u>won't</u> they?
④ You don't have a brother, <u>do</u> you?
⑤ Lauren lost her wallet, <u>didn't</u> she?

① 저 나무는 아주 오래되었어, 그렇지 않니?
② David는 학교에 늦었어, 그렇지 않니?
③ 그들은 경주에서 이기지 못 할 거야, 그렇지?
④ 너는 남동생이 없어, 그렇지?
⑤ Lauren은 지갑을 잃어버렸어, 그렇지 않니?

정답 ③ They won't win the race, <u>won't</u> they?
목표 부가의문문의 어법성 판단하기
해설 문장 앞의 평서문이 부정인 경우 반대로 부가의문문은 긍정이다. ③에는 won't(will not)가 쓰였으므로
부가의문문에는 긍정형인 will을 쓴다.

②, ⑤ 평서문이 과거시제인 경우 부가의문문 역시 과거시제로 쓴다.
④, ⑤ 일반동사는 do(does/did)를 넣어 부가의문문을 만든다.

A. 명령문/청유문

01 밑줄 친 부분이 어법상 옳은 것은?

① Goes to bed before midnight.
② Moved the box carefully.
③ Wash your hands now.
④ Don't watching too much TV.
⑤ Not forget your homework.

02 다음 중 빈칸에 들어갈 수 없는 것은?

> Let's _____ together.

① dance
② go to school
③ have lunch
④ play basketball
⑤ will study

03 다음 우리말을 바르게 영작한 것은?

> 볼륨을 낮춰 주세요.

① Can I turn down the volume?
② Did you turn down the volume?
③ Turn down the volume, please.
④ Turning down the volume, please.
⑤ Please don't turn down the volume.

04 다음 명령문에서 틀린 부분을 바르게 고치시오.

> Are nice to your friends.

_____ → _____

B. 의문문

05 다음 중 빈칸에 들어갈 수 없는 것은?

> _____ did you go?

① When
② Who
③ Where
④ Why
⑤ How

06 다음 중 어법상 옳지 않은 것은?

① What do you want for dinner?
② Why were you late this morning?
③ Whose diary is this?
④ Which color do you like?
⑤ When time did you come home?

07 우리말에 맞게 단어를 배열한 것은?

> 너는 어떻게 학교에 가니?
>
> (go / how / do / you / to school)

① You go to school how do?
② You do go to school how?
③ How go to school do you?
④ How do you go to school?
⑤ Go to school how do you?

08 빈칸에 들어갈 알맞은 의문사를 쓰시오.

> 누가 너에게 그 선물을 주었니?
>
> → _____ gave you the present?

C. 감탄문

09 다음 빈칸에 들어갈 알맞은 말은?

> _____ a cute baby!

① Who
② Whose
③ Which
④ What
⑤ How

10 다음 빈칸에 들어갈 수 <u>없는</u> 것은?

> How _____ the boy is!

① student
② smart
③ tired
④ strong
⑤ handsome

11 밑줄 친 부분이 어법상 옳지 <u>않은</u> 것은?

① <u>What</u> a great movie it is!
② <u>What</u> pretty eyes you have!
③ <u>How</u> a good idea!
④ <u>How</u> difficult the question is!
⑤ <u>How</u> beautifully the girl sings!

12 빈칸에 들어갈 알맞은 말을 쓰시오.

> 그 토끼는 정말 빠르구나!
> → _____ fast the rabbit is!

D. 부가의문문

13 다음 빈칸에 들어갈 알맞은 말은?

> Jeff plays soccer, _____ he?

① isn't
② wasn't
③ don't
④ doesn't
⑤ didn't

14 다음 중 빈칸에 공통으로 들어갈 말은?

> • Motorcycles are fast, aren't _____?
> • Suji and Minsu went to school, didn't _____?

① it
② they
③ them
④ we
⑤ us

15 밑줄 친 부분이 어법상 옳지 <u>않은</u> 것은?

① Mia is your friend, <u>isn't</u> she?
② You were sick yesterday, <u>weren't</u> you?
③ These boxes aren't heavy, <u>are</u> they?
④ Toby didn't break the window, <u>was</u> he?
⑤ Your parents can't come, <u>can</u> they?

16 빈칸에 들어갈 알맞은 부가의문문을 쓰시오.

> 그 영화는 무서웠어, 그렇지 않니?
> → The movie was scary, _____?

✔ 채점표

A. 명령문/청유문	/ 4
B. 의문문	/ 4
C. 감탄문	/ 4
D. 부가의문문	/ 4

[01-02] 빈칸에 들어갈 말로 바른 것을 고르시오.

01

> • _____ off your shoes.
> • _____ lovely the flowers are!

① Take - How ② Take - What
③ Takes - How ④ Taking - How
⑤ Taking - What

02

> • Let's _____ lunch together.
> • _____ guitar is this?

① has - Who ② has - Whose
③ have - Who ④ have - Whose
⑤ have - Why

03 밑줄 친 부분의 성격이 다른 것은?

① What time do you get up?
② What a busy weekend it was!
③ What does she look like?
④ What did they buy at the store?
⑤ What instruments can you play?

04 빈칸에 How를 넣을 수 있는 문장의 개수는?

> • _____ sad the news is!
> • _____ a beautiful garden it is!
> • _____ movie should I see?
> • _____ do birds fly?
> • _____ car did you borrow?

① 1개 ② 2개 ③ 3개
④ 4개 ⑤ 5개

[05-06] 빈칸의 말이 <보기>와 같은 것을 고르시오.

05

> Amy is from England, _____ she?

① The kids are sleeping, _____ they?
② This computer isn't yours, _____ it?
③ This is an old painting, _____ it?
④ They can't come tonight, _____ they?
⑤ Lucy can speak Korean, _____ she?

06

> 보기 It rained last night, _____ it?

① Sam took the subway, _____ he?
② Mary doesn't like milk, _____ she?
③ The cookies taste good, _____ they?
④ The show starts at seven, _____ it?
⑤ You don't know Jordan, _____ you?

07 다음 문장을 명령문으로 바르게 바꾼 것은?

> Can you tell me your phone number?

① Tell me your phone number.
② Telling me your phone number.
③ Told me your phone number.
④ I tell you my phone number.
⑤ What is your phone number?

08 다음 문장을 감탄문으로 바르게 바꾼 것은?

> This is a delicious steak.

① This is what a delicious steak!
② This is how a delicious steak!
③ What delicious is this steak!
④ What a delicious steak this is!
⑤ How a delicious steak this is!

09 다음 중 빈칸에 들어갈 말이 다른 것은?

① The stores were closed, weren't _____?
② My phone is on the sofa, isn't _____?
③ It won't happen again, will _____?
④ This book looks boring, doesn't _____?
⑤ The train arrived at ten, didn't _____?

10 다음 중 어법상 옳은 문장의 개수는?

- Put your toys in the box.
- Waters the plants twice a week.
- Picked up the trash on the street.
- Help me, please.
- Showing me the map, please.

① 1개　② 2개　③ 3개　④ 4개　⑤ 5개

11 다음 중 대화가 자연스럽지 않은 것은?

① A: You live in Seoul, don't you?
　B: Yes, I do.
② A: Your brother is in Italy, isn't he?
　B: No, he isn't.
③ A: They aren't ready, are they?
　B: No, they aren't.
④ A: Linda plays the drums, doesn't she?
　B: Yes, she does.
⑤ A: Will doesn't like cooking, does he?
　B: No, he does.

12 밑줄 친 ⓐ~ⓔ 중 어법상 틀린 것은?

A: Let's ⓐmeet at the cinema at
　eight. Don't ⓑbe late!
B: Okay, I won't. ⓒWhat ⓓexciting!
　The movie sounds fun, ⓔdoesn't it?

① ⓐ　② ⓑ　③ ⓒ　④ ⓓ　⑤ ⓔ

[13-14] 다음 대답이 나올 수 있는 질문을 고르시오.

13

A: _____
B: Jamie did.

① What is your brother's name?
② Which one is your brother?
③ Who washed the dishes?
④ When did Jamie wash the dishes?
⑤ Where will you meet Jamie?

14

A: _____
B: The beef burger.

① Whose burger is this?
② What did you order?
③ Who ordered the burger?
④ Why did you order the burger?
⑤ How much is the beef burger?

[15-16] 어법상 옳은 문장들로 묶인 것을 고르시오.

15

ⓐ What a smart boy he is!
ⓑ What an exciting game it was!
ⓒ How cute the puppies are!
ⓓ How happily the baby is!

① ⓐ, ⓑ　　② ⓑ, ⓒ　　③ ⓒ, ⓓ
④ ⓐ, ⓑ, ⓒ　⑤ ⓑ, ⓒ, ⓓ

16

ⓐ They are hungry, are they?
ⓑ She wasn't at home, was she?
ⓒ I shouldn't call him, should I?
ⓓ You wrote this letter, didn't you?

① ⓐ, ⓑ　　② ⓑ, ⓒ　　③ ⓒ, ⓓ
④ ⓐ, ⓑ, ⓒ　⑤ ⓑ, ⓒ, ⓓ

17 다음 중 밑줄 친 부분을 잘못 고친 것은?

① Who shirt did you buy? → Which

② To turn off your phone before the
   movie begins. → Turning

③ Where far is the bus stop from here?
   → How

④ Not take off your seat belt.
   → Don't take

⑤ Don't to touch the pictures on the wall.
   → Don't touch

18 다음 중 문장을 잘못 고친 것은?

① What a beautiful island is!
   → What a beautiful island is it!

② The water is too cold, doesn't it?
   → The water is too cold, isn't it?

③ You work at a bank, do you?
   → You work at a bank, don't you?

④ What nice the weather is!
   → How nice the weather is!

⑤ They didn't win the game, didn't they?
   → They didn't win the game, did they?

19 다음 말을 듣고 할 행동이 아닌 것은?

① Bring me some water, please.
   → 물을 가져다준다.

② Clean up your room.
   → 방을 치운다.

③ Let's meet at the subway station.
   → 지하철역에서 친구를 만난다.

④ Don't be late for the party.
   → 파티에 일찍 도착한다.

⑤ Don't forget to buy some eggs.
   → 계란을 사지 않는다.

20 우리말을 영어로 잘못 옮긴 것은?

① 네 고양이는 몇 살이니?
   → How old is your cat?

② Mike는 훌륭한 수영 선수야, 그렇지 않니?
   → Mike is a great swimmer, isn't he?

③ 너는 주말에 무엇을 하니?
   → What do you do on weekends?

④ 너는 왜 우체국에 있었니?
   → How were you at the post office?

⑤ 그들은 답을 알지 못 해, 그렇지?
   → They don't know the answer, do
   they?

21 빈칸에 들어갈 말이 같은 것끼리 짝지어진 것은?

ⓐ _____ often do you ride your bike?

ⓑ _____ do you look so sad?

ⓒ _____ a terrible accident!

ⓓ _____ well he dances on stage!

ⓔ _____ told you the news?

① ⓐ, ⓑ   ② ⓐ, ⓒ   ③ ⓐ, ⓓ
④ ⓑ, ⓒ   ⑤ ⓓ, ⓔ

22 다음 대답 중 어법상 옳지 않은 것은?

A: This is my house.
B: _____

① What a nice house!

② This is your room, isn't it?

③ Where is the bathroom?

④ Who do you live with?

⑤ You live with your family, didn't you?

서술형

[23-24] 제시된 단어를 활용해 우리말을 바르게 영작하시오. (단어 변형 가능)

23

> 그것은 정말 똑똑한 로봇이구나!
> (what, smart, robot)

→ _____

24

> Alex가 보물을 찾았어, 그렇지 않았니?
> (find, the treasure)

→ _____

서술형

[25-26] 제시된 단어를 활용해 빈칸에 알맞은 의문사 의문문을 쓰시오.

25

> A: _____ (this)
> B: This jacket is Jenny's.

26

> A: _____ (the book)
> B: I borrowed it on Friday.

서술형

[27-28] 다음을 읽고 <u>틀린</u> 부분을 바르게 고치시오.

27

> Taking bus number 7. Get off at Central Park station. Meet me at Central Park.

_____ → _____

28

> Julie: The soup tastes bad, does it?
> Brad: Yes, it does.
> Julie: You didn't put in salt, did you?

_____ → _____

서술형

29 단어를 바르게 배열한 감탄문을 쓰시오.

> fresh / carrots / these / how / are

→ _____

서술형

30 다음 그림을 설명하는 명령문을 쓰시오.

→ _____ in the gallery.

 채점표

총점	/ 30

CHAPTER REVIEW

출제 POINT

❶ 명령문: 주어를 생략하고, 동사원형으로 문장을 시작한다.

❷ 청유문: Let's + 동사원형

❸ 의문문: 문장 앞에 의문사를 넣어 구체적인 내용을 물을 수 있다.

❹ 감탄문: What + (a/an) + 형용사 + 명사 + (주어 + 동사)!

　　　　How + 형용사/부사 + (주어 + 동사)!

❺ 부가의문문: 평서문 뒤에 '동사 + 주격 대명사?'를 덧붙인다.

복습문제　우리말에 해당하는 알맞은 문장을 고르시오.

01　음식을 냉장고 안에 넣어라.
- ☐ a. Put the food in the fridge.
- ☐ b. Putting the food in the fridge.

02　너는 오늘 무엇을 입을 거니?
- ☐ a. What will you wear today?
- ☐ b. When will you wear today?

03　그것은 정말 긴 여행이었다!
- ☐ a. How a long trip it was!
- ☐ b. What a long trip it was!

04　나는 인터뷰 때문에 정말 긴장했어!
- ☐ a. What nervous I was for the interview!
- ☐ b. How nervous I was for the interview!

05　Megan이 피자를 주문하지 않았어, 그렇지?
- ☐ a. Megan didn't order the pizza, did she?
- ☐ b. Megan didn't order the pizza, did Megan?

정답　01 a.　02 a.　03 b.　04 b.　05 a.

CHAPTER 12

전치사와 접속사

핵심문장

■ **전치사**	I bought a new phone on Monday.	나는 월요일에 새 휴대폰을 샀다.
■ **전치사**	I left my phone at home.	나는 내 휴대폰을 집에 두고 왔다.
■ **접속사**	I am worried because I lost my phone.	나는 휴대폰을 잃어버려서 걱정된다.
■ **접속사**	She knows that I lost my phone.	그녀는 내가 휴대폰을 잃어버렸다는 것을 안다.

시간 전치사

Point 1. 시간을 나타내는 전치사에는 at, on, in 등이 있다.

at	on	in
~에 (구체적인 시각, 특정한 때)	~에 (구체적인 날짜, 요일, 특정한 휴일)	~에 (월, 연도, 계절, 하루 중 긴 시간대)
at 7:30, at dinner, at night	on Sunday, on Christmas	in April, in 2050, in the morning

※ 하루의 시간대를 나타내는 표현 중 night 외에 morning, afternoon, evening은 in을 쓴다.

※ 기타 전치사: before(~ 전에), after(~ 후에), by/until(~까지), for/during(~ 동안)

장소/위치/방향 전치사

Point 2. 장소를 나타내는 전치사에는 at, on, in 등이 있다.

at	on	in
~에 (특정 장소, 좁은 곳)	~에, ~ 위에 (접촉해 있는 곳)	~에, ~ 안에 (특정 장소, 국가, 도시 등 넓은 곳)
at school	on the street	in Korea

※ at은 특정 장소를 나타내는 반면, in은 그 공간 안에 있다는 것을 조금 더 강조하여 나타낸다.
e.g., at home (집에) vs. in the house (집 안에)

Point 3. 위치/방향을 나타내는 다양한 전치사도 기억해 두자.

위치		방향	
above (~ 위쪽에)	below (~ 아래쪽에)	up (~ 위쪽으로)	down (~ 아래쪽으로)
in front of (~ 앞에)	behind (~ 뒤에)	over (~ 위에/위로)	under (~ 아래에/아래로)
next to (~ 옆에)	between (~ 사이에)	into (~ 안으로)	out of (~ 밖으로)

※ 기타 전치사: by/beside(~옆에), along(~을 따라서), across(~을 가로질러), from A to B(A에서 B로), around(~ 주위에)

CHECK

Q1. 괄호 안에 알맞은 말을 고르시오.

(1) (at / on) midnight

(2) (at / on) New Year's Day

(3) (on / in) September

(4) (on / in) Tuesday

(5) (in / at) the evening

(6) (in / at) breakfast

Q2. 다음을 보고 뜻이 맞으면 ○, 틀리면 X를 고르시오.

(1) at the market: 시장에   O / X

(2) in America: 미국에   O / X

(3) above the clouds: 구름 사이에   O / X

(4) under the table: 탁자 아래로   O / X

(5) into the room: 방 밖으로   O / X

(6) next to the tree: 나무 옆에   O / X

정답 **Q1.** (1) at (2) on (3) in (4) on (5) in (6) at   **Q2.** (1) O (2) O (3) X (4) O (5) X (6) O

01. 다음 빈칸에 들어갈 알맞은 말은?

> Debby was born _____ October 10th.

Debby는 10월 10일에 태어났다.

① at   ② on   ③ in

④ by   ⑤ for

정답   ② on
목표   시간을 나타내는 전치사의 쓰임 이해하기
해설   구체적인 날짜, 요일, 특정일(공휴일/명절) 등을 가리킬 때는 시간을 나타내는 전치사 on을 쓴다.

① at: 구체적인 시각이나 때를 가리킨다.
③ in: 월만 언급하는 경우 쓸 수 있다. (in October)
④ by: '~까지'라는 뜻이다. (by October: 마감기한이 10월이라는 뜻)
⑤ for: '~ 동안'이라는 뜻이다. (for a month: 한 달 동안)

02. 다음 우리말을 바르게 영작한 것은?

> 내 친구는 뉴욕에 산다.

① My friend lives at New York.
② My friend lives on New York.
③ My friend lives in New York.
④ My friend lives into New York.
⑤ My friend lives over New York.

정답   ③ My friend lives in New York.
목표   장소를 나타내는 전치사 활용하여 영작하기
해설   in은 '~에, ~ 안에'라는 뜻으로 New York 같은 도시나 국가 등을 가리킬 때도 쓸 수 있다.

① at: 건물 이름 등 특정한 장소를 콕 집어서 가리킬 때 쓴다.
② on: 표면 위를 나타내는 것으로 거리 이름이나 층수를 언급할 때 쓴다.
④ into: 어떤 장소 안으로 들어가는 것을 나타낸다.
⑤ over: 약간 거리가 떨어져서 위에 있는 것을 나타낸다.

등위 접속사

Point 1. 등위 접속사는 대등한 관계의 말을 이어준다.			
and	or	so	but
그리고	또는	그래서	그러나

- He had <u>cereal</u> **and** <u>eggs</u> for breakfast. (단어+단어)
  그는 아침으로 시리얼과 계란을 먹었다.

- Will you <u>go out</u> **or** <u>stay at home</u>? (구+구)
  너는 외출할 거니 아니면 집에 있을 거니?

- <u>She was sick</u>, **so** <u>we couldn't meet</u>. (절+절)
  그녀가 아파서 우리는 만날 수 없었다.

- <u>I took an umbrella</u>, **but** <u>it didn't rain</u>. (절+절)
  나는 우산을 가져갔지만, 비가 오지 않았다.

※ 단어나 구끼리 연결할 때는 품사가 일치해야 한다.
  e.g., Gahi is <u>lively</u> and <u>cheerful</u>. (형용사 병렬)
※ 독립된 두 절을 연결할 때는 접속사 앞에 쉼표를 쓴다.

 명사절 접속사 that

Point 2. that은 절(주어+동사) 앞에 붙어서 명사절을 만드는데, that절은 다른 문장의 주어, 보어, 목적어 역할을 한다.		
주어	<u>That</u> he won was surprising. 주어　　동사	그가 이겼다는 것은 놀라웠다.
	It was surprising <u>that</u> he won. 가주어　　　　　　진주어	
보어	The fact is <u>that</u> he won. 주어　동사　보어	사실은 그가 이겼다는 것이다.
목적어	I thought (that) he will lose. 동사　　　　목적어	나는 그가 질 거라고 생각했다.

※ 주어에 that절이 오는 경우, 가주어 It을 주어 자리에 쓰고
  진주어인 that절을 문장 뒤로 보낼 수 있다.
※ that절이 목적어 역할일 때 that을 생략할 수 있다.
  e.g., I think that she is kind. = I think she is kind.

CHECK

Q1. 다음 문장이 어법상 옳으면 ○,
틀리면 X를 고르시오.

(1) Josh plays soccer and tennis.　○ / X
(2) Do you want coffee or tea?　○ / X
(3) She likes dogs, but cats.　○ / X
(4) I went hiking, so I was tired.　○ / X
(5) Let's cook or food delivery.　○ / X
(6) Lisa was thirsty, so she water.　○ / X

Q2. 밑줄 친 부분의 알맞은 뜻을 고르시오.

(1) It is a lie <u>that he is a police officer</u>.
  ☐ 그는 경찰인지 아닌지
  ☐ 그가 경찰이라는 것

(2) It is sad <u>that he is leaving tomorrow</u>.
  ☐ 그가 내일 떠나면
  ☐ 그가 내일 떠난다는 것

(3) The problem is <u>that it will rain</u>.
  ☐ 비가 올 거라는 것
  ☐ 비가 와서

(4) Jane knows <u>that I like her</u>.
  ☐ 내가 그녀를 좋아해서
  ☐ 내가 그녀를 좋아한다는 것

정답 **Q1.** (1) ○ (2) ○ (3) X (4) ○ (5) X (6) X
Q2. (1) 그가 경찰이라는 것 (2) 그가 내일 떠난다는 것 (3) 비가 올 거라는 것 (4) 내가 그녀를 좋아한다는 것

01.

다음 중 빈칸에 들어갈 수 <u>없는</u> 것은?

> Minji gets up early and _____.

민지는 일찍 일어나서 ~한다.

① breakfast
② eats breakfast
③ makes breakfast
④ goes jogging
⑤ goes to the park

정답　① breakfast
목표　등위 접속사의 문장 구조 이해하기
해설　등위 접속사인 and는 단어와 단어, 구와 구, 절과 절을 이어주는 접속사다. 단, 단어나 구끼리 연결할 때는 품사가 일치해야 한다. and 앞에 있는 gets up early는 동사구에 해당하므로 명사인 breakfast와는 연결할 수 없다.

02.

밑줄 친 that의 역할이 <u>다른</u> 것은?

① <u>That</u> he is a champion is a fact.
② <u>That</u> is Suyeon's best friend.
③ It is true <u>that</u> Jiho studied hard.
④ I heard <u>that</u> you moved to Seoul.
⑤ They think <u>that</u> it's wrong.

① 그가 챔피언이라는 것은 사실이다.
② 저 사람은 수연의 가장 친한 친구이다.
③ 지호가 열심히 공부한 것은 사실이다.
④ 나는 네가 서울로 이사했다는 걸 들었다.
⑤ 그들은 그게 잘못됐다고 생각한다.

정답　② That is Suyeon's best friend.
목표　접속사 that과 지시대명사 that 구분하기
해설　②의 that은 특정 사람을 가리키는 지시대명사인 반면, 나머지 that은 명사절을 이끄는 접속사이다.

①, ③ that절이 주어 역할을 하는 문장이다.
④, ⑤ that절이 목적어 역할을 하는 문장이다.

부사절 접속사

Point 1.	부사절 접속사는 부사절을 문장에 연결하면서 시간, 이유, 조건 등을 설명하는 접속사다.

시간			이유	조건
when	before	after	because	if
~할 때	~ 전에	~ 후에	~ 때문에	만약 ~한다면

- I eat chocolate **when** I am upset.
  = **When** I am upset, I eat chocolate.
  나는 화가 날 때 초콜릿을 먹는다.

- I was excited **because** it snowed.
  = **Because** it snowed, I was excited.
  눈이 와서 나는 신이 났다.

- You should hurry **if** you are late.
  = **If** you are late, you should hurry.
  네가 늦었다면 서두르는 것이 좋겠다.

※ 부사절이 주절 앞에 오는 경우에는 쉼표를 넣어 구분한다.

 접속 부사

Point 2.	접속사는 한 문장 안에서 단어/구/절을 연결하는 반면, 접속 부사는 문장과 문장을 의미상으로 이어준다.

however	therefore
그러나, 그렇지만	따라서, 그러므로

- He bought a car. **However**, he didn't like it.
  그는 차를 샀다. 그러나 그는 그것이 마음에 들지 않았다.

- He bought a car. **Therefore**, he can drive to work.
  그는 차를 샀다. 따라서 그는 운전해서 출근할 수 있다.

CHECK

Q1. 접속사와 뜻을 바르게 연결하시오.

(1) when   ⓐ ~ 때문에

(2) before   ⓑ ~할 때

(3) after   ⓒ ~ 전에

(4) because   ⓓ ~ 후에

(5) if   ⓔ 만약 ~한다면

Q2. 괄호 안에 알맞은 단어를 고르시오.

(1) Leo is British.
  (However / Therefore),
  he can speak Korean.

(2) It rained heavily.
  (However / Therefore),
  the festival was canceled.

(3) Emma had lunch.
  (However / Therefore),
  she is still hungry.

(4) He is not a good leader.
  (However / Therefore),
  I can't trust him.

정답 **Q1.** (1) ⓑ (2) ⓒ (3) ⓓ (4) ⓐ (5) ⓔ
Q2. (1) However (2) Therefore
(3) However (4) Therefore

PRACTICE

01. **다음 우리말을 바르게 영작한 것은?**

> 나는 잠자리에 들 때 불을 끈다.

① After I turn off the lights, I go to bed.
② After I go to bed, I turn off the lights.
③ When I turn off the lights, I go to bed.
④ When I go to bed, I turn off the lights.
⑤ Because I go to bed, I turn off the lights.

정답 ④ When I go to bed, I turn off the lights.
목표 부사절 접속사를 활용한 문장 영작하기
해설 '~할 때'라는 뜻은 부사절 접속사 when으로 나타낼 수 있다. 부사절은 문장 앞이나 뒤에 올 수 있는데, 문장 앞에 오는 경우에는 보통 부사절 뒤에 쉼표를 넣어서 구분한다.

①, ② after: 시간을 나타내는 부사절 접속사 (~ 후에)
⑤ because: 이유를 나타내는 부사절 접속사 (~ 때문에)

02. **다음 문장의 뒤에 이어질 수 있는 것은?**

> It is spring now. _____

① It is hot because it is summer.
② However, it is still cold.
③ However, spring is a warm season.
④ Therefore, it won't be sunny today.
⑤ Therefore, I will go skiing.

이제 봄이다.
① 여름이기 때문에 (날씨가) 덥다.
② 그러나 여전히 (날씨가) 춥다.
③ 그러나 봄은 따뜻한 계절이다.
④ 그러므로 오늘은 화창하지 않을 것이다.
⑤ 그러므로 나는 스키를 타러 갈 것이다.

정답 ② However, it is still cold.
목표 접속사, 접속 부사의 쓰임 이해하기
해설 접속 부사 however(그러나)는 앞 문장에 반대되는 내용을, therefore(따라서)는 앞 문장의 결과가 되는 내용을 언급할 때 쓴다.

①의 because는 이유를 설명하는 접속사로, 문장 자체는 어법상 옳지만 문맥에 어울리지 않는다.

A. 전치사

01 다음 중 빈칸에 공통으로 들어갈 말은?

> • Sora wakes up _____ seven in the morning.
> • Hansu stays _____ home on weekends.

① in
② on
③ at
④ into
⑤ over

02 다음 중 빈칸에 들어갈 말이 <u>다른</u> 것은?

① He exercises _____ the morning.
② My friend lives _____ Canada.
③ School will start _____ March.
④ Her birthday is _____ Wednesday.
⑤ The festival was held _____ London.

03 다음 중 의미가 통하지 <u>않는</u> 것은?

① 7시 반까지 = after seven thirty
② 자정 전에 = before midnight
③ 주말 동안 = during the weekend
④ 작년까지 = until last year
⑤ 오랫동안 = for a long time

04 밑줄 친 부분이 어법상 옳지 <u>않은</u> 것은?

① Let's meet <u>at</u> Danny's house.
② There were many people <u>at</u> the bank.
③ I found a wallet <u>on</u> the street.
④ The weather <u>in</u> Jeju was nice.
⑤ We stayed <u>on</u> Spain for a month.

05 다음 중 빈칸에 들어갈 알맞은 말은?

> 건물 뒤에 큰 숲이 있다.
> → There is a big forest _____ the building.

① below
② behind
③ between
④ next to
⑤ in front of

06 빈칸에 들어갈 알맞은 전치사를 쓰시오.

> 우리는 밤에 많은 별들을 보았다.
> → We saw many stars _____ night.

B. 등위 접속사, 명사절 접속사 that

07 다음 빈칸에 들어갈 알맞은 말은?

> He didn't bring a pencil, so _____.

① with his friend
② science class
③ his textbook
④ he borrowed one
⑤ brought a pen

08 다음 중 어법상 옳지 <u>않은</u> 것은?

① Mike is good at singing and dancing.
② He took a shower and drying his hair.
③ We play games or watch TV after school.
④ I missed the bus, but I wasn't late.
⑤ Lauren is busy, so she can't come.

09 다음 중 빈칸에 들어갈 알맞은 말은?

> I think _____ it's a great idea.

① and　　　　② or
③ so　　　　④ but
⑤ that

10 다음 중 that을 생략할 수 <u>없는</u> 것은?

① We believe <u>that</u> you will do well.
② I hope <u>that</u> I see you soon.
③ <u>That</u> he caught a cold is not surprising.
④ We think <u>that</u> seven is a lucky number.
⑤ I heard <u>that</u> your sister had a baby.

11 빈칸에 들어갈 알맞은 접속사를 쓰시오.

> 나는 표를 사고 싶었지만 시간이 없었다.
> → I wanted to buy a ticket, _____ I didn't have time.

C. 부사절 접속사, 접속 부사

12 다음 중 의미가 통하지 <u>않는</u> 것은?

① before I go to school = 내가 학교 가기 전에
② after I come home = 내가 집에 온 후에
③ when I have lunch = 내가 점심을 먹어서
④ because I am sad = 내가 슬프기 때문에
⑤ if I become a singer = 내가 가수가 된다면

13 다음 중 빈칸에 들어갈 알맞은 말은?

> 그가 전화를 받지 않아서 나는 걱정이 되었다.
> → I was worried _____ he didn't answer the phone.

① when　　② before　　③ after
④ if　　　　⑤ because

14 다음 중 빈칸에 들어갈 알맞은 말은?

> If you find my bag, _____.

① please tell me　　② please find it
③ where is it　　　④ at home
⑤ on the bench

15 단어를 바르게 배열한 것은?

> I (because / it / ran / started / to rain).

① I because ran it started to rain.
② I ran because it started to rain.
③ I ran it because started to rain.
④ I ran it started because to rain.
⑤ I ran it started to rain because.

16 빈칸에 들어갈 알맞은 접속 부사를 쓰시오.

> 그는 키가 작다. 그러나 그는 농구를 잘한다.
> → He is short. _____, he is good at basketball.

 채점표

A. 전치사	/ 6
B. 등위 접속사, 명사절 접속사 that	/ 5
C. 부사절 접속사, 접속 부사	/ 5

[01-02] 빈칸에 들어갈 말로 바른 것을 고르시오.

01

> • I have piano lessons _____ the afternoon.
> • Let's see a movie _____ Saturday.

① in - at   ② in - on   ③ on - at

④ on - on   ⑤ at - on

02

> • He was hungry, _____ he ate a lot of food.
> • She isn't good at tennis, _____ she enjoys playing it.

① when - so   ② but - so   ③ but - but

④ so - so   ⑤ so - but

03 다음 중 빈칸에 들어갈 말이 <u>다른</u> 것은?

① My friends are _____ Subin's house.
② She is _____ the supermarket now.
③ Buy some bread _____ the bakery.
④ I borrowed them _____ the library.
⑤ Your clothes are _____ the floor.

04 빈칸에 or를 넣을 수 있는 문장의 개수는?

> • Do you like baseball _____ soccer?
> • Should we meet before _____ after school?
> • Joe is young, _____ he can't drive.
> • I will make dinner _____ do the dishes.
> • It was cold, _____ Gina went swimming.

① 1개   ② 2개   ③ 3개   ④ 4개   ⑤ 5개

05 다음 문장에서 and가 들어갈 알맞은 위치는?

> They ⓐ sold ⓑ their house ⓒ bought ⓓ a new one ⓔ.

① ⓐ   ② ⓑ   ③ ⓒ   ④ ⓓ   ⑤ ⓔ

06 다음 문장에서 that이 들어갈 알맞은 위치는?

> I ⓐ know ⓑ you ⓒ like ⓓ listening ⓔ to music.

① ⓐ   ② ⓑ   ③ ⓒ   ④ ⓓ   ⑤ ⓔ

07 다음 우리말을 바르게 영작한 것은?

> 나는 밥을 먹을 때 숟가락을 사용한다.

① I use a spoon when I eat rice.
② I use a spoon or I eat rice.
③ I use a spoon but I eat rice.
④ I use a spoon because I eat rice.
⑤ I use a spoon however I eat rice.

08 다음 중 문장의 의미가 같지 <u>않은</u> 것은?

① That she knows my name is surprising.
= It is surprising that she knows my name.
② That he didn't practice worries me.
= It worries me that he didn't practice.
③ That we work together is important.
= It is important that we work together.
④ That he told a lie made me angry.
= It a lie made me angry that he told.
⑤ That I'm the tallest in my class is true.
= It's true that I'm the tallest in my class.

[09-10] 어법상 옳은 문장들로 묶인 것을 고르시오.

09

> ⓐ Let's go fishing and having a good time.
> ⓑ I will become a vet and help sick animals.
> ⓒ The weather was windy but warm.
> ⓓ I brought my jacket, but in the car.

① ⓐ, ⓑ   ② ⓑ, ⓒ   ③ ⓒ, ⓓ
④ ⓐ, ⓑ, ⓒ   ⑤ ⓑ, ⓒ, ⓓ

10

> ⓐ I take the subway when it snows.
> ⓑ When I came back, she wasn't there.
> ⓒ I heard that you wrote a book.
> ⓓ It is sad that didn't win a prize.

① ⓐ, ⓑ   ② ⓑ, ⓒ   ③ ⓒ, ⓓ
④ ⓐ, ⓑ, ⓒ   ⑤ ⓑ, ⓒ, ⓓ

11 다음 중 문장 속 that절의 역할이 <u>다른</u> 것은?

① She thinks that I am older than her.
② They thought that I went home.
③ The problem is that I can't cook.
④ We hope that you get well soon.
⑤ I didn't know that he was famous.

12 다음 우리말을 바르게 영작한 것은?

> 사람들은 지구가 평평하다고 믿었다.

① People believed if the Earth was flat.
② People believed so the Earth was flat.
③ People believed but the Earth was flat.
④ People believed when the Earth was flat.
⑤ People believed that the Earth was flat.

13 대화의 빈칸에 들어갈 알맞은 말은?

> A: Why did you hurt your leg?
> B: _____

① I hurt my leg and my back.
② I hurt my leg, so I went to the hospital.
③ I hurt my leg, but I am okay.
④ I hurt my leg because I fell down.
⑤ I was at school when I hurt my leg.

[14-15] 다음 대화 중 <u>어색한</u> 것을 고르시오.

14

① A: Did you borrow this book?
    B: Yes. I have to return it to Friday.
② A: What time do you have lunch?
    B: I usually have lunch at twelve.
③ A: Do you have an umbrella?
    B: No. I can't go home until the rain stops.
④ A: How long will she stay?
    B: She will stay for two weeks.
⑤ A: What will you do during Seollal?
    B: I will visit my grandparents.

15

① A: Can you come tomorrow?
    B: I am busy, but I can't come.
② A: What will you order?
    B: I will have a burger and some fries.
③ A: Do you want milk or juice?
    B: I want juice.
④ A: If it rains, what will you do?
    B: I will borrow an umbrella.
⑤ A: Did you take the train?
    B: No. I was late, so I missed the train.

16 밑줄 친 ⓐ~ⓔ 중 어색한 것은?

> Andy went to bed early, ⓐbut he couldn't sleep. ⓑTherefore, he was tired the next day. He needed some fresh air, ⓒso he went for a walk. The weather was nice ⓓor warm. ⓔWhen he came home, he felt much better.

① ⓐ   ② ⓑ   ③ ⓒ
④ ⓓ   ⑤ ⓔ

[17-18] 빈칸에 들어갈 알맞은 말을 고르시오.

17

> The movie was boring.
> However, _____.

① I didn't see the movie
② I was glad to see my favorite actor
③ I stopped watching the movie
④ I will not see the movie again
⑤ my friend thought it was boring, too

18

> I'm not sure. Therefore, _____.

① I will tell you the answer
② this is an easy question
③ you should ask the teacher
④ you should ask me
⑤ I think that you are smart

19 다음 중 밑줄 친 부분을 잘못 고친 것은?

① Is it at home and at school? → or
② He's good at math but science. → and
③ Sue is friendly, but we like her. → so
④ That I'm sad, I eat ice cream. → When
⑤ I think so bowling is fun. → because

[20-21] 우리말을 영어로 잘못 옮긴 것을 고르시오.

20 ① 많은 차들이 도로에 있다.
→ Many cars are on the road.

② 사람들이 건물 안으로 들어갔다.
→ People went into the building.

③ 우리는 해변을 따라 걸었다.
→ We walked along the beach.

④ 길 건너에 은행이 있다.
→ There is a bank across the street.

⑤ 버스 정류장은 공원 앞에 있다.
→ The bus stop is behind the park.

21 ① 일요일이기 때문에 가게가 닫혀 있다.
→ The store is closed, but it's Sunday.

② 나는 목이 마를 때 찬물을 마신다.
→ I drink cold water when I am thirsty.

③ 외출하기 전에 창문을 닫아라.
→ Close the window before you go out.

④ 겨울이니까 나는 스키를 타러 갈 것이다.
→ It is winter, so I will go skiing.

⑤ 나는 쇼핑몰에 가서 가방을 샀다.
→ I went to the mall and bought a bag.

22 물건의 위치를 설명하는 말로 적절하지 않은 것은?

① A big window is behind the curtains.
② Some boxes are under the table.
③ A painting is hanging over the wall.
④ The bed is next to the door.
⑤ There is a bookcase above the desk.

[23-24] 괄호 안의 단어를 바르게 배열하시오.

23

> It (put on / was cold / , / he / his coat / so).

→ _____

24

> I (Sarah / a good friend / think / is / that).

→ _____

[25-26] 전치사 또는 부사절 접속사를 활용해 우리말을 바르게 영작하시오.

25

> 크리스마스는 12월 25일이다.
> (Christmas, December 25th)

→ _____

26

> 나는 아파서 병원에 있었다. (the hospital)

→ _____

[27-28] 다음을 읽고 틀린 부분을 바르게 고치시오.

27

> So I go to see a movie, I always eat popcorn. I like the sweet and salty taste.

→ _____

28

> I was busy last week. Therefore, I am free this week. If you come to my house, I will make dinner for you.

→ _____

[29-30] 다음 조건에 맞게 제시된 두 문장을 한 문장으로 만드시오.

29

> 조건 접속사 or 사용하기
> 1) Do you like pop music?
> 2) Do you like jazz music?

→ _____

30

> 조건 접속사 but 사용하기
> 1) I visited Paris.
> 2) I didn't see the Eiffel Tower.

→ _____

채점표

총점	/ 30

CHAPTER REVIEW

출제 POINT

❶ 시간 전치사 (at, on, in), 장소 전치사 (at, on, in)

❷ 위치 전치사 (above, below, in front of, behind, next to, between)

❸ 방향 전치사 (up, down, over, under, into, out of)

❹ 등위 접속사 (and, or, so, but), 명사절 접속사 (that)

❺ 부사절 접속사 (when, before, after, because, if)

❻ 접속 부사 (however, therefore)

복습문제　우리말에 해당하는 알맞은 문장을 고르시오.

01　시청역에서 만나자.

☐　a. Let's meet at City Hall Station.
☐　b. Let's meet on City Hall Station.

02　나는 오늘 저녁에 요가를 하고
　　　책을 읽었다.

☐　a. I did yoga and reading a book this evening.
☐　b. I did yoga and read a book this evening.

03　나는 그가 정직하다고 생각한다.

☐　a. That I think he is honest.
☐　b. I think that he is honest.

04　내가 10살이었을 때 나는 바이올린을
　　　켜기 시작했다.

☐　a. When I was 10, I started playing the violin.
☐　b. Because I was 10, I started playing the violin.

05　Toby는 어리다. 그러나 그는 매우
　　　똑똑하다.

☐　a. Toby is young. Therefore, he is very smart.
☐　b. Toby is young. However, he is very smart.

정답　01 a.　02 b.　03 b.　04 a.　05 b.

FINAL TEST

01 빈칸에 들어갈 말이 바르게 짝지어진 것은?

> • I _____ not a good dancer.
> • New York _____ a busy city.
> • _____ Hojun and Junho friends?

① am - is - Are
② am - is - Is
③ am - are - Are
④ is - is - Are
⑤ is - are - Is

02 다음 중 단어의 복수형이 바르지 <u>않은</u> 것은?

① a potato - potatoes
② a sheep - sheeps
③ a tooth - teeth
④ a city - cities
⑤ a leaf - leaves

03 동사의 원형과 과거형이 바르지 <u>않은</u> 것은?

① walk - walked
② try - tried
③ stop - stopped
④ read - readed
⑤ see - saw

04 빈칸에 is가 들어갈 수 <u>없는</u> 것은?

① My watch _____ not on the table.
② He _____ eating a sandwich.
③ The girls _____ playing volleyball.
④ _____ Brad on the soccer team?
⑤ _____ the bird flying in the sky?

05 다음 중 뜻이 바르지 <u>않은</u> 것은?

① a glass of water = 물 한 잔
② a piece of cake = 케이크 한 조각
③ some milk = 약간의 우유
④ much rain = 많은 비
⑤ a few people = 많은 사람들

06 밑줄 친 부분이 어법상 옳지 <u>않은</u> 것은?

① I found <u>him</u> at the gym.
② The cup on the table isn't <u>me</u>.
③ Is the yellow blanket <u>yours</u>?
④ The horse moved <u>its</u> tail.
⑤ We went to <u>our</u> seats.

07 다음 중 문장의 의미가 통하지 <u>않는</u> 것은?

① Becky can swim well.
  = Becky is a good swimmer.
② You may bring your friend.
  = You can bring your friend.
③ They must arrive by eight thirty.
  = They have to arrive by eight thirty.
④ You may not eat on the subway.
  = You cannot eat on the subway.
⑤ John doesn't have to take the test.
  = John must not take the test.

08 빈칸에 were가 들어갈 수 있는 것은? (2개)

① The hamburger _____ cheap.
② The museum _____ not open.
③ There _____ many people on the bus.
④ _____ there a big storm last year?
⑤ _____ you and Gina watching TV?

09 빈칸에 들어갈 말이 바르게 짝지어진 것은?

> • Liam is _____ to visit Thailand.
> • The cat scratched _____.
> • Mihee has a pretty ring. I want _____, too.

① go - myself - it
② go - itself - one
③ going - myself - one
④ going - itself - one
⑤ going - itself - it

10 It의 쓰임이 <보기>와 같은 것은?

> 보기 It is almost summer.

① It is Saturday tomorrow.
② It is a very big watermelon.
③ It is not in my bag.
④ It needs some water.
⑤ It can run very fast.

11 다음 문장들을 부정문으로 만들 때 빈칸에 들어갈 말이 다른 것은?

① They _____ know the reason.
② Jiyeong _____ live with her family.
③ My brother and I _____ have an uncle.
④ Owls _____ sleep at night.
⑤ Most kids _____ like vegetables.

12 다음을 의문문으로 바꿀 때 세 번째로 오는 단어는?

> Jack watches horror movies.

① Jack   ② do   ③ does
④ watches   ⑤ watch

13 다음 중 어법에 맞는 문장의 개수는?

> • You don't should talk loudly here.
> • Can I bring my dog to the mall?
> • Jungmin not have to wear glasses.
> • It mayn't snow tomorrow.
> • I must see a doctor today.

① 1개   ② 2개   ③ 3개
④ 4개   ⑤ 5개

14 다음 중 문장을 과거시제로 잘못 고친 것은?

① Matt sleeps on the sofa.
  → Matt slept on the sofa.
② Debby feeds the fish every day.
  → Debby fed the fish every day.
③ Sam doesn't take pictures.
  → Sam doesn't took pictures.
④ Is there a lion in the zoo?
  → Was there a lion in the zoo?
⑤ There are many visitors in the palace.
  → There were many visitors in the palace.

15 다음을 미래시제로 바꿀 때, 밑줄 친 부분의 바뀐 형태를 순서대로 나열한 것은?

> • Norah is a chef.
> • Paul doesn't get up late.

① will - won't
② will - willn't
③ will be - won't
④ will be - willn't
⑤ will being - willn't

[16-17] 우리말을 바르게 영작한 것을 고르시오.

16

> Brian은 트럭을 직접 운전했다.

① Brian drove him the truck.
② Brian drove himself the truck.
③ Brian drove the truck him.
④ Brian drove the truck himself.
⑤ Brian drove the truck itself.

17

> 우리는 온라인에서 티켓을 살 수 있다.

① We must buy the tickets online.
② We have to buy the tickets online.
③ We had to buy the tickets online.
④ We can buy the tickets online.
⑤ We could buy the tickets online.

18 다음 중 어법에 맞는 문장을 <u>모두</u> 고른 것은?

> ⓐ The player dropped the ball.
> ⓑ He reading the newspaper.
> ⓒ She was watering the garden.
> ⓓ They will stay at a hotel.
> ⓔ I be going to come back next week.

① ⓐ, ⓑ, ⓒ ② ⓐ, ⓒ, ⓓ ③ ⓑ, ⓒ, ⓓ
④ ⓑ, ⓓ, ⓔ ⑤ ⓒ, ⓓ, ⓔ

19 다음 대답이 나올 수 있는 질문은?

> A: _____
> B: Yes, she is.

① Did Dora write a book?
② Does Dora write at home?
③ Was Dora writing a book?
④ Are they reading Dora's book?
⑤ Is Dora going to be a writer?

20 다음 중 어법상 옳지 않은 것은?

① Are there many sheets of paper?
② Is there a cup of tea on the table?
③ Was there a lot of people?
④ Was there some food in the basket?
⑤ Wasn't there much information?

21 다음 대화 중 어법상 <u>어색한</u> 것은?

① A: Can you play badminton?
　 B: Yes, I can.
② A: May I speak to Lauren?
　 B: Hold on, please.
③ A: He must be at Kevin's house.
　 B: Are you sure?
④ A: Do I have to write my name?
　 B: Yes, you have.
⑤ A: You should tell your parents.
　 B: Okay. I will tell them tonight.

22 밑줄 친 ⓐ~ⓔ 중 어법상 옳지 <u>않은</u> 것은?

> I visited ⓐJeonju, is my hometown, last weekend. The Hanok Village ⓑwas beautiful. The food ⓒwas also delicious. I ate a lot of ⓓfish and ⓔmeat.

① ⓐ ② ⓑ ③ ⓒ ④ ⓓ ⑤ ⓔ

23 다음 중 틀린 부분을 <u>잘못</u> 고친 것은?

> Ian has a new phone. I have the same ⓐit, too. ⓑHe phone is black. ⓒMe is white. We like ⓓus phones. We will use ⓔthey carefully.

① ⓐ→one ② ⓑ→His ③ ⓒ→My
④ ⓓ→our ⑤ ⓔ→them

24 우리말을 영어로 잘못 옮긴 것은?

① 내 가족에는 남자가 두 명 있다.
→ There are two men in my family.

② 냉장고에 음식이 하나도 없다.
→ There isn't any food in the fridge.

③ 실수가 있었나요?
→ Was there a mistake?

④ 지금은 밖이 어둡지 않다.
→ It isn't dark outside now.

⑤ 어제 날씨는 흐렸나요?
→ Was there cloudy yesterday?

[25-26] 다음 문장을 조건에 맞게 바꿔 쓰시오.

25

Fred goes to bed at midnight.

1) 부정문: _____ (7단어)

2) 의문문: _____ (7단어)

26

Everyone has a good time.

1) 과거시제: _____ (5단어)

2) 미래시제: _____ (6단어)

27 단어를 바르게 배열하여 문장을 완성하시오.

나는 그들의 이름을 기억하지 못 한다. (don't / their / I / remember / names)

→ _____

28 다음을 읽고 **틀린** 부분을 바르게 고치시오.

At a concert, you cann't use your phone. You should stay in your seat. Can you sing along? Yes, you do! You can sing together with the singer.

1) _____ → _____

2) _____ → _____

[29-30] 제시된 단어를 활용하여 다음 우리말을 영작하시오. (단어 변형 가능)

29

우리는 잔디밭에 누워 있다. (lie, grass)

→ _____

30

탁자 위에 주스 한 병이 있었다. (juice, table)

→ _____

✔️ 채점표

총점	/ 30

01 빈칸에 들어갈 말이 바르게 짝지어진 것은?

> • The plane flew as _____ as the clouds.
> • Summer is _____ than spring.
> • Grandma is the _____ in my family.

① highly - hot - oldest
② highly - hotter - older
③ high - hot - older
④ high - hotter - oldest
⑤ high - hotter - older

02 다음 중 동사의 변화가 바르지 않은 것은?

① write - wrote - written
② show - showed - shown
③ cut - cut - cut
④ give - gave - given
⑤ leave - leaved - leaved

03 다음 중 빈칸에 들어갈 말이 다른 것은?

① We went jogging _____ the morning.
② Eric turned on the lights _____ night.
③ Beth has piano lessons _____ five.
④ I like to watch movies _____ home.
⑤ Should we meet them _____ the airport?

04 빈칸의 부가의문문이 <보기>와 같은 것은?

> 보기 Evan loves sports, _____?

① This bag is too heavy, _____?
② George lived in Australia, _____?
③ Mr. Mason knows you, _____?
④ You and Brian are friends, _____?
⑤ The boys were eating pizza, _____?

05 빈칸에 was가 들어갈 수 없는 것은?

① The cookies _____ baked by Marie.
② The wall _____ painted by the men.
③ The house _____ not built last year.
④ Dinner _____ made by Debby and me.
⑤ Jinsu _____ introduced by the teacher.

06 밑줄 친 부분이 어법상 옳지 않은 것은?

① The road looks dangerous.
② The ballerina dances beautiful.
③ The pie tastes delicious.
④ The blanket feels soft.
⑤ The music sounds relaxing.

07 다음 중 문장 형식이 같은 것끼리 묶은 것은?

> ⓐ I visited my grandmother.
> ⓑ Leo is a hair designer.
> ⓒ Students wear school uniforms.
> ⓓ Miseon called me last night.
> ⓔ Jenn became a superstar.

① ⓐ, ⓑ, ⓒ / ⓓ, ⓔ
② ⓐ, ⓒ, ⓓ / ⓑ, ⓔ
③ ⓐ, ⓓ, ⓔ / ⓑ, ⓒ
④ ⓑ, ⓒ, ⓓ / ⓐ, ⓔ
⑤ ⓑ, ⓓ, ⓔ / ⓐ, ⓒ

08 다음 중 밑줄 친 부분을 잘못 고친 것은?

① Lucky, he found a new job. → Luckily
② I went into the room quiet. → quietly
③ They slow opened the door. → slowly
④ Sumi easy fixed the problem. → easily
⑤ We arrived late for art class. → lately

09 빈칸에 to가 들어가는 문장을 모두 고른 것은?

> ⓐ Ted doesn't want _____ go hiking.
> ⓑ We decided _____ see a musical.
> ⓒ I used a frying pan _____ cook the eggs.
> ⓓ Julie _____ reading in her room.
> ⓔ They finished _____ practicing.

① ⓐ, ⓒ   ② ⓑ, ⓓ   ③ ⓐ, ⓑ, ⓒ
④ ⓑ, ⓒ, ⓓ   ⑤ ⓒ, ⓓ, ⓔ

[10-11] 다음을 배열했을 때 세 번째로 오는 단어를 고르시오.

10

> 내 여동생은 종종 서점에 간다.
> (goes / my / sister / to / the bookstore / often)

① sister   ② goes   ③ to
④ often   ⑤ bookstore

11

> 나는 Ethan이 정말 웃기다고 생각한다.
> (I / Ethan / is / very funny / that / think)

① I   ② funny   ③ think
④ that   ⑤ Ethan

12 다음 대화 중 자연스럽지 않은 것은?

① A: Whose bag is it? / B: It's on the table.
② A: What did you eat? / B: I had steak.
③ A: Which bus do you take?
   B: The red bus.
④ A: How long did you stay?
   B: For a week.
⑤ A: Why did he go?
   B: Because he was busy.

13 다음 중 어법에 맞는 문장의 개수는?

> • I enjoy to travel to different places.
> • I began to take surfing lessons.
> • I plan building my own house.
> • I keep making the same mistake.
> • I don't mind to sleep on the floor.

① 1개   ② 2개   ③ 3개   ④ 4개   ⑤ 5개

14 빈칸에 들어갈 말이 같은 것끼리 묶은 것은?

> ⓐ _____ nervous we were!
> ⓑ _____ a wonderful city it is!
> ⓒ _____ soft her voice was!
> ⓓ _____ tired they were!
> ⓔ _____ a lovely gift this is!

① ⓐ, ⓒ, ⓓ / ⓑ, ⓔ   ② ⓐ, ⓓ, ⓔ / ⓑ, ⓒ
③ ⓑ, ⓒ, ⓓ / ⓐ, ⓔ   ④ ⓑ, ⓓ, ⓔ / ⓐ, ⓒ
⑤ ⓒ, ⓓ, ⓔ / ⓐ, ⓑ

15 다음 중 어법에 맞는 문장을 모두 고른 것은?

> ⓐ I sent him a package yesterday.
> ⓑ Dan told to me a funny story.
> ⓒ Trees give us fruit to eat.
> ⓓ Can you bring me a glass of water?

① ⓐ, ⓑ   ② ⓑ, ⓒ   ③ ⓒ, ⓓ
④ ⓐ, ⓑ, ⓓ   ⑤ ⓐ, ⓒ, ⓓ

16 밑줄 친 부분의 용법이 <보기>와 같은 것은?

> 보기   Taylor called me to say hello.

① My dream is to visit space.
② We went to the park to have a picnic.
③ We decided to invite Nick.
④ Do you want something to eat?
⑤ James learned to play the piano.

17 밑줄 친 ⓐ~ⓔ 중 문맥상 옳지 <u>않은</u> 것은?

> ⓐWhen I hear the alarm, I get up.
> ⓑAfter I get ready, I go to school.
> My school is far from my house.
> ⓒTherefore, I usually walk to school.
> ⓓIf it rains ⓔor snows, I take the bus.

① ⓐ   ② ⓑ   ③ ⓒ   ④ ⓓ   ⑤ ⓔ

18 4형식 문장을 3형식으로 바르게 바꾼 것은?

① We gave the puppy a name.
  → We gave a name the puppy.

② Paul sent me some flowers.
  → Paul sent some flowers to me.

③ They showed me the map.
  → They showed the map for me.

④ I will make you a sandwich.
  → I will make a sandwich to you.

⑤ She bought us some fruit.
  → She bought some fruit of us.

19 능동태 문장을 수동태로 <u>잘못</u> 바꾼 것은?

① The fishermen caught the fish.
  → The fish were caught by the fishermen.

② We cleaned the kitchen.
  → The kitchen was cleaned by us.

③ Chris and I played the game.
  → The game was played by Chris and me.

④ The coach blew the whistle.
  → The whistle was blew by the coach.

⑤ The truck didn't hit the car.
  → The car wasn't hit by the truck.

20 두 문장을 하나로 합친 문장 중 어색한 것은?

① I took a shower. + I had breakfast.
  = I took a shower and had breakfast.

② Ava didn't win. + She did her best.
  = Ava didn't win, but she did her best.

③ It was rainy. + She wore her boots.
  = It was rainy or she wore her boots.

④ Harry stayed in bed. + He was sick.
  = Harry stayed in bed because he was sick.

⑤ You are late. + You should take a taxi.
  = If you are late, you should take a taxi.

21 다음 우리말을 영어로 바르게 영작한 것은?

> 나는 그 놀이공원 가는 것을 즐긴다.

① To visit the amusement park I enjoy.
② Visiting the amusement park I enjoy.
③ I enjoy to visit the amusement park.
④ I enjoy visit the amusement park.
⑤ I enjoy visiting the amusement park.

22 다음 중 문장을 <u>잘못</u> 고친 것은?

① Ken is as better as a professional.
  → Ken is as good as a professional.

② Health is more important as money.
  → Health is more important than money.

③ They are most popular group.
  → They are the most popular group.

④ Does light travel more fast than sound?
  → Does light travel more faster than sound?

⑤ Are you the most busy on Mondays?
  → Are you the busiest on Mondays?

23 다음 대화에서 틀린 부분을 잘못 고친 것은?

> A: ⓐ Whose taught you Spanish?
> B: I ⓑ was teached Spanish ⓒ Fred.
> A: He is a good teacher, ⓓ doesn't he?
> B: Yes, ⓔ he did.

① ⓐ → Who   ② ⓑ → was taught
③ ⓒ → by Fred   ④ ⓓ → didn't he
⑤ ⓔ → he is

24 우리말을 영어로 잘못 옮긴 것은?

① 나는 그 소식을 놀랍게 생각했다.
→ I found the news surprisingly.
② 그 편지는 나를 슬프게 만들었다.
→ The letter made me sad.
③ 우리는 창문들을 열어 두었다.
→ We left the windows open.
④ 선풍기는 방을 시원하게 유지했다.
→ The fan kept the room cool.
⑤ 그들은 개의 이름을 Buddy로 지었다.
→ They named the dog Buddy.

25 다음 4형식 문장을 3형식으로 바꿔 쓰시오.

> Bob gave me a piece of pie.

→ _____

26 다음 능동태 문장을 수동태로 바꿔 쓰시오.

> The waiter served our food.

→ _____

27 단어를 바르게 배열하여 문장을 완성하시오.

> 그가 15살이었을 때, 그는 배우가 되었다.
> (he / an actor / was 15 / when / he / became)

→ _____

28 다음을 읽고 틀린 부분을 바르게 고치시오.

> We went to see the city at night. It was as prettier as a picture. The lights looked stars in the sky.

1) _____ → _____

2) _____ → _____

29 제시된 단어를 활용하여 다음 우리말을 영작하시오. (단, to부정사를 사용할 것)

> June은 계속해서 그 책을 읽었다.
> (continue)

→ _____

30 제시된 단어를 활용하여 다음 우리말을 영작하시오. (단, 명령문으로 작성할 것)

> 계단에서는 뛰지 마라. (on the stairs)

→ _____

 채점표

총점	/ 30

중학영문법

명쾌한
문제
대공략

정답과 해설

감각 UP! **리뷰 테스트** p. 14

01 ⑤ **02** ② **03** ③ **04** ③ **05** is **06** ④
07 ② **08** ① **09** ⑤ **10** are not **11** ③
12 ④ **13** ① **14** ③ **15** ③
16 Is the box heavy?

01   ⑤
목표 〈 주어에 알맞은 be동사 판단하기 〉
해설 주어 You and I가 1인칭 복수이므로 be동사 are를 쓴다.
나를 포함한 여러 명일 때 1인칭 복수라고 한다.

해석 너와 나는 가장 친한 친구이다.

02   ②
목표 〈 주어에 알맞은 be동사 판단하기 〉
해설 My sister (3인칭 단수) + is
Her eyes (3인칭 복수) + are

해석 • 내 여동생은 훌륭한 요리사이다. (내 여동생은 요리를 잘한다.)
• 그녀의 눈은 갈색이다.

03   ③
목표 〈 be동사의 어법성 판단하기 〉
해설 ③ It (3인칭 단수) + is
① are → am / ② am → is
④ is → are / ⑤ am → are

해석 ① 나는 내 침실에 있다.
② 그는 운동을 잘한다.
③ 그것은 축구공이다.
④ 우리는 서울에서 왔다.
⑤ 그들은 13살이다.

04   ③
목표 〈 be동사의 어법성 판단하기 〉
해설 ③ Science (3인칭 단수) + is
Science 같은 과목명은 3인칭 단수로 본다.

해석 ① 너는 매우 용감하다.
② 원숭이들은 똑똑하다.
③ 과학은 재미있다.
④ 그 케이크는 달콤하다.
⑤ 그 바지는 너무 작다.

05   is
목표 〈 주어에 알맞은 be동사 쓰기 〉
해설 It (3인칭 단수) + is
It은 앞 문장의 my umbrella를 가리키는 인칭대명사다.

06   ④
목표 〈 be동사 부정문 영작하기 〉
해설 The math test(그 수학 시험)는 3인칭 단수이므로 be동사 is를 쓰는데, is의 부정형은 is not이다.

07   ②
목표 〈 주어에 알맞은 be동사 부정형 판단하기 〉
해설 The idea (3인칭 단수) + is not [isn't]
The carrots (3인칭 복수) + are not [aren't]

해석 • 그 아이디어는 창의적이지 않다.
• 그 당근들은 신선하지 않다.

■ **creative** 창의적인

08   ①
목표 〈 be동사 부정형 축약형의 어법성 판단하기 〉
해설 ① She (3인칭 단수) + is not [isn't]
be동사 부정문은 '주어 + be동사' 또는 'be동사 + not'을 줄여 쓸 수 있다. (단, am not은 축약형이 없다.)

해석 ① 그녀는 화나지 않았다.
② 우리는 기쁘지 않다.
③ 그것은 어렵지 않다.
④ 그는 졸리지 않다.
⑤ 너는 혼자가 아니다.

■ **sleepy** 졸린

09   ⑤
목표 〈 be동사 부정문의 어법성 판단하기 〉
해설 be동사의 부정형 = be동사 + not
① not am → am not / ② not are → are not
③ isn't not → isn't / ④ not aren't → aren't

해석 ① 나는 미국에서 오지 않았다. (나는 미국 출신이 아니다.)
② 너는 그리기를 잘하지 않는다.
③ 그 교실은 조용하지 않다.
④ 수진과 나는 학교에 늦지 않았다.
⑤ 그 소년들은 운동장에 있지 않다.

■ **playground** 운동장, 놀이터

10   are not
목표 〈 주어에 알맞은 be동사 부정형 쓰기 〉
해설 Jongmin and I (1인칭 복수) + are not [aren't]

11   ③
목표 〈 주어에 알맞은 be동사 판단하기 〉
해설 Are + Mom and Dad (3인칭 복수)
의문문은 '주어-동사' 순서를 바꾸므로 빈칸은 be동사 자리다.

해석 엄마와 아빠는 부엌에 계시니?

12 ④
목표 〈 be동사 평서문을 의문문으로 바꾸기 〉
해설 평서문 (주어 + be동사) → 의문문 (Be동사 + 주어 ~?)
해석 지호는 중학생이다.

13 ①
목표 〈 be동사 의문문에 알맞은 대답 고르기 〉
해설 긍정 대답: Yes, 주어 + be동사.
의문문의 주어가 2인칭인 경우 상대방의 입장에서 대답해야 하므로 인칭을 바꾸어 1인칭 주어로 대답한다.
해석 A: 너는 일요일에 시간 있니? / B: 응, 그래.

14 ③
목표 〈 be동사 의문문에 알맞은 대답 고르기 〉
해설 부정 대답: No, 주어 + be동사 + not.
일반명사인 주어를 반복해서 쓰기보다는 인칭대명사로 바꾸어 쓰는 것이 자연스럽다. (No, the weather isn't. = No, it isn't.)
해석 A: 오늘 날씨가 좋니? / B: 아니, 그렇지 않아.

15 ③
목표 〈 be동사 대화의 어법성 판단하기 〉
해설 be동사 의문문: Be동사 + 주어 ~?
의문문에서는 주어와 be동사의 위치가 바뀐다. 2인칭 주어로 질문한 경우에는 1인칭 주어로 바꾸어 대답한다는 점도 기억하자.
해석 A: 너와 Tom은 도서관에 있니? / B: 응, 그래.

16 Is the box heavy?
목표 〈 be동사 의문문 만들기 〉
해설 be동사 의문문: Be동사 + 주어 ~?
해석 그 상자는 무겁니?

🔒 **실력 UP! 실전 테스트** p. 16

01 ② **02** ⑤ **03** ⑤ **04** ④ **05** ④ **06** ⑤
07 ② **08** ② **09** ④ **10** ② **11** ③ **12** ①
13 ② **14** ② **15** ⑤ **16** ③ **17** ④ **18** ④
19 ① **20** ⑤ **21** ② **22** ⑤
23 1) He is not a bad person. 2) Is he a bad person? **24** 1) Josh and Beth are not in the room. 2) Are Josh and Beth in the room?
25 The gloves aren't warm. **26** Is Mia your sister? **27** Is the cat on the piano?
28 Are Lisa and I in the same class?
29 1) am → are 2) are → is
30 1) you are → I am 2) Are → Is

---

01 ②
목표 〈 주어에 알맞은 be동사 판단하기 〉
해설 My uncle (3인칭 단수) + is
Andrew and I (1인칭 복수) + are
The children (3인칭 복수) + are
해석 • 내 삼촌은 병원에 계신다.
• Andrew와 나는 수영을 잘 못한다.
• 그 아이들은 방 안에 있지 않다.

■ **children** 아이들 (child의 복수)

02 ⑤
목표 〈 주어-be동사 축약형과 소유격 구분하기 〉
해설 ①~④ '3인칭 단수 주어 + be동사'의 축약형
⑤ 명사 John의 소유격 (John's = John의)
두 가지 모두 형태가 's로 같으므로 헷갈리지 않도록 유의하자.
해석 ① 그는 아주 힘세다.
② 그녀는 시카고에서 왔다. (그녀는 시카고 출신이다.)
③ 그것은 맛있다. / ④ 그것은 상자 안에 있다.
⑤ 이것은 John의 자전거다.

03 ⑤
목표 〈 주어-be동사의 수 일치 판단하기 〉
해설 3인칭 단수 주어 + is
⑤ My classmates는 3인칭 복수이므로 are를 쓴다.
해석 ~는 학교에 있다.

04 ④
목표 〈 주어-be동사의 수 일치 판단하기 〉
해설 Is + 3인칭 단수 주어 ~?
④ the shoes는 3인칭 복수이므로 Are를 쓴다. shoes, pants, glasses처럼 한 쌍으로 이루어진 것들은 복수형으로 쓴다.
해석 ~는 탁자 위에 있니?

05 ④

목표 〈 주어-be동사의 수 일치 판단하기 〉

해설 2인칭 단수, 1/2/3인칭 복수 + are

④ The man은 3인칭 단수이므로 여기 해당되지 않는다.

해석 ~는 공원에 있지 않다.

06 ⑤

목표 〈 be동사 문장을 부정문/의문문으로 바꾸기 〉

해설 be동사 부정문 → be동사 뒤에 not 추가

be동사 의문문 → '주어-be동사' 순서 교체

해석 ① 그는 좋은 친구이다.
② 그녀는 호주에서 왔다. (그녀는 호주 출신이다.) / ③ 햇빛이 강하다.
④ 그 꽃들은 아름답다. / ⑤ Tim과 Jack은 여기 있다.

■ sunlight 햇빛

07 ③

목표 〈 be동사 문장의 어법성 판단하기 〉

해설 ③ isn't not → isn't (isn't는 is not의 줄임말이다.)

해석 ① 컴퓨터 게임은 재미있다.
② 하늘이 맑지 않다. / ③ 지우는 (키가) 작지 않다.
④ 그 이야기는 사실이니? / ⑤ 그 옷들은 예쁘니?

08 ②

목표 〈 주어에 알맞은 be동사 판단하기 〉

해설 ② My parents (3인칭 복수) + are

①, ③, ④, ⑤ 3인칭 단수 + is

해석 ① 그 건물은 아주 높다.
② 내 부모님은 오늘 바쁘시다. / ③ 그는 좋은 배우가 아니다.
④ Lucy는 캐나다에 있지 않다. / ⑤ 그 개는 의자 밑에 있다.

■ building 건물　actor 배우

09 ④

목표 〈 주어에 알맞은 be동사 판단하기 〉

해설 ④ Is + the boy (3인칭 단수) ~?

①, ②, ③, ⑤ Are + 1/3인칭 복수 ~?

해석 ① 우리는 경기에 대한 준비가 됐니?
② 그들은 시험에 대해 긴장했니? / ③ 그 책들은 너의 방에 있니?
④ 그 소년은 3살이니? / ⑤ 토마토는 채소이니?

■ nervous 긴장한

10 ②

목표 〈 be동사 문장의 어법성 판단하기 〉

해설 ⓐ My school uniform (3인칭 단수) + is

교복은 여러 벌의 옷으로 구성되지만 묶어서 단수로 취급한다.

ⓓ Is + the magazine (3인칭 단수)

해석 ⓐ 내 교복은 너무 크다. / ⓑ 서준은 차 안에 있지 않다.
ⓒ 그 버스 정류장은 너희 집 근처에 있니?
ⓓ 그 잡지는 책상 위에 있니?

■ school uniform 교복　magazine 잡지

11 ③

목표 〈 be동사 문장의 어법성 판단하기 〉

해설 ⓐ I (1인칭 단수) + am not

ⓑ The story (3인칭 단수) + is not

해석 ⓐ 나는 유명한 가수가 아니다.
ⓑ 그 이야기는 흥미롭지 않다.
ⓒ 그녀의 머리는 그렇게 길지 않다.
ⓓ 그 바구니는 가득 찼니?

12 ①

목표 〈 대답에 알맞은 be동사 의문문 고르기 〉

해설 ① the children (3인칭 복수) = they

의문문의 주어가 3인칭인 경우 대답의 주어도 3인칭이므로 대답에 쓰인 대명사 주어 또는 이 대명사로 받을 수 있는 명사가 주어로 쓰인 문장을 찾는다.

해석 ① 그 아이들은 수줍어하니?
② 너는 한국에서 왔니? / ③ 나는 너의 파트너이니?
④ 저녁 식사는 준비됐니? / ⑤ 그는 축구 선수니?

13 ②

목표 〈 be동사 의문문/대답의 어법성 판단하기 〉

해설 ② Yes, you are. → Yes, I am.

의문문의 주어가 you이므로, 듣는 사람의 입장에서 I를 주어로 답한다.

해석 ① A: 그 개들은 정원에 있니? / B: 응, 그래.
② A: 네가 민희니? / B: 응, 그래.
③ A: 수학 수업은 9시니? / B: 아니, 그렇지 않아.
④ A: 네 여동생은 어리니? / B: 아니, 그렇지 않아.
⑤ A: 그 소년들은 배고프니? / B: 아니, 그렇지 않아.

14 ②

목표 〈 be동사 의문문에 알맞은 대답 고르기 〉

해설 the strawberries (3인칭 복수) = they

해석 A: 그 딸기들은 비싸니? / B: 응, 그래.

15 ⑤

목표 〈 be동사 의문문에 알맞은 대답 고르기 〉

해설 Sora and Junho (3인칭 복수) = they

부정 대답은 be동사 역시 부정형으로 쓴다. (aren't)

해석 A: 소라와 준호는 초등학생이니? / B: 아니, 그렇지 않아.

16 ③

목표 〈 be동사 문장의 어법성 판단하기 〉

해설 ⓐ I not am → I am not

ⓓ Are the frying pan → Is the frying pan

해석 ⓐ 나는 체육관에 있지 않다. / ⓑ 개미들은 아주 작다.
ⓒ 그는 경찰관이니? / ⓓ 그 프라이팬은 뜨겁니?
ⓔ 그 서점은 영업 중이 아니다.

■ gym 체육관　bookstore 서점

17 ④
목표 〈 주어-be동사의 수 일치 판단하기 〉
해설 ④ The sound (3인칭 단수) + is

해석 ① 유민은 박물관에 있다.
② 로켓들은 아주 빠르다. / ③ 그 노래는 인기 있니?
④ 그 소리는 크지 않다. / ⑤ 그 선생님들은 화가 났니?

■ **popular** 인기 있는

18 ④
목표 〈 be동사 문장의 어법성 판단하기 〉
해설 ⓓ not is → is not

해석 Will과 나는 해변에 있다. 태양은 밝고 따뜻하다. 해변은 시끄러운가? 그것은 시끄럽지 않다. 그것은 조용하다.

19 ①
목표 〈 be동사 부정문 영작하기 〉
해설 be동사 부정문: 주어 + be동사 + not

■ **sandwich** 샌드위치

20 ⑤
목표 〈 be동사 의문문 영작하기 〉
해설 be동사 의문문: Be동사 + 주어 ~?

21 ②
목표 〈 be동사 문장의 어법성 판단하기 〉
해설 ① My name (3인칭 단수) + is
③ Is + winter in Korea (3인칭 단수)
④ Are + vegetables (3인칭 복수)
⑤ My friends and I (1인칭 복수) + are

해석 ① 내 이름은 소희이다.
② Jack은 의사가 아니다.
③ 한국의 겨울은 춥니?
④ 채소는 (너의) 몸에 좋니?
⑤ 내 친구들과 나는 신났다.

22 ⑤
목표 〈 be동사 문장 영작하기 〉
해설 ⑤의 우리말은 긍정형이다. (Is the room clean?)

23 1) He is not a bad person.
    2) Is he a bad person?
목표 〈 be동사 문장을 부정문/의문문으로 바꾸기 〉
해설 1) be동사 부정문: 주어 + be동사(is) + not
2) be동사 의문문: Be동사(Is) + 주어 ~?

해석 그는 나쁜 사람이다.

■ **person** 사람

24 1) Josh and Beth are not in the room.
    2) Are Josh and Beth in the room?
목표 〈 be동사 문장을 부정문/의문문으로 바꾸기 〉
해설 1) be동사 부정문: 주어 + be동사(are) + not
2) be동사 의문문: Be동사(Are) + 주어 ~?

해석 Josh와 Beth는 방에 있다.

25 The gloves aren't warm.
목표 〈 be동사 부정문 영작하기 〉
해설 The gloves (3인칭 복수) + are not [aren't]
gloves처럼 한 쌍으로 이루어진 것들은 복수로 취급한다.

26 Is Mia your sister?
목표 〈 be동사 의문문 영작하기 〉
해설 Is + Mia (3인칭 단수) ~?

27 Is the cat on the piano?
목표 〈 be동사 의문문 만들기 〉
해설 Be동사(Is) + 주어(the cat) ~?

해석 A: 그 고양이는 피아노 위에 있니? / B: 응, 그래.

28 Are Lisa and I in the same class?
목표 〈 be동사 의문문 만들기 〉
해설 Be동사(Are) + 주어(Lisa and I) ~?

해석 A: Lisa와 나는 같은 반이니? / B: 아니, 그렇지 않아.

29 1) am → are 2) are → is
목표 〈 be동사 문장의 어법성 판단하기 〉
해설 1) Max and I (1인칭 복수) + are
2) The weather (3인칭 단수) + is
동물은 보통 인칭대명사 it으로 가리키지만, 반려동물의 경우 he나 she로 나타내기도 한다.

해석 이것은 내 개다. 그의 이름은 Max이다. Max와 나는 공원에 있다. 오늘 날씨는 화창하다. Max는 기분이 좋은가? 응, 그렇다.

30 1) you are → I am 2) Are → Is
목표 〈 be동사 대화의 어법성 판단하기 〉
해설 1) 2인칭 주어로 질문한 경우 1인칭 주어로 대답한다.
2) Is + the test (3인칭 단수)

해석 A: 너는 수학 시험 준비가 됐니? / B: 응, 그래.
A: 그 시험은 10시니? / B: 응, 그래.

감각 UP! 리뷰 테스트 **p. 26**

01 ② **02** ③ **03** ⑤ **04** ① **05** works
06 ② **07** ④ **08** ⑤ **09** ③ **10** doesn't look
11 ④ **12** ③ **13** ② **14** ① **15** ⑤
16 they do

01 ②
목표 〈 주어에 알맞은 일반동사 형태 판단하기 〉
해설 You (3인칭 단수 X) + look
David (3인칭 단수 O) + draws
주어가 3인칭 단수일 때 동사 뒤에 -(e)s를 붙여 활용한다.
해석 • 너는 오늘 행복해 보인다. / • David는 그림을 그린다.

02 ③
목표 〈 주어에 알맞은 일반동사 형태 판단하기 〉
해설 ③ Alex (3인칭 단수) + wants
주어가 3인칭 단수일 때 동사 뒤에 -(e)s를 붙여 활용한다.
해석 ① 나는 새 자전거를 원한다.
② 우리는 스파게티를 원한다. / ③ Alex는 큰 침실을 원한다.
④ 지선과 나는 선물을 원한다. / ⑤ 내 친구들은 큰 파티를 원한다.
■ **spaghetti** 스파게티

03 ⑤
목표 〈 3인칭 단수 동사 활용하기 〉
해설 주어가 3인칭 단수일 때 동사의 형태가 바뀌는데, 변화
규칙은 단어의 철자에 따라 다르다.
① do: -o로 끝나는 동사 → does
② make: 대부분의 동사 → makes
③ have: 불규칙 동사 → has
④ try: [자음 + y]로 끝나는 동사 → tries
⑤ play: [모음 + y]로 끝나는 동사 → plays
해석 ① 그는 그의 방에서 그의 숙제를 한다.
② 그녀는 점심으로 샌드위치를 만든다.
③ Paul은 남동생이 있다.
④ Sophie는 아주 열심히 노력한다.
⑤ 그 소녀는 놀이터에서 논다.

04 ①
목표 〈 주어-동사의 수 일치 판단하기 〉
해설 ① Tom and Fred (3인칭 단수 X) + want
해석 ① Tom과 Fred는 좋은 성적을 원한다.
② 그 말은 당근을 먹는다.
③ Claire는 그녀의 친구에게 작별 인사를 한다.
④ 우리는 화창한 날씨를 즐긴다.
⑤ 그 주자는 경주를 마친다.
■ **runner** (달리기) 주자

05 works
목표 〈 주어에 알맞은 일반동사 형태 쓰기 〉
해설 She (3인칭 단수) + works

06 ②
목표 〈 주어에 알맞은 일반동사 부정형 판단하기 〉
해설 We (3인칭 단수 X) + do not + run (동사원형)
My teacher (3인칭 단수 O) + does not + wear (동사원형)
해석 • 우리는 교실에서 뛰지 않는다.
• 내 선생님은 안경을 쓰지 않으신다.

07 ④
목표 〈 일반동사 평서문을 부정문으로 바꾸기 〉
해설 Paul (3인칭 단수) + does not + have (동사원형)
해석 Paul은 자동차를 가지고 있다.

08 ⑤
목표 〈 주어-동사의 수 일치 판단하기 〉
해설 ⑤ They (3인칭 단수 X) + do not [don't]
해석 ① 우리는 노래하지 않는다.
② 너는 요리하지 않는다.
③ 그녀는 거짓말하지 않는다.
④ 그는 춤추지 않는다.
⑤ 그들은 날지 않는다.

09 ③
목표 〈 일반동사 부정문의 어법성 판단하기 〉
해설 ③ Karen (3인칭 단수) + does not + take (동사원형)
해석 ① 수민과 나는 모자를 쓰지 않는다.
② 내 부모님은 프랑스어를 하지 않는다.
③ Karen은 지하철을 타지 않는다.
④ 그 집에는 계단이 있지 않다.
⑤ 그 포도들은 단맛이 나지 않는다.
■ **French** 프랑스어

10 doesn't look
목표 〈 일반동사의 부정형 쓰기 〉
해설 The question (3인칭 단수) + doesn't + look

11 ④
목표 〈 일반동사 의문문 만들기 〉
해설 Do + you (3인칭 단수 X) + like (동사원형)
일반동사 의문문 앞에는 주어에 따라 Do/Does가 붙는다.
해석 너는 프라이드치킨을 좋아하니?

12 ③

목표 〈 일반동사 의문문의 어법성 판단하기 〉

해설 ③ rides → ride (동사원형)

Do/Does로 시작하는 의문문은 주어와 관계없이 동사원형을 쓴다.

해석 ① 우리는 젓가락이 필요하니?
② 너는 그 이야기를 아니?
③ Chris는 스케이트보드를 타니?
④ Sally는 10시에 잠자리에 드니?
⑤ 그 음식은 맛있어 보이니?

■ chopsticks 젓가락 skateboard 스케이트보드

13 ②

목표 〈 주어에 알맞은 일반동사 의문문의 형태 판단하기 〉

해설 [보기] Does + she (3인칭 단수) + go (동사원형)
② Does + he (3인칭 단수) + read (동사원형)
①, ③, ④, ⑤의 빈칸에는 Do가 들어간다.

해석 [보기] 그녀는 중학교에 다니니?
① 너는 빨리 달리니?
② 그는 만화책을 읽니?
③ 우리는 우산이 필요하니?
④ 그들은 오늘 시험이 있니?
⑤ 그 학생들은 열심히 공부하니?

■ comic book 만화책

14 ①

목표 〈 일반동사 의문문에 알맞은 대답 고르기 〉

해설 일반동사 의문문 긍정 대답: Yes, 주어 + do/does.
일반동사 의문문 부정 대답: No, 주어 + do/does + not.
단, 이 경우 you를 주어로 물었으므로 I를 주어로 대답한다.

해석 A: 너는 테니스 레슨을 받니? / B: 응, 그래.

15 ⑤

목표 〈 일반동사 대화의 어법성 판단하기 〉

해설 No, he does. → No, he doesn't.
부정 대답은 do/does 역시 부정형으로 쓴다.

해석 A: Ryan은 저녁 식사 후에 설거지를 하니?
B: 아니, 그렇지 않아. 그는 다음 날 설거지를 해.

■ wash the dishes 설거지하다

16 they do

목표 〈 일반동사 의문문에 알맞은 대답 쓰기 〉

해설 일반동사 의문문 긍정 대답: Yes, 주어 + do/does.

해석 A: 그들은 오늘 음악 수업이 있니? / B: 응, 그래.

 실력 UP! 실전 테스트   p. 28

01 ③ **02** ② **03** ① **04** ② **05** ⑤ **06** ③
07 ③ **08** ② **09** ④ **10** ① **11** ① **12** ⑤
13 ④ **14** ⑤ **15** ② **16** ① **17** ⑤ **18** ④
19 ⑤ **20** ③ **21** ② **22** ④

23 1) They do not study in the library. 2) Do they study in the library? **24** 1) The dog does not catch the ball. 2) Does the dog catch the ball?
25 I don't watch the news. **26** Does Nick help his friend? **27** Does the bus pass the bridge?
28 I don't **29** wears → wear
30 1) has math class 2) doesn't have history class

01 ③

목표 〈 주어-동사의 수 일치 판단하기 〉

해설 동사의 형태가 변하지 않았으므로 주어는 3인칭 단수가 아니다.

해석 ~는 교실을 청소한다.

02 ②

목표 〈 주어-동사의 수 일치 판단하기 〉

해설 I (3인칭 단수 X) + water
My dad (3인칭 단수 O) + watches
Doctors (3인칭 단수 X) + help
watch는 -ch로 끝나는 동사이므로 단어 뒤에 -es가 붙는다.

해석 • 나는 매주 식물들에 물을 준다.
• 내 아빠는 축구 경기를 보신다.
• 의사들은 아픈 사람들을 돕는다.

■ people 사람들 (person의 복수형)

03 ①

목표 〈 주어에 알맞은 일반동사 형태 판단하기 〉

해설 ① Subin (3인칭 단수) + likes
부정문과 의문문에서 앞에 do/does가 오면 주어와 관계없이 뒤에는 동사원형만 온다.

해석 ① 수빈은 만화를 좋아한다. / ② 나는 클래식 음악을 좋아한다.
③ Bob은 치즈를 좋아하지 않는다. / ④ 너는 비 오는 날을 좋아하니?
⑤ 그녀는 이탈리아 음식을 좋아하니?

■ cartoon 만화 classical music 클래식 음악

04 ②

목표 〈 3인칭 단수 동사 활용하기 〉

해설 ② go: -o로 끝나는 동사 → goes
③ have: 불규칙 동사 / ④ fly: [자음 + y]로 끝나는 동사

05 ⑤

목표 〈 3인칭 단수 동사 활용하기 〉

해설 ⑤ try: [자음 + y]로 끝나는 동사 → tries

①~④ [모음 + y]로 끝나는 동사 → buys, says, pays, enjoys

06 ③

목표 〈 일반동사 의문문의 형태 판단하기 〉

해설 Do + 주어 (3인칭 단수 X) + 동사원형 ~?

Does + 주어 (3인칭 단수 O) + 동사원형 ~?

해석 ⓐ 너는 차를 좀 원하니?

ⓑ 그녀는 집에서 일하니?

ⓒ 그들은 바다에서 사니?

ⓓ 우리는 정오에 끝나니?

ⓔ 그것은 깃털이 있니?

■ feather 깃털

07 ③

목표 〈 일반동사 부정문의 형태 판단하기 〉

해설 My sister (3인칭 단수) + does + not + 동사원형

해석 내 여동생은 버스를 타지 않는다.

08 ②

목표 〈 일반동사 부정문의 형태 판단하기 〉

해설 Jim and Blake (3인칭 단수 X) + do + not + 동사원형

해석 Jim과 Blake는 같은 학교에 다니지 않는다.

09 ④

목표 〈 일반동사 긍정문을 부정문으로 바꾸기 〉

해설 ① I not do → I do not / ② feels → feel

③ We doesn't → We don't / ⑤ Erin don't → Erin doesn't

해석 ① 나는 오렌지 주스를 마신다.

② Andy는 그의 남동생에게 미안함을 느낀다.

③ 우리는 우리 친구들에게 전화한다.

④ 그 소년은 나에게 인사한다.

⑤ Erin은 시장에서 계란을 산다.

■ say hello 인사하다

10 ①

목표 〈 일반동사 평서문을 의문문으로 바꾸기 〉

해설 ② Does you → Do you / ③ Do Jade → Does Jade

④ fixes → fix / ⑤ studies → study

해석 ① 그 아기는 모래를 만진다.

② 너는 좋은 아이디어가 있다.

③ Jade는 새로운 집으로 이사한다.

④ 아빠는 지붕을 고치신다.

⑤ 그들은 시험을 위해 공부한다.

■ move 이사하다, 이동하다

11 ③

목표 〈 일반동사 문장의 어법성 판단하기 〉

해설 The ducks (3인칭 단수 X) + swim

Do + you (3인칭 단수 X) + live (동사원형) ~?

해석 • Chris는 그의 친구들과 야구를 한다.

• 그 오리들은 호수에서 헤엄친다.

• 혜민은 그 배우를 좋아하지 않는다.

• Ken은 회사까지 운전하니?

• 너는 이 근처에 사니?

12 ⑤

목표 〈 일반동사 대화의 어법성 판단하기 〉

해설 Yes, it do. → Yes, it does.

it은 3인칭 단수 주어이므로 does를 쓴다.

해석 A: 그 고양이는 나무에 올라가니? / B: 응, 그래.

13 ④

목표 〈 일반동사 대화의 어법성 판단하기 〉

해설 ④ No, it does. → No, it does not [doesn't].

부정 대답은 do/does도 부정형으로 쓴다.

해석 ① A: 그들은 힙합 음악을 좋아하니? / B: 응, 그래.

② A: David는 반려견이 있니? / B: 응, 그래.

③ A: 너는 점심으로 피자를 원하니? / B: 아니, 그렇지 않아.

④ A: 그 가게는 9시에 문을 여니? / B: 아니, 그렇지 않아.

⑤ A: 그 꽃은 좋은 냄새가 나니? / B: 응, 그래.

14 ⑤

목표 〈 대답에 알맞은 일반동사 의문문 판단하기 〉

해설 ⑤ Mr. Park (3인칭 단수 남성형) = he

해석 ① 너는 자주 여행하니?

② 개구리들은 높이 뛰니?

③ Simon과 Brad는 이 학교에 다니니?

④ 그 도서관은 일요일마다 문을 닫니?

⑤ 박 선생님은 과학을 가르치시니?

15 ②

목표 〈 대답에 알맞은 일반동사 의문문 판단하기 〉

해설 you를 주어로 질문한 경우 I를 주어로 대답한다.

해석 ① 그들은 밤에 도착하니? / ② 너는 많은 돈을 쓰니?

③ 나는 피곤해 보이니? / ④ Emma는 자주 요리하니?

⑤ 너희 가족은 등산하러 가니?

■ spend money 돈을 쓰다   hiking 등산

16 ①

목표 〈 일반동사 의문문 영작하기 〉

해설 ② not eats → doesn't eat

③ Does you → Do you

④ don't goes → don't go

⑤ Do Yuri → Does Yuri

17 ⑤
목표 〈 일반동사 부정문 만들기 〉
해설 일반동사 부정문: 주어 + don't/doesn't + 동사원형
해석 나는 지금 목이 마르지 않다.

18 ④
목표 〈 일반동사 의문문 만들기 〉
해설 일반동사 의문문: Do/Does + 주어 + 동사원형 ~?
해석 너는 겨울에 장갑을 끼니?

19 ⑤
목표 〈 일반동사 부정문 영작하기 〉
해설 일반동사 부정문: 주어 + don't/doesn't + 동사원형
My puppy doesn't leave the room.

20 ③
목표 〈 일반동사 문장의 어법성 판단하기 〉
해설 ⓑ doesn't fixes → doesn't fix
부정문에서 don't/doesn't 뒤에는 동사원형을 쓴다.
ⓔ The singer have → The singer has
3인칭 단수 주어 뒤에서 불규칙 동사 have는 has로 변한다.
해석 ⓐ 우리는 그 이야기를 믿지 않는다.
ⓑ Jack은 그 컴퓨터를 고치지 않는다.
ⓒ Ella는 우유를 마시니?
ⓓ 비행기는 밤에 비행을 하니?
ⓔ 그 가수는 많은 팬을 가지고 있다.

21 ②
목표 〈 일반동사 문장의 틀린 부분 고치기 〉
해설 ① I calls → I call / ③ dos → do (동사원형)
④ Does they → Do they / ⑤ I does not → I do not
해석 ① 나는 방과 후에 내 친구에게 전화한다.
② 그 자동차는 움직이지 않는다.
③ 진호는 그의 숙제를 하니?
④ 그들은 매일 운동을 하니?
⑤ 나는 선글라스가 필요 없다.
■ sunglasses 선글라스

22 ④
목표 〈 일반동사 문장의 어법성 판단하기 〉
해설 No, she don't. → No, she doesn't.
해석 내 할머니는 매일 아침 요리한다. 그녀는 오늘 수프를 만든다. 그녀는 토마토 수프를 만드나? 아니, 그렇지 않다. 그녀는 닭고기 수프를 만든다. 우리는 맛있는 식사를 한다.
■ meal 식사

23 1) They do not study in the library.
　　2) Do they study in the library?
목표 〈 일반동사 문장을 부정문/의문문으로 바꾸기 〉
해설 1) They (3인칭 단수 X) + do not + 동사원형
2) Do + they (3인칭 단수 X) + 동사원형 ~?
해석 그들은 도서관에서 공부한다.

24 1) The dog does not catch the ball.
　　2) Does the dog catch the ball?
목표 〈 일반동사 문장을 부정문/의문문으로 바꾸기 〉
해설 1) The dog (3인칭 단수) + does not + 동사원형
2) Does + the dog (3인칭 단수) + 동사원형 ~?
해석 그 개는 그 공을 잡는다.

25 I don't watch the news.
목표 〈 일반동사 부정문 영작하기 〉
해설 I (3인칭 단수 X) + don't + 동사원형

26 Does Nick help his friend?
목표 〈 일반동사 의문문 영작하기 〉
해설 Does + Nick (3인칭 단수) + 동사원형 ~?

27 Does the bus pass the bridge?
목표 〈 일반동사 의문문 만들기 〉
해설 Does + 주어 + 동사원형 ~?
해석 A: 그 버스는 그 다리를 지나가니? / B: 응, 그래.

28 I don't
목표 〈 일반동사 의문문의 대답 영작하기 〉
해설 you를 주어로 질문한 경우 I를 주어로 대답한다. 또, 부정 대답일 때에는 do/does 역시 부정형으로 쓴다.
해석 A: 너는 지우개를 가지고 있니? / B: 아니, 그렇지 않아.

29 wears → wear
목표 〈 일반동사 문장의 어법성 판단하기 〉
해설 부정문에서 don't/doesn't 뒤에는 동사원형을 쓴다.
해석 내 학교는 매년 운동회를 한다. 우리는 여러 가지 경기를 한다. 그날 학생들은 교복을 입지 않는다. 그들은 티셔츠와 운동복 바지를 입는다.
■ field day 운동회　sweatpants 운동복 바지

30 1) has math class　2) doesn't have history class
목표 〈 일반동사 긍정문/부정문 영작하기 〉
해설 1) Kate (3인칭 단수) + has
2) Kate + doesn't + have (동사원형)
해석 1) Kate는 월요일에 수학 수업이 있다.
2) Kate는 월요일에 역사 수업이 없다.

감각 UP! 리뷰 테스트　　p. 42

01 ④	02 ④	03 ⑤	04 wasn't
05 ①	06 ③	07 ②	08 Did you travel
09 ⑤	10 ⑤	11 ②	12 were not making
13 ⑤	14 ③	15 ④	16 he going to have

01　④
목표　〈 주어에 알맞은 be동사 과거형 판단하기 〉
해설　Homin (3인칭 단수 O) + was
yesterday로 과거시제의 일이라는 것을 알 수 있다.
They (3인칭 단수 X) + were not [weren't]
해석　• 호민은 어제 집에 있었다.
• 그들은 중학교 때 친구가 아니었다.

02　④
목표　〈 be동사 문장의 현재/과거시제 구별하기 〉
해설　am/is/are (현재시제), was/were (과거시제)
해석　① 그 선생님은 우리에게 친절하셨다.
② Julie와 나는 운이 좋지 않았다.
③ 태민은 시험에 대한 준비가 되지 않았다.
④ 그들은 너의 조부모님이니?
⑤ 그 게임은 하기에 재미있었니?
■ lucky 운 좋은　grandparents 조부모님

03　⑤
목표　〈 주어에 알맞은 be동사 과거형 판단하기 〉
해설　⑤ Were + you (3인칭 단수 X) ~?
①~④의 빈칸에는 Was가 들어간다.
해석　① 그것은 벤치 위에 있었니?
② Andy는 13살이었니? / ③ 그 방은 조용했니?
④ 날씨는 추웠니? / ⑤ 너는 쇼핑몰에 있었니?
■ silent 조용한　shopping mall 쇼핑몰

04　wasn't
목표　〈 주어에 알맞은 be동사 과거시제 부정형 쓰기 〉
해설　It (3인칭 단수) + was not [wasn't]

05　①
목표　〈 일반동사 과거형의 형태 판단하기 〉
해설　① smile: -e로 끝나는 동사 → smiled
② cry: [자음 + y]로 끝나는 동사
③ stop: [단모음 + 단자음]으로 끝나는 동사
(plan-planned, drop-dropped, chat-chatted 등)
④ put: 현재시제와 형태가 같음
⑤ come: 불규칙 변화 동사

06　③
목표　〈 일반동사 과거시제 긍정문을 부정문으로 바꾸기 〉
해설　They (3인칭 단수 X) + didn't + need (동사원형)
해석　그들은 새 차가 필요했다.

07　②
목표　〈 일반동사 과거시제 문장의 어법성 판단하기 〉
해설　② didn't caught → didn't catch
부정문과 의문문에서 앞에 did를 쓰면 주어와 관계없이 뒤에 동
사원형만 올 수 있다.
해석　① 내 팀은 경기에서 졌다. / ② Tony는 감기에 걸리지 않았다.
③ 우리는 새 집으로 이사하지 않았다. / ④ 너는 그 춤을 연습했니?
⑤ Lucy가 그 화분을 깼니?
■ catch a cold 감기에 걸리다　flower pot 화분

08　Did you travel
목표　〈 일반동사 과거시제 의문문 영작하기 〉
해설　Did + 주어 + 동사원형 ~?
일반동사 과거시제 의문문은 주어와 관계없이 Did를 쓴다.

09　⑤
목표　〈 진행시제의 동사 형태 판단하기 〉
해설　⑤ tie: -ie로 끝나는 동사 → tying
② cut: [단모음 + 단자음]으로 끝나는 동사
③ have: -e로 끝나는 동사
해석　① 나는 책을 읽고 있다.
② 그 소년은 그 종이를 자르고 있다.
③ 우리는 좋은 시간을 보내고 있다.
④ 혜민은 그녀의 숙제를 하고 있었다.
⑤ David는 리본을 묶고 있었다.
■ bow (리본의) 나비매듭

10　⑤
목표　〈 진행시제의 동사 형태 판단하기 〉
해설　진행시제 의문문: Be동사 + 주어 + 동사원형ing ~?
= Are + they (3인칭 복수) + celebrating ~?
진행시제 부정문: 주어 + be동사 + not + 동사원형ing
= The puppy (3인칭 단수) + isn't + walking
해석　• 그들은 크리스마스를 기념하고 있니?
• 그 강아지는 정원에서 걷고 있지 않다.
■ celebrate 축하하다, 기념하다

11　②
목표　〈 현재진행시제 평서문을 의문문으로 바꾸기 〉
해설　진행시제 의문문: Be동사 + 주어 + 동사원형ing ~?
일반시제 의문문처럼 '주어-be동사'의 순서를 바꾼다.
해석　그는 런던에서의 시간을 즐기고 있다.

12　　　were not making

목표　〈 과거진행시제 부정문 만들기 〉

해설　진행시제 부정문: 주어 + be동사 + not + 동사원형ing
진행시제는 동사원형ing 앞에 be동사가 들어간다는 점에 유의하자.

해석　엄마와 나는 부엌에서 쿠키를 만들고 있지 않았다.

13　　　⑤

목표　〈 미래시제 문장의 어법성 판단하기 〉

해설　⑤ He be going to → He is going to
미래시제 will: 주어 + will + 동사원형
미래시제 be going to: 주어 + be동사 + going to + 동사원형
(going to 앞에는 주어에 알맞은 be동사를 쓴다.)

해석　① 나는 내년에 다시 시도할 것이다.
② 그녀는 물을 좀 마실 것이다.
③ 그들은 곧 떠날 것이다.
④ 나는 새 컴퓨터를 살 것이다.
⑤ 그는 7시에 도착할 것이다.

14　　　③

목표　〈 미래시제 부정문의 형태 판단하기 〉

해설　be going to 부정형: be동사 + not + going to

해석　그들은 이달에 캠핑을 가지 않을 것이다.

15　　　④

목표　〈 미래시제 의문문 영작하기 〉

해설　Will + 주어 + 동사원형 ~?
미래시제 표현 will, be going to를 쓸 때에는 뒤에 동사원형이 온다는 점을 꼭 기억해 두자.

16　　　he going to have

목표　〈 미래시제 의문문 만들기 〉

해설　Be동사 + 주어 + going to + 동사원형 ~?
he는 3인칭 단수 주어이므로 be동사 Is가 사용되었고, have는 동사원형 그대로 쓰인다.

해석　그는 우리와 함께 저녁 식사를 할 거니?

01　　　④

목표　〈 과거시제의 동사 형태 판단하기 〉

해설　Hajun (3인칭 단수) + was (is의 과거형)
They (3인칭 복수) + were not [weren't]
Jina + lived (live의 과거형)
last week, when she was young을 통해 과거시제라는 것을 알 수 있다. 일반동사 과거형의 경우 주어와 상관없이 변한다.

해석　• 하준은 지난주에 학교에 늦었다.
• 그들은 음악을 듣고 있지 않았다.
• Jina는 그녀가 어렸을 때 부산에서 살았다.

02　　　③

목표　〈 진행/미래시제의 동사 형태 판단하기 〉

해설　진행시제: is (be동사) + lying (동사원형ing)
미래시제: will + not + be (동사원형)
미래시제: am (be동사) + going to + move (동사원형)

해석　• 그 고양이는 의자 밑에 누워있다.
• 그 시험은 쉽지 않을 것이다.
• 나는 다음 달에 서울로 이사할 것이다.

03　　　⑤

목표　〈 미래시제와 진행시제의 형태 구별하기 〉

해설　[보기] am going to exercise = be going to + 동사원형
⑤ are going to Jeju = be동사 + going(진행형) + 전치사구
미래시제 be going to와 동사 go의 진행형을 혼동하지 말자.

해석　[보기] 나는 매일 아침에 운동을 할 것이다.
① 나는 지금 샤워를 할 것이다.
② Shane은 이 책을 읽을 것이다.
③ Nora는 나와 방을 함께 쓸 것이다.
④ 우리는 함께 공부할 것이다.
⑤ 그들은 제주도에 가고 있다.

■ share 공유하다, 나누다　Jeju Island 제주도

04 ⑤

목표 〈 동사 진행형의 형태 파악하기 〉

해설 ⑤ plan : [단모음 + 단자음]으로 끝나는 동사 → planning

①~④ 대부분의 동사 → eating, singing, playing, sleeping

---

05 ②

목표 〈 시제에 따른 동사 형태 판단하기 〉

해설 ⓐ Abby (3인칭 단수) + is/was

ⓑ Jungmin + plays/played (일반동사) + soccer

ⓒ I (1인칭 단수) + am/was + playing (동사원형ing)

ⓓ They (3인칭 복수) + are/were + planting (동사원형ing)

ⓔ Andrew + will + arrive (동사원형)

해석 ⓐ Abby는 공항에 있다/있었다.

ⓑ 정민은 방과 후에 축구를 한다/했다.

ⓒ 나는 피아노를 치고 있다/있었다.

ⓓ 그들은 씨앗을 심고 있다/있었다.

ⓔ Andrew는 곧 도착할 것이다.

■ plant (식물 등을) 심다   seed 씨앗

---

06 ①

목표 〈 과거시제 부정문의 형태 판단하기 〉

해설 주어 + did not + 동사원형

부정문에 did가 쓰이면 동사는 원형으로 쓴다.

---

07 ④

목표 〈 진행시제 문장의 형태 판단하기 〉

해설 주어 + be동사 + 동사원형ing

진행시제의 경우에만 be동사/일반동사가 함께 쓰인다.

---

08 ②

목표 〈 다양한 시제 문장의 어법성 판단하기 〉

해설 The dishes wasn't → The dishes weren't

Emily was lived → Emily lived / Emily was living

Will they coming → Will they come

해석 • 그 그릇들은 깨끗하지 않았다.

• Matt는 티켓들을 찾았니?

• Emily는 그녀의 여동생과 함께 살았다/살고 있었다.

• 그들은 오늘 밤에 올 거니?

• 민호는 6시에 일어날 거니?

---

09 ③

목표 〈 대답에 알맞은 과거시제 의문문 판단하기 〉

해설 you를 주어로 질문한 경우 I를 주어로 대답한다. 또, 대답의 시제가 과거이므로 질문 역시 과거시제임을 알 수 있다.

해석 ① 너는 안경을 쓰고 있니?

② 나는 미팅에 늦었니? / ③ 너는 도서관에 있었니?

④ 너는 질문에 대답할 거니? / ⑤ 내가 경기를 이겼니?

■ meeting 회의

---

10 ③

목표 〈 대답에 알맞은 미래시제 의문문 판단하기 〉

해설 3인칭 복수 주어(they)의 미래시제(will) 문장이다.

해석 ① 너는 어제 바빴니?

② 그 소년들은 그들의 숙제를 하고 있었니?

③ Sam과 Julie는 우리와 함께 연습할 거니?

④ 그들은 영어를 잘했니?

⑤ 그들은 지하철을 탈 거니?

---

11 ⑤

목표 〈 동사의 시제 구별하기 〉

해설 was/were (be동사 과거형), caught (catch의 과거형), did (do/does 과거형), are taking (현재진행형)

해석 ① 그 물은 아주 차가웠다.

② 너는 집에 혼자 있지 않았다.

③ David는 많은 물고기를 잡았다.

④ 나는 오늘 실수를 하지 않았다.

⑤ 우리는 프랑스어 수업을 듣고 있지 않다.

---

12 ④

목표 〈 현재시제 문장을 과거/미래시제로 바꾸기 〉

해설 ④ He will is → He will be (동사원형)

해석 ① 나는 춤을 잘 춘다.

② 많은 사람들이 그 방 안에 있다.

③ Jenny는 그 나무 아래에 앉아 있다.

④ 그는 유명한 배우이다.

⑤ 그녀는 전 세계를 여행한다.

---

13 ②

목표 〈 다양한 시제 문장을 부정문/의문문으로 바꾸기 〉

해설 ② Did Alex did → Did Alex do (동사원형)

평서문의 did는 일반동사 do의 과거형이므로 의문문을 만들 때 동사원형이 된다. 의문문 가장 앞에 오는 Did는 의문문을 만들기 위해 쓴 일종의 조동사이다.

해석 ① 나는 지난주에 아팠다.

② Alex는 20번의 팔굽혀펴기를 했다.

③ 그는 그 차를 수리할 것이다.

④ 소민은 그녀의 이를 닦고 있다.

⑤ 그들은 영화를 보고 있었다.

■ push-up 팔굽혀펴기

---

14 ③

목표 〈 진행시제 부정문 만들기 〉

해설 주어 + be동사 + not + 동사원형ing

해석 그 쥐는 치즈를 먹고 있지 않았다.

---

15 ⑤

목표 〈 미래시제 문장 만들기 〉

해설 주어 + be동사 + going to + 동사원형

해석 Jamie는 쇠고기를 요리할 것이다.

---

16 ①
목표 〈 다양한 시제 문장의 어법성 판단하기 〉
해설 ⓒ wasn't ate → didn't eat, wasn't eating
ⓓ I'm not go to → I'm not going to
ⓔ Was he was living → Was he living

해석 ⓐ 그는 내 생일을 잊지 않았다. / ⓑ 그들은 병원에 있었니?
ⓒ 그녀는 채소를 먹지/먹고 있지 않았다.
ⓓ 나는 집에 있지 않을 것이다. / ⓔ 그는 큰 도시에 살고 있었니?

---

17 ④
목표 〈 다양한 시제 대화의 어법성 판단하기 〉
해설 ④ No, he will. → No, he will not [won't].

해석 ① A: 너는 내 이름을 알았니? / B: 응, 그랬어.
② A: 그녀는 너의 수학 선생님이셨니? / B: 아니, 그렇지 않았어.
③ A: 그들은 그 가게에서 쇼핑하고 있었니? / B: 응, 그랬어.
④ A: 그는 그 개를 훈련시킬 거니? / B: 아니, 그러지 않을 거야.
⑤ A: 너는 네 사촌을 방문할 거니? / B: 아니, 그러지 않을 거야.

---

18 ②
목표 〈 과거시제, 미래시제 문장의 어법성 판단하기 〉
해설 We are went → We went
진행형, 또는 앞으로 나올 수동태 문장을 제외하고는 be동사와
일반동사가 동시에 사용되지 않는다.

해석 어제 나는 Todd와 저녁 식사를 했다. 우리는 좋은 식당에 갔다. 우리
는 우리의 식사가 만족스러웠다. 닭 요리의 맛이 좋았다. 그것은 맵지 않았
다. 나는 언젠가 그 식당을 다시 방문할 것이다.
■ be happy with ~에 만족하다 spicy 매운 someday 언젠가

---

19 ③
목표 〈 현재진행시제 부정문 영작하기 〉
해설 He is not carrying a bag.
주어 + be동사 + not + 동사원형ing

---

20 ④
목표 〈 다양한 시제 문장의 어법성 판단하기 〉
해설 ④ 진행시제가 아니므로 be동사와 일반동사를 같이 쓰지
않는다.
① go to → going to / ② swim → swimming
③ opened → open / ⑤ wasn't → weren't

해석 ① 나는 편지를 보낼 것이다.
② 그들은 수영장에서 수영하고 있다.
③ 그는 문을 열지 않았다.
④ 그녀는 영어를 공부했다.
⑤ 그들은 바닥에 누워있지 않았다.

---

21 ③
목표 〈 다양한 시제 문장 어법성 판단하기 〉
해설 ③ didn't brought → didn't bring
did 뒤에는 동사원형을 쓴다.

---

22 1) Sue wasn't taking pictures.
2) Was Sue taking pictures?
목표 〈 진행시제 문장을 부정문/의문문으로 바꾸기 〉
해설 1) 부정문: 주어 + be동사 부정형 + 동사원형ing
2) 의문문: Be동사 + 주어 + 동사원형ing ~?
해석 Sue는 사진을 찍고 있었다.

---

23 1) Paul ate the chocolate cake.
2) Paul will eat the chocolate cake.
목표 〈 현재시제 문장을 과거시제/미래시제로 바꾸기 〉
해설 1) 과거시제: 주어 + 동사과거형 (ate)
2) 미래시제: 주어 + will + 동사원형 (eat)
해석 Paul은 그 초콜릿 케이크를 먹는다.

---

24 He didn't finish his homework.
목표 〈 과거시제 부정문 영작하기 〉
해설 주어 + did not [didn't] + 동사원형

---

25 1) turn → turned 2) riding → was riding
목표 〈 과거시제, 진행시제 문장의 어법성 판단하기 〉
해설 1) turn의 과거형: turned
2) Her teacher (3인칭 단수) + was + riding (과거진행형)

해석 Emma는 그녀의 자전거를 타고 학교에 가고 있었다. 그녀는 오늘
늦었다. (신호등) 불이 빨간색으로 바뀌었다. Emma는 멈추고 기다렸다.
그때, 그녀는 그녀의 이름을 들었다. "Emma, 같이 가자!" 그녀의 선생님도
자전거를 타고 계셨다.

---

26 1) Did you go to the library?
2) Were you alone?
목표 〈 과거시제 의문문 영작하기 〉
해설 1) 일반동사 과거시제 의문문: Did + 주어 + 동사원형 ~?
2) be동사 과거시제 의문문: Was/Were + 주어 ~?

해석 A: 너는 도서관에 갔니? / B: 응, 그랬어. / A: 너는 혼자였니?
B: 아니, 그렇지 않았어. 나는 내 친구와 함께 있었어.

---

27 1) bought a book 2) ate a hot dog
목표 〈 과거시제 문장 영작하기 〉
해설 1) buy의 과거형: bought 2) eat의 과거형: ate

해석 1) Ben은 어제 책 한 권을 샀다.
2) Ben은 어제 핫도그 하나를 먹었다.

---

28 1) am going to feed Kitty
2) am going to play basketball
목표 〈 미래시제 문장 영작하기 〉
해설 주어(I) + be동사(am) + going to + 동사원형

해석 1) 나는 9시에 Kitty에게 먹이를 줄 것이다.
2) 나는 11시에 농구를 할 것이다.
■ feed 음식[먹이]을 주다

감각 UP! 리뷰 테스트 **p. 54**

01 ①	**02** ④	**03** ③	**04** boxes	**05** ⑤
06 ⑤	**07** ④	**08** ②	**09** a few	**10** ①
11 ③	**12** ④	**13** ③	**14** isn't any sugar	
15 ⑤	**16** my cousin, is tall			

01 ①
목표 〈 명사의 복수형 형태 구분하기 〉
해설 ① sheep은 단/복수의 형태가 같다.
②~⑤ -s, -x, -ch로 끝나는 명사 → 단어 + es
(buses, foxes, glasses, benches)

02 ④
목표 〈 명사의 복수형 형태 판단하기 〉
해설 ④ leaf: -f로 끝나는 명사 → f를 v로 바꾸고 + es
② baby: [자음 + y]로 끝나는 명사
③ potato: -o로 끝나는 명사
⑤ foot: 불규칙적으로 변하는 명사

03 ③
목표 〈 명사의 단/복수 형태 판단하기 〉
해설 an apple → 단수 명사는 앞에 a/an이 붙는다.
brush your teeth → tooth의 복수형은 teeth이다.
해석 • 그녀는 어제 사과를 먹었다.
• 너는 네 이를 닦았니?

04 boxes
목표 〈 명사의 복수형 쓰기 〉
해설 box: -x로 끝나는 명사 → 단어 + es (boxes)

05 ⑤
목표 〈 명사 단/복수형, 단위 명사의 어법성 판단하기 〉
해설 sand, meat, water는 셀 수 없는 명사이므로 개수를 나타낼 수 없다. 또, 단위 명사를 활용할 때는 명사가 아닌 단위 명사에 -s가 붙는다.

06 ⑤
목표 〈 단위 명사의 쓰임 판단하기 〉
해설 단위 명사 a cup of는 coffee, tea, water 등의 음료를 한 잔, 두 잔 셀 때 쓰는 표현이다.
해석 Kevin은 매일 한 잔의 ~를 마신다.

07 ④
목표 〈 단위 명사를 활용해 영작하기 〉
해설 케이크 한 조각 = a piece [slice] of cake
참고로 cake의 경우 홀 케이크 전체를 가리킬 때는 셀 수 있는 명사로 보지만, 일부 조각을 가리킬 때는 셀 수 없는 명사로 보아 앞에 단위 명사를 붙이게 된다.

08 ②
목표 〈 수량 형용사의 어법성 판단하기 〉
해설 ② much friends → many friends
셀 수 있는 명사: friend, time (횟수, 번)
셀 수 없는 명사: salt, homework, money
해석 ① 그녀는 수프에 약간의 소금을 넣었다.
② 나는 많은 친구들이 있다.
③ 우리는 오늘 많은 숙제가 있다.
④ 그는 그 영화를 몇 번 보았다.
⑤ 그들은 돈이 거의 없었다.

※ time
'횟수, 번'의 의미 → 셀 수 있는 명사
'시간'의 의미 → 셀 수 없는 명사

※ money
동전이나 화폐는 개수가 있지만, 돈은 한 개, 두 개 셀 수 없으므로 셀 수 없는 명사이다.

09 a few
목표 〈 수량 형용사 활용하기 〉
해설 a few (조금, 약간의) + 셀 수 있는 명사
a little (조금, 약간의) + 셀 수 없는 명사

※ 수량 형용사의 뜻 비교
There are a few apples in the box.
약간의 사과가 상자 안에 있다.
There are few apples in the box.
상자 안에 사과가 거의 없다.
There is a little water in the bottle.
약간의 물이 병에 있다.
There is little water in the bottle.
병에 물이 거의 없다.

10 ①
목표 〈 There is [are] 문장의 be동사 판단하기 〉
해설 There are + 복수 명사 / There isn't + 단수 명사
food는 셀 수 없는 명사이므로 단수로 취급한다.
해석 • 많은 건물들이 있다.
• 충분한 음식이 있지 않다.

11 ③
목표 〈 There is [are] 문장의 어법성 판단하기 〉
해설 ③ There was + a big festival (단수)
④ water는 셀 수 없는 명사이므로 단수로 취급한다. any는 some과 뜻은 비슷하지만 주로 부정문, 의문문에 쓰인다.
해석 ① 강 위로 긴 다리가 있다.
② 도로를 따라 많은 집들이 있다.
③ 지난밤에 큰 축제가 있었다.
④ 그 컵에는 물이 조금도 없다.
⑤ 그 정원에는 많은 나무들이 있지 않았다.

■ **festival** 축제

※ 수량 형용사 any의 쓰임
부정문: There isn't any water. (물이 조금도 없다.)
의문문: Is there any water? (물이 좀 있니?)

12 ④
목표 〈 There is [are] 문장을 의문문으로 바꾸기 〉
해설 'There-be동사'의 순서를 바꾸어 의문문을 만든다.
해석 너희 학교에는 학교 식당이 있다.

■ **cafeteria** 학교 식당, 구내 식당

13 ③
목표 〈 There is [are] 의문문에 알맞은 대답 고르기 〉
해설 의문문과 대답은 같은 be동사를 사용한다.
긍정 대답: Yes, there were.
부정 대답: No, there weren't.
해석 A: 그 콘서트에는 많은 사람들이 있었니? / B: 응, 그랬어.

14 isn't any sugar
목표 〈 There is [are] 부정문 영작하기 〉
해설 There + be동사의 부정형 + 수량 형용사 + 명사

15 ⑤
목표 〈 동격의 형태 판단하기 〉
해설 David를 보충 설명하기 위해 동격이 사용되었으며, 동격은 '명사(구) + 쉼표 + 명사(구)' 구조이다. 따라서 빈칸에는 명사(구)가 들어갈 수 있다. 반면, ⑤의 my uncle works는 '명사 + 동사'이다.
해석 그는 ~인 David이다.

16 my cousin, is tall
목표 〈 동격을 활용해 영작하기 〉
해설 Joy와 my cousin은 같은 대상을 가리키므로 사이에 쉼표를 넣어 동격을 만들 수 있다.
해석 내 사촌인 Joy는 키가 크다.

실력 UP! 실전 테스트 p. 56
01 ③	02 ③	03 ②	04 ⑤	05 ④	06 ①
07 ④	08 ③	09 ①	10 ②	11 ⑤	12 ④
13 ⑤	14 ④	15 ①	16 ③	17 ⑤	18 ②
19 ②	20 ⑤	21 ①	22 ①		

23 1) There aren't many books in the library.
2) Are there many books in the library?
24 1) There weren't any kids on the plane.
2) Were there any kids on the plane?
25 1) much → many 2) Childrens → Children
26 a loaf of bread and some tomatoes
27 I met Fred, my friend from elementary school.
28 are two boxes on the table
29 three bottles of water

01 ③
목표 〈 명사의 복수형 형태 판단하기 〉
해설 ⓐ cow: 명사 + s (cows)
ⓑ fox: -x로 끝나는 명사 → + es (foxes)
ⓒ mouse: 불규칙적으로 변하는 명사 (mice)
ⓓ fish: 단/복수의 형태가 같은 명사 (fish)
ⓔ wolf: -f로 끝나는 명사 → f를 v로 바꾸고 + es (wolves)

02 ③
목표 〈 명사의 단/복수형 판단하기 〉
해설 two potatoes: potato의 복수형 사용
some bread: bread는 셀 수 없는 명사, 형태 변화 X
two glasses of water: 단위 명사 뒤의 명사는 형태 변화 X
해석 • 우리는 당근 한 개와 감자 두 개가 필요하다.
• 나는 아침으로 약간의 빵을 먹었다. / • 그녀는 두 잔의 물을 마셨다.

03 ②
목표 〈 There is [are] 문장의 be동사 판단하기 〉
해설 butter, money → 셀 수 없는 명사, 단수 취급
해석 • 프라이팬 안에 버터가 있다.
• 하늘에는 많은 별들이 있었다. / • 돈이 조금도 남아 있지 않았다.

04 ⑤
목표 〈 명사의 단/복수 구별하기 〉
해설 셀 수 있는 단수 명사 앞에 a/an이 붙는다. (a tree)
snow, rice → 셀 수 없는 명사
men, children → 셀 수 있는 명사의 복수형
해석 ① 나는 눈 보는 것을 좋아한다.
② Robert는 저녁 식사로 밥을 요리했다. / ③ 남자들이 사무실에서 일하고 있다.
④ 아이들이 축구를 하고 있다. / ⑤ 내 정원에는 나무가 한 그루 있다.

05 ④

목표 〈 셀 수 있는/없는 명사 구별하기 〉

해설 ⓑ The weather (셀 수 없는 명사) + is
ⓒ The book (셀 수 있는 명사, 단수) + is
ⓓ There is + salt (셀 수 없는 명사)

해석 ⓐ 그 안경은 책상 위에 있다.
ⓑ 오늘은 날씨가 좋다.
ⓒ 그 책은 한국의 역사에 관한 것이다.
ⓓ 찬장 안에 소금이 있다.
ⓔ 내 가족은 네 명이다.

■ cupboard 찬장

06 ①

목표 〈 단위 명사의 쓰임 판단하기 〉

해설 ① a cup of (한 잔의): 음료를 나타내는 단위

해석 ① 그는 나에게 피자 한 조각을 주었다.
② 그녀는 설탕 한 스푼을 넣었다.
③ Helen은 종이 한 장을 잘랐다.
④ 우리는 빵 한 덩이를 사지 않았다.
⑤ 너는 치즈 한 쪽을 원하니?

07 ④

목표 〈 문맥에 맞게 be동사 활용하기 〉

해설 Yes, there were. (의문문에서 쓰인 be동사 그대로)
They were not expensive. (복수 주어 + were)

해석 A: 그 가게에는 장난감이 많이 있었니? / B: 응, 그랬어.
A: 너는 이 로봇들을 샀니? / B: 응, 그랬어. 그것들은 비싸지 않았어.

08 ③

목표 〈 동격의 어법성 판단하기 〉

해설 ③ is my hometown → my hometown
동격에서 쉼표 뒤에는 명사(구)를 쓴다.

해석 ① 그는 내가 가장 좋아하는 테니스 선수인 Roger이다.
② 그녀는 그 파티의 주최자인 Ann이다.
③ 나는 내 고향인 대전을 방문하고 있다.
④ 그들은 그 경주의 우승자인 Sam을 만났다.
⑤ 미국에 있는 내 사촌 Lia는 간호사이다.

■ hometown 고향

09 ①

목표 〈 There is [are] 문장을 부정문/의문문으로 바꾸기 〉

해설 ① There was → There was not [wasn't]

해석 ① 탁자 위에는 주스가 있었다.
② 올해에는 많은 행사들이 있다.
③ 우리 학교 근처에는 버스 정류장이 있다.
④ 그 메뉴에는 여러 가지 요리들이 있었다.
⑤ 집에 음식이 하나도 없다.

10 ②

목표 〈 수량 형용사의 어법성 판단하기 〉

해설 friend: 셀 수 있는 명사 → a few friends
time: ('시간'의 뜻) 셀 수 없는 명사 → much time
mistake: 셀 수 있는 명사 → many mistakes

해석 ・그 오븐 안에는 쿠키가 거의 없다.
・나는 그 파티에 몇몇 친구들을 초대했다. / ・우리는 시간이 많지 않다.
・그는 체육관에서 많은 물을 마신다. / ・그녀는 많은 실수를 했다.

11 ⑤

목표 〈 명사 단/복수의 어법성 판단하기 〉

해설 Dinner are → Dinner is
Dinner는 셀 수 없는 명사이므로 단수 취급한다.

해석 내 가족은 함께 저녁 식사를 준비했다. 엄마는 생선을 요리했고, 아빠는 채소를 씻었다. 나는 그릇들을 꺼냈다. 식탁 위에는 많은 음식이 있었다. "저녁 식사가 준비되었어. 먹자!"

12 ④

목표 〈 명사의 단/복수형 판단하기 〉

해설 ④ air는 셀 수 없는 명사이므로 단수 취급한다.
① photo는 -o로 끝나지만, 예외적으로 -es 대신 -s가 붙는다.
piano, radio 등이 여기에 해당한다. (pianos, radios)

해석 ① 나는 그 사진들을 보았다.
② 그는 두 시간 동안 기다렸다. / ③ 그녀는 많은 이야기를 썼다.
④ 우리는 신선한 공기를 즐겼다. / ⑤ 너는 빵을 좀 원하니?

13 ⑤

목표 〈 There is [are] 부정문 영작하기 〉

해설 There + be동사 + not + 수량 형용사 + 명사

해석 그것에 관한 정보가 많이 있지 않다.

■ information 정보

14 ④

목표 〈 대답에 맞는 There is [are] 의문문 고르기 〉

해설 의문문과 대답은 같은 be동사를 쓴다.

해석 ① 너희 동네에는 좋은 식당이 있니?
② 여기 근처에 지하철 역이 있지 않니?
③ 냉장고 안에 과일이 좀 있니?
④ 지난밤에 큰 소음이 있었니?
⑤ 그 나무에는 많은 잎들이 있었니?

15 ①

목표 〈 대답에 맞는 There is [are] 의문문 고르기 〉

해설 Are/Aren't there ~? No, there aren't.
영어에서는 질문이 긍정문이든 부정문이든 상관없이 내용이 부정이면 No로 대답한다.

해석 ① 너희 가족 중에는 쌍둥이가 있니?
② 11시에 (떠나는) 기차가 있니? / ③ 어제 큰 화재가 있었니?
④ 밖에는 많은 사람들이 있었니? / ⑤ 어려운 문제가 있지는 않니?

16 ③

목표 〈 명사의 어법성 판단하기 〉

해설 셀 수 없는 명사(work, information)에는 a/an이 붙지 않는다.

해석 ⓐ 내 신발에 모래가 있다. / ⓑ 그는 버스에서 음악을 듣는다. ⓒ 그녀는 긴 갈색 머리를 가지고 있다. / ⓓ 나는 8시에 일을 마친다. ⓔ 우리는 새로운 정보가 필요하다.

---

17 ⑤

목표 〈 명사 단/복수형의 어법성 판단하기 〉

해설 ⑤ Are there + two pieces of cake (복수 명사)

해석 ① A: 너는 게임을 하고 싶니? / B: 응, 그래.
② A: 하늘에 무지개가 있니? / B: 응, 있어.
③ A: 그녀는 빵을 굽고 있었니? / B: 아니, 그렇지 않았어.
④ A: 너는 오늘 아침에 수프를 먹었니? / B: 아니, 그러지 않았어.
⑤ A: 케이크 두 조각이 남았니? / B: 아니, 그렇지 않아.

---

18 ②

목표 〈 수량 형용사가 들어간 문장 영작하기 〉

해설 We stayed there for a few days.

a few (수량 형용사) + days (명사)

---

19 ②

목표 〈 단위 명사가 들어간 문장 영작하기 〉

해설 Do you want a glass of water?

a glass of (단위 명사) + water (명사)

---

20 ⑤

목표 〈 명사의 단/복수 판단하기 〉

해설 ⑤ My feet (foot의 복수) + are

①~④에는 단수 명사가 사용되어 빈칸에 is가 들어간다.

해석 ① 접시 위에 빵 한 쪽이 있다.
② 시계 소리가 아주 크다. / ③ 내 전화 번호는 123-4567이다.
④ 시간이 많지 않다. / ⑤ 내 (두) 발은 지금 따뜻하다.

---

21 ①

목표 〈 수량 형용사의 어법성 판단하기 〉

해설 ① Little people → Few people (셀 수 있는 명사)

해석 ① 경기를 보는 사람이 거의 없었다.
② 나는 이것을 사기 위해 돈이 필요하다.
③ 그녀는 팬에 몇 개의 계란을 요리했다.
④ Mike는 학교에 많은 친구들이 있다.
⑤ 올해는 많은 눈이 오지 않았다.

---

22 ①

목표 〈 동격 문장의 어법성 판단하기 〉

해설 ① Mina, my daughter is → Mina, my daughter

동격에서 쉼표 뒤에는 명사(구)를 쓴다.

■ **class president** 반장

---

23 1) There aren't many books in the library.
2) Are there many books in the library?

목표 〈 There is [are] 부정문/의문문 만들기 〉

해설 1) 부정문: There + be동사 + not
2) 의문문: Be동사 + there ~?

해석 도서관에 많은 책들이 있다.

---

24 1) There weren't any kids on the plane.
2) Were there any kids on the plane?

목표 〈 There is [are] 부정문/의문문 만들기 〉

해설 1) 부정문: There + be동사 + not
2) 의문문: Be동사 + there ~?

'약간의/몇몇의'를 뜻하는 수량 형용사 some/any의 경우 긍정문에서는 some, 부정문/의문문에서는 any가 쓰인다.

해석 그 비행기에는 몇몇 아이들이 있었다.

---

25 1) much → many 2) Childrens → Children

목표 〈 명사 단/복수의 어법성 판단하기 〉

해설 1) thing은 셀 수 있는 명사이다.
2) children은 child의 복수형이다.

해석 이 사람은 내 3살 아들인 Toby이다. Toby와 나는 놀이터에 있다. 여기에는 할 것들이 많이 있다. 우리는 그네를 타고 모래에서 놀기도 한다. 아이들은 놀이터를 좋아한다.

---

26 a loaf of bread and some tomatoes

목표 〈 수량 형용사, 단위 명사가 들어간 문장 완성하기 〉

해설 a loaf of (한 덩이의) + bread
some (몇몇의, 약간의) + tomatoes

---

27 I met Fred, my friend from elementary school.

목표 〈 동격 문장 영작하기 〉

해설 Fred에 대한 보충 설명이므로 Fred 뒤에 쉼표를 찍고 명사(구)를 쓴다.

---

28 are two boxes on the table

목표 〈 There is [are] 문장 영작하기 〉

해설 There is [are] = ~가 있다

해석 탁자 위에 두 개의 상자가 있다.

---

29 three bottles of water

목표 〈 단위 명사 활용해 문장 영작하기 〉

해설 three bottles of (세 병의) + water

해석 나는 세 병의 물을 가지고 있다.

감각 UP! 리뷰 테스트   **p. 66**

01 ②   **02** ⑤   **03** ④   **04** ③   **05** ①
06 Fiona liked my idea.   **07** ④   **08** ④   **09** ⑤
10 herself   **11** ①   **12** ③   **13** ⑤
14 It was sunny.   **15** ③   **16** one

01   ②
목표 〈 명사를 주격 대명사로 바꾸기 〉
해설 John은 3인칭 단수 남성형 주어이므로 주격 대명사 He로 대체할 수 있다. ④의 Him은 목적격 대명사이다.
해석 John이 전화를 받았다. = 그가 전화를 받았다.

02   ⑤
목표 〈 명사를 목적격 대명사로 바꾸기 〉
해설 Ben and Lily는 동사 met의 대상이 되는 3인칭 복수 목적어구이므로 목적격 대명사 them으로 대체할 수 있다. ③의 they는 주격 대명사이다.
해석 나는 Ben과 Lily를 공항에서 만났다.
= 나는 그들을 공항에서 만났다.

03   ④
목표 〈 알맞은 소유격 대명사 고르기 〉
해설 일반적으로 '소유격 + 명사'는 소유 대명사로 대체할 수 있지만, it은 예외적으로 소유 대명사가 없다.

04   ③
목표 〈 인칭대명사의 적절성 판단하기 〉
해설 동사의 목적어 자리에는 목적격 대명사, '소유격 + 명사' 또는 소유 대명사가 올 수 있다. ③의 our는 소유격으로 명사 없이 혼자서는 쓰일 수 없다.
해석 엄마는 ~를 돌보신다.

05   ①
목표 〈 대화에서 인칭대명사 활용하기 〉
해설 A가 언급한 your computer(=yours)는 B의 입장에서는 my computer(=mine)에 해당한다. 그런데 No라고 대답했으므로 빈칸에는 mine이 들어갈 수 없다.
해석 A: 이것은 너의 컴퓨터이니? / B: 아니, 그것은 ~이야.

06   Fiona liked my idea.
목표 〈 소유격 활용해 문장 영작하기 〉
해설 my는 명사와 함께 쓰이는 소유격이다. (my idea)
해석 Fiona는 내 아이디어를 좋아했다.

07   ④
목표 〈 재귀대명사의 쓰임 이해하기 〉
해설 주어가 가리키는 대상을 한 번 더 언급할 때 재귀대명사를 쓴다. 주어 I와 같이 쓰는 재귀대명사는 myself이다.
해석 나는 나 자신에 대해 생각하고 있었다.

08   ④
목표 〈 재귀대명사의 어법성 판단하기 〉
해설 ④ 주어 They와 같이 쓰는 재귀대명사는 themselves이며, 둘 다 3인칭 복수의 대상을 가리킨다.
① herself → myself
② yourself → himself
③ himself → herself
⑤ ourself → ourselves
ourselves, themselves처럼 복수의 대상을 가리킬 때는 -self가 아니라 -selves로 끝난다는 점도 기억하자.
해석 ① 나는 나 자신을 보고 있었다.
② 그는 그 자신을 소개했다.
③ 그녀는 그녀 혼자서 그곳에 갔다.
④ 그들은 그들 스스로가 자랑스럽다.
⑤ 우리는 직접 그 티켓들을 샀다.
■ be proud of ~을 자랑스러워하다

09   ⑤
목표 〈 재귀대명사의 용법 구분하기 〉
해설 재귀대명사가 강조용법(직접)으로 쓰인 경우 수식어구이므로 생략할 수 있지만, 재귀용법(자신)인 경우 목적어이므로 생략하면 문장이 성립하지 않는다.
해석 ① Dan은 그 닭고기를 직접 요리했다.
② Erin은 그 언어를 직접 배웠다.
③ 그들은 그 정답을 직접 찾았다.
④ 나는 그 문을 직접 닫았다.
⑤ 우리는 콘서트에서 즐거운 시간을 보냈다.
■ language 언어   enjoy oneself 즐거운 시간을 보내다

10   herself
목표 〈 재귀대명사의 쓰임 이해하기 〉
해설 '자신'이라는 뜻의 재귀대명사가 쓰인 문장이다. 3인칭 단수 주어 She와 함께 쓰는 재귀대명사는 herself이다.

11   ①
목표 〈 비인칭 주어의 쓰임 판단하기 〉
해설 날씨, 요일 등을 나타낼 때 비인칭 주어 It을 쓴다.
해석 • 밖은 아주 춥다. / • 어제는 화요일이었다.

12   ③

목표 〈 비인칭 주어 it과 인칭대명사 it 구분하기 〉

해설 ③의 It은 특정 대상을 가리키는 3인칭 단수 주어로서 '그것'으로 해석된다. 반면, 나머지 문장의 It은 날씨, 날짜, 명암, 거리를 나타내는 비인칭 주어로서 따로 해석되지 않는다.

해석 ① 겨울에는 눈이 온다.
② 내일은 12월 25일이다.
③ 그것은 10살 정도 된다.
④ 밖은 밝다.
⑤ 해변까지는 2km이다.

13   ⑤

목표 〈 비인칭 주어 it과 인칭대명사 it 구분하기 〉

해설 ⑤ 그것은 지금 비가 온다. → 지금 비가 온다.
비인칭 주어 It은 문장에서 따로 해석되지 않는다. 반면, ④의 It은 인칭대명사이므로 '그것'으로 해석된다.

14   It was sunny.

목표 〈 비인칭 주어 활용해 영작하기 〉

해설 비인칭 주어 It을 사용해 날씨를 나타낸 문장이다.

15   ③

목표 〈 부정대명사 활용해 영작하기 〉

해설 앞서 언급된 대상과 동일한 대상을 가리킬 때는 인칭대명사 it, 종류는 같지만 다른 대상을 가리킬 때는 부정대명사 one을 쓴다. 밑줄 친 문장의 경우 computer라는 단어를 중복해서 쓰는 대신 부정대명사 one으로 대체할 수 있다. one은 a new one처럼 형용사의 수식을 받을 수 있지만, it은 앞서 언급된 대상을 그대로 가리키므로 수식을 받지 못 한다.

해석 내 컴퓨터는 너무 느리다.

16   one

목표 〈 부정대명사 활용하기 〉

해설 모자는 모자지만 다른 모자를 가리키는 상황이므로 부정대명사 one을 쓴다. 인칭대명사 it이 들어가면 앞서 언급된 바로 그 모자를 사겠다는 뜻이 된다.

 실력 UP! 실전 테스트   p. 68

01 ②	02 ⑤	03 ④	04 ⑤	05 ②	06 ③
07 ④	08 ④	09 ③	10 ④	11 ⑤	12 ②
13 ⑤	14 ②	15 ①	16 ①	17 ③	18 ⑤
19 ②	20 ②	21 ⑤	22 ③		

23 I called her yesterday. / Yesterday, I called her.
24 He talked about himself.   **25** Will it be cold tomorrow?   **26** This towel is dirty. I need a new one.   **27** Are these shoes yours? / Are these your shoes?   **28** Is this computer Joe's? / Is this Joe's computer?   **29** 1) It → He   2) myself → himself
30 1) There → It   2) it → one

---

01   ②

목표 〈 인칭대명사의 쓰임 이해하기 〉

해설 We: 주격 대명사 (주어 자리)
me: 목적격 대명사 (전치사 + 목적격)
himself: 재귀대명사 (3인칭 단수, 남성형)

해석 • 우리는 너의 집을 방문했다.
• 그녀는 나에게 문자 메시지를 보냈다.
• 그는 그 자신의 사진을 찍었다.

02   ⑤

목표 〈 인칭대명사의 쓰임 이해하기 〉

해설 her: 목적격 대명사 (동사의 목적어)
our: 소유격 대명사 (뒤에 있는 명사 수식)
themselves: 재귀대명사 (3인칭 복수)

해석 • 너는 그녀를 아니? / • 우리는 우리의 부모님과 함께 산다.
• 그들은 직접 선물을 샀다.

03   ④

목표 〈 비인칭 주어의 쓰임 이해하기 〉

해설 시간, 날짜, 계절 등을 나타낼 때 비인칭 주어 It을 쓴다. ⓑ, ⓔ는 be동사가 am, were이므로 주어가 It이 될 수 없다.

해석 ⓐ 7시 반이다. / ⓑ 나는 너무 춥다.
ⓒ 어제는 5월 5일이었다. / ⓓ 9월은 가을인가?
ⓔ ~은 오늘 늦었다.

04   ⑤

목표 〈 인칭대명사의 쓰임 이해하기 〉

해설 ⑤ me and my wife = us (목적격 대명사)

해석 ① Jack은 피아노를 치고 있다.
② 수진과 나는 파트너가 될 것이다.
③ 그 벌은 그 소녀를 겁먹게 했다.
④ Lucy는 그 아이들을 돌본다.
⑤ 그 요리사는 나와 내 아내를 위해 요리했다.

05 ②
목표 〈 인칭대명사의 쓰임 판단하기 〉
해설 ② my watch (소유격 + 명사) = mine (소유 대명사)

해석 ① 이것은 너의 기타이니? / ② 저것은 내 시계가 아니다.
③ 의자 위에 있는 그 가방은 Tony의 것이다.
④ 그들의 신발은 바닥에 있다. / ⑤ 우리의 열쇠들은 네 방에 있다.

06 ③
목표 〈 소유격 its와 축약형 it's 구별하기 〉
해설 ③ it's wings → its wings (소유격 + 명사)
it's는 it is의 축약형이며, its는 소유격 대명사이다.

해석 ① 그것은 아주 비싸다. / ② 어젯밤에 비가 왔니?
③ 그 새는 그것의 날개를 움직였다. / ④ 이른 아침이었다.
⑤ 나는 교실에서 그것을 찾았다.

07 ④
목표 〈 부정대명사 one의 쓰임 이해하기 〉
해설 밑줄 친 one은 앞서 언급된 Ashley의 노트북처럼 종류는 노트북으로 같지만 동일한 대상이 아니다. 부정대명사 one은 같은 단어의 중복을 피하기 위해 사용하는 표현이다.

해석 Ashley는 노트북을 가지고 있다. 나도 집에 (노트북) 하나가 있다.

■ **laptop computer** 노트북

08 ④
목표 〈 재귀대명사의 쓰임 이해하기 〉
해설 ④ Jimin and I (1인칭 복수) + ourselves
나머지 주어는 3인칭 복수이므로 themselves를 쓴다.

해석 ① 내 친구들은 즐거운 시간을 보냈다.
② 그 선생님들은 직접 그 그림들을 그렸다.
③ 그 선수들은 코치를 직접 구했다.
④ 지민과 나는 스스로 프랑스어를 공부했다.
⑤ Chris와 Sue는 새 TV를 샀다.

09 ③
목표 〈 인칭대명사의 어법성 판단하기 〉
해설 yours bike → yours, your bike
Ted saw she → Ted saw her

해석 • 소미는 그를 도서관에서 만났다.
• 그들은 우리를 파티에 초대했다. / • 이것은 너의 자전거[네 것]이니?
• Ted는 그녀를 영화 속에서 봤다. / • 1층에 있는 그 방은 내 것이다.

10 ④
목표 〈 인칭대명사의 어법성 판단하기 〉
해설 ④ Yes, they're yours. → Yes, they're mine.
A가 말한 your gloves(= yours)는 B의 입장에서 mine이다.

해석 ① A: 그녀는 설거지를 했니? / B: 응, 했어.
② A: 너는 내 말을 들었니? / B: 아니, 못 들었어.
③ A: 그들은 그를 찾고 있니? / B: 응, 그래.
④ A: 이것들은 너의 장갑이니? / B: 응, 내 거야.
⑤ A: 이 스마트폰은 그녀의 것이니? / B: 아니, Josh의 것이야.

11 ⑤
목표 〈 재귀대명사의 용법 구분하기 〉
해설 ⑤ yourself ('자신'의 뜻) → 재귀용법, 생략 불가
①~④ ('직접'의 뜻) → 강조용법, 생략 가능

해석 ① 그는 그 휴대폰을 직접 고쳤다.
② 나는 이메일을 직접 보냈다. / ③ 그녀는 그 음식을 직접 맛보았다.
④ 그들은 그 문을 직접 잠갔니? / ⑤ 너는 너 자신을 믿니?

12 ②
목표 〈 비인칭 주어 it의 쓰임 판단하기 〉
해설 보기와 ②의 It은 비인칭 주어이며, 나머지 It은 특정 대상을 가리키는 인칭대명사이다.

해석 [보기] 여름에는 덥다.
① 그것은 빗속에서 뛰고 있다. / ② 다음 주에 1월 1일이 될 것이다.
③ 그것은 거실에서 자고 있다. / ④ 그것은 좋은 생각이었다.
⑤ 그것은 물에서 수영하는 것을 좋아한다.

13 ⑤
목표 〈 인칭대명사의 쓰임 이해하기 〉
해설 보기와 ①~④의 her는 뒤의 명사를 꾸미는 소유격이다. 반면, ⑤의 her는 목적격이다.

해석 [보기] 너는 그녀의 이름을 아니?
① 나는 그녀의 전화 번호를 물어봤다.
② Davis 씨는 그녀의 아버지이다.
③ 사람들은 그녀의 목소리를 좋아한다.
④ Emma는 그녀의 한국 여행을 즐겼다.
⑤ 우리는 그녀를 아주 많이 그리워한다.

14 ②
목표 〈 대명사의 어법성 판단하기 〉
해설 Mia bought it, too. (Mia와 Beth가 같은 모자를 샀다.)
Mia bought one, too. (Mia와 Beth가 각각 모자를 샀다.)

해석 어제는 금요일이었다. Beth와 Mia는 쇼핑몰을 방문했다. Beth는 모자를 샀다. Mia도 (모자) 하나를 샀다. 그들은 거울에 비친 자신들의 모습을 보았다. 그 모자들은 그들에게 잘 어울렸다. 그들은 둘 다 기뻤다.

15 ①
목표 〈 인칭대명사의 어법성 판단하기 〉
해설 ① for ours (소유 대명사) → for us (목적격 대명사)
전치사 뒤의 대명사는 목적격으로 쓴다.

해석 ① 엄마는 우리를 위해 스파게티를 만드셨다.
② 나는 매일 그들에게 먹이를 준다.
③ 상민은 그의 숙제를 끝냈다.
④ 그 고양이는 내 침대 위에 누워 있다.
⑤ 그녀의 셔츠는 노란색이다.

16 ①
목표 〈 인칭대명사 활용하여 영작하기 〉
해설 'She(주격) + introduced(동사) + him(목적격) + to the students(수식어구).' 순으로 배열한다.

17 ③

목표 〈 인칭대명사 활용하여 영작하기 〉

해설 'I(주격) + met(동사) + them(목적격) + in India(수식어구).' 순으로 배열한다.

---

18 ⑤

목표 〈 인칭대명사의 어법성 판단하기 〉

해설 ⓐ their → them

their는 소유격으로 명사와 함께 사용된다. (e.g., their dog)

해석 ⓐ 나는 그들의 사진을 찍었다.
ⓑ 우리는 그녀를 위해 파티를 열 것이다.
ⓒ 밤에는 밖에 날씨가 춥다.
ⓓ 그 개는 물 속에 비친 자신의 모습을 보았다.

■ throw a party 파티를 열다

---

19 ②

목표 〈 인칭대명사의 어법성 판단하기 〉

해설 ⓐ its → it / ⓓ my → me

its, my와 같은 소유격은 명사와 함께 사용된다.

해석 ⓐ 나는 그것을 나중에 먹을 것이다.
ⓑ 우리는 우리 자신이 자랑스럽다.
ⓒ 아침 8시이다.
ⓓ 그 아기는 나에게 미소 지었다.

---

20 ②

목표 〈 인칭대명사가 들어간 대화 완성하기 〉

해설 ② Sue's umbrella = it(단수), hers

해석 B: 응, 그것은 그녀의 것이야.
① 이것은 너의 강아지이니? / ② 이것은 Sue의 우산이니?
③ 그 차는 그들의 것이니? / ④ 이것들은 그의 신발이니?
⑤ 그 책들은 Mary의 것이니?

---

21 ⑤

목표 〈 인칭대명사의 어법성 판단하기 〉

해설 ⑤ him → himself

'직접'이라는 강조의 의미를 나타내므로, 주어에 맞는 재귀대명사 himself를 쓴다.

해석 ① Todd는 너를 아주 많이 좋아한다.
② 나는 혼자서 캠핑을 다녀왔다.
③ 너는 우리를 놀라게 했다.
④ 그녀는 나를 체육관에서 보았다.
⑤ 내 삼촌은 직접 차를 운전했다.

---

22 ③

목표 〈 대명사의 어법성 판단하기 〉

해설 ③ That → It (명암을 나타내는 비인칭 주어)
⑤ 가리키는 대상이 복수일 때는 부정대명사 ones를 쓴다.

---

23 I called her yesterday. / Yesterday, I called her.

목표 〈 인칭대명사 활용하여 영작하기 〉

해설 'I(주격) + called(동사) + her(목적격)' 순으로 배열한다.

해석 나는 어제 그녀에게 전화했다.

---

24 He talked about himself.

목표 〈 인칭대명사 활용하여 영작하기 〉

해설 'He(주격) + talked(동사) + about(전치사) + himself(재귀대명사)' 순으로 배열한다.

해석 그는 자신에 대해 이야기했다.

---

25 Will it be cold tomorrow?

목표 〈 비인칭 주어 활용하여 영작하기 〉

해설 춥다. → It is cold. / 추울 것이다. → It will be cold.
날씨는 구체적으로 계획된 것이 아니므로 미래시제 표현 be going to와 will 중에서 보통 will을 사용하여 나타낸다.

---

26 This towel is dirty. I need a new one.

목표 〈 부정대명사 활용하여 영작하기 〉

해설 '새것'은 앞서 언급된 '이 수건'과 일치하지 않고 종류만 같으므로 부정대명사 one을 사용해 나타낸다.

---

27 Are these shoes yours? / Are these your shoes?

목표 〈 인칭대명사가 들어간 대화 완성하기 〉

해설 B가 말한 mine은 A의 입장에서는 yours이다.

해석 A: 이 신발은 너의 것이니? / B: 응, 나의 것이야.

---

28 Is this computer Joe's? / It this Joe's computer?

목표 〈 인칭대명사가 들어간 대화 완성하기 〉

해설 his = Joe's, Joe's computer

해석 A: 이 컴퓨터는 Joe의 것이니? / B: 응, 그의 것이야.

---

29 1) It → He 2) myself → himself

목표 〈 대명사의 어법성 판단하기 〉

해설 1) Jimmy는 사람이므로 주격 대명사(남성) He를 쓴다.
2) 주어 he와 함께 쓰이는 재귀대명사는 himself이다.

해석 Jimmy는 내 아들이다. 그는 6살이다. 매일 아침, 나는 그를 깨운다. 그런 다음, 그는 스스로 옷을 입는다.

---

30 1) There → It 2) it → one

목표 〈 비인칭 주어, 부정대명사의 어법성 판단하기 〉

해설 1) 기온, 날씨를 나타낼 때 비인칭 주어 It을 쓴다.
2) it은 내 여동생이 산 바로 그 스웨터, one은 여동생이 산 것과는 다른 스웨터를 가리킨다.

해석 12월에는 아주 춥다. 나는 겨울 옷이 좀 필요하다. 내 여동생은 새 스웨터를 샀다. 나도 (스웨터) 하나를 살 것이다.

■ sweater 스웨터

감각 UP! 리뷰 테스트　　p. 78

01 ③　**02** ⑤　**03** ④　**04** can　**05** ②　**06** ③
07 may not want　**08** ⑤　**09** ③　**10** must
11 ①　**12** ②　**13** ②　**14** has to carry　**15** ③
16 should

01　③
목표　〈 조동사 문장의 형태 파악하기 〉
해설　can의 부정형: cannot [can't]
can의 과거형: could
could의 부정형: could not [couldn't]

02　⑤
목표　〈 조동사 문장의 형태 판단하기 〉
해설　can 의문문: Can + 주어 + 동사원형 ~?
조동사는 동사원형과 함께 쓰인다.

03　④
목표　〈 조동사의 의미 파악하기 〉
해설　④ 허락의 뜻 (~해도 된다)
①, ②, ③, ⑤ 능력의 뜻 (~할 수 있다)

해석　① 그 소녀는 알파벳을 읽을 줄 안다.
② 그는 플루트를 연주할 수 있다.
③ 그들은 오늘 밤에 올 수 없다.
④ 내가 너의 컴퓨터를 빌려도 되니?
⑤ 너는 그 무지개가 보이니?

■　**alphabet** 알파벳　**flute** 플루트

04　can
목표　〈 의미에 맞는 조동사 쓰기 〉
해설　조동사 can: 능력의 뜻 (~할 수 있다, ~할 줄 안다)

05　②
목표　〈 의미에 맞는 조동사 판단하기 〉
해설　조동사 may: 추측의 뜻 (~일지도 모른다)
조동사는 동사원형과 함께 쓴다. (may rain)

해석　① 오늘 밤에는 비가 온다.
② 오늘 밤에 비가 올지도 모른다.
③ 오늘 밤에 비가 올 것이다.
④ 오늘 밤에 비가 오고 있다.
⑤ 오늘 밤에 비가 왔다.

06　③
목표　〈 조동사 의문문에 알맞은 대답 고르기 〉
해설　May I ~? → Yes, you may. / No, you may not.
의문문과 대답에는 같은 조동사가 들어가며, I를 주어로 질문한
경우 반대로 상대방의 입장에서 you를 주어로 대답한다.

해석　A: 내가 저녁 식사를 너와 함께 해도 될까? / B: 응, 그래.

07　may not want
목표　〈 조동사 부정문 영작하기 〉
해설　may 부정문: 주어 + may + not + 동사원형
may의 부정형 may not은 축약형이 없다는 점에 유의하자.

08　⑤
목표　〈 조동사의 의미 파악하기 〉
해설　⑤ 추측의 뜻 (~임에 틀림없다)
①~④ 의무의 뜻 (~해야 한다)

해석　① 지혜는 교복을 입어야 한다.
② 그들은 그들의 휴대폰을 꺼야 한다.
③ 우리는 빨간불에 멈춰야 한다.
④ 너는 내일 늦으면 안 된다.
⑤ 그 열쇠는 집에 있는 것이 틀림없다.

09　③
목표　〈 조동사 문장을 부정문으로 바꾸기 〉
해설　추측: must (~임에 틀림없다) ↔ cannot (~일 리 없다)
의무: must (~해야 한다) ↔ must not (~하면 안 된다)
조동사의 부정형은 뜻에 따라 형태가 달라지므로 유의하자.

해석　① 태우는 지금 학교에 없다.
② 태우는 지금 학교에 없었다.
③ 태우는 지금 학교에 있을 리 없다.
⑤ 태우는 지금 학교에 있어서는 안 된다.

10　must
목표　〈 의미에 맞는 조동사 쓰기 〉
해설　조동사 must: 추측의 뜻 (~임에 틀림없다)

11　①
목표　〈 조동사 문장의 형태 판단하기 〉
해설　We (3인칭 단수 X) + have to + 동사원형
You (3인칭 단수 X) + don't + have to + 동사원형

해석　• 우리는 지금 가야 한다. / • 너는 7시에 일어나지 않아도 된다.

---

12 ②

목표 〈 조동사의 알맞은 형태 고르기 〉
해설 ② She (3인칭 단수 O) + has to
조동사 have to는 주어가 3인칭 단수일 때 긍정형은 has to, 부정형은 doesn't have to로 형태가 변한다.
①, ③ You, I (3인칭 단수 X) + have to
④ He (3인칭 단수 O) + doesn't + have to
⑤ We (3인칭 단수 X) + don't + have to

해석 ① 너는 헬멧을 써야 한다.
② 그녀는 그녀의 부모님께 전화해야 한다.
③ 나는 새 안경을 사야 한다.
④ 그는 이것의 값을 지불하지 않아도 된다.
⑤ 우리는 레슨을 받지 않아도 된다.

13 ②

목표 〈 조동사 부정문의 형태 판단하기 〉
해설 주어 (3인칭 단수 X) + don't + have to + 동사원형
I는 3인칭 단수가 아니므로 부정문에서 have to 앞에 don't를 쓴다. can, may 등의 다른 조동사는 뒤에 not을 넣어 부정형을 만드는 반면, have to는 조동사 앞에 don't/doesn't를 넣어 부정형을 만든다.

해석 나는 공항에 가지 않아도 된다.

14 has to carry

목표 〈 조동사 문장 만들기 〉
해설 주어 (3인칭 단수) + has to + 동사원형
주어가 3인칭 단수일 때는 have to 대신 has to를 쓴다.

15 ③

목표 〈 조동사 문장의 형태 판단하기 〉
해설 긍정문: 주어 + should + 동사원형
부정문: 주어 + should not + 동사원형
조동사는 동사원형과 함께 쓴다는 점을 기억하자.

16 should

목표 〈 의미에 알맞은 조동사 쓰기 〉
해설 조동사 should: 충고의 뜻 (~하는 것이 좋겠다)

■ see a doctor 진찰을 받다

 실력 UP! 실전 테스트   p. 80

01 ①	02 ⑤	03 ④	04 ①	05 ②	06 ⑤
07 ①	08 ③	09 ③	10 ⑤	11 ④	12 ②
13 ⑤	14 ①	15 ④	16 ②	17 ②	18 ④
19 ③	20 ①	21 ⑤	22 ④		

23 Can he play the piano? **24** You don't have to wait. **25** You must wash your face.
26 She may not like the gift. **27** Yes, you may.
28 No, you don't (have to). **29** 1) don't can → cannot [can't] 2) has → have
30 You should take your umbrella.

01 ①

목표 〈 의미에 맞는 조동사 고르기 〉
해설 조동사 can: 능력의 뜻 (~할 줄 안다)
조동사 may: 추측의 뜻 (~일지 모른다)
조동사 must: 추측의 뜻 (~임에 틀림없다)

02 ⑤

목표 〈 의미에 맞는 조동사 고르기 〉
해설 조동사 have to: 의무의 뜻 (~해야 한다)
조동사 should not: 충고의 뜻 (~하지 않는 게 좋겠다)
조동사 may: 허락의 뜻 (~해도 된다)

03 ④

목표 〈 조동사의 의미 파악하기 〉
해설 보기의 can은 '~할 줄 안다'라는 능력의 뜻을 나타낸다.
①~③ 허락의 뜻 (~해도 된다)
⑤ 요청의 뜻 (~해 주겠니?)

해석 [보기] Ben은 수영할 줄 안다.
① Julie는 내 집에서 지내도 된다. / ② 그들은 지금 집에 가도 된다.
③ 너는 너의 휴대폰을 쓰면 안 된다. / ④ 그들은 한국어를 할 줄 아니?
⑤ 너는 TV를 꺼줄 수 있니?

04 ①

목표 〈 조동사의 의미 파악하기 〉
해설 보기의 may는 '~일지도 모른다'라는 추측의 뜻을 나타낸다.
②~⑤ 허락의 뜻 (~해도 된다)

해석 [보기] 내일 눈이 올지도 모른다.
① 그녀는 아플지도 모른다.
② 너는 내 연필을 빌려도 된다.
③ 너는 여기서 사진을 찍으면 안 된다.
④ 내가 내 친구를 데려와도 되니?
⑤ 내가 너의 차를 내일 사용해도 되니?

05 ②
목표 〈 조동사 문장의 시제 판단하기 〉
해설 ①, ④ could: can의 과거형
③, ⑤ had to: have to의 과거형
해석 ① 그녀는 노래를 아주 잘 부를 수 있었다.
② 너는 태국 음식을 요리할 줄 안다.
③ 그들은 일요일에 출근해야 했다.
④ 그는 3개국어를 할 줄 알았다.
⑤ 나는 경찰에 연락해야 했다.

06 ⑤
목표 〈 조동사의 알맞은 형태 판단하기 〉
해설 I, They (3인칭 단수 X) + have to
We (3인칭 단수 X) + don't + have to
He (3인칭 단수 O) + doesn't + have to
She (3인칭 단수 O) + has to
해석 [보기] 나는 이 책을 반납해야 한다.
① 나는 오늘 밤에 시험 공부를 해야 한다.
② 그들은 매일 그 개를 산책시켜야 한다.
③ 우리는 선물을 사지 않아도 된다.
④ 그는 그의 이름을 쓰지 않아도 된다.
⑤ 그녀는 오늘 그 티켓을 사야 한다.

07 ①
목표 〈 조동사 문장의 어법성 판단하기 〉
해설 must are → must be
조동사는 동사원형과 함께 쓰인다.
ⓑ 조동사는 의문문에서 주어 앞에 온다.
ⓒ, ⓔ 조동사 뒤에는 동사원형을 쓴다.
ⓓ 의문문과 대답은 같은 조동사를 쓴다.
해석 A: 너는 아주 춥겠다.
B: 추워. 내가 너의 담요를 빌려도 될까?
A: 응, 그래도 돼. 여기 있어.
B: 고마워. 나는 다음에 내 것을 가져오는 게 좋겠다.

08 ③
목표 〈 조동사 문장의 어법성 판단하기 〉
해설 don't must → must not
조동사 중 don't를 써서 부정형을 만드는 것은 have to이다.
I has to → I have to
주어가 3인칭 단수일 때에만 has to로 형태가 바뀐다.
해석 • 그 소년은 조심해야 한다.
• 너는 그 방에 들어가면 안 된다.
• Hailey는 그 아기를 돌보아야 한다.
• 나는 이 책을 월요일까지 읽어야 한다.
• 너는 다른 사람들에게 거짓말하지 말아야 한다.

09 ③
목표 〈 조동사 문장의 어법성 판단하기 〉
해설 ③ you must not → you should not [shouldn't]
질문에 사용된 조동사를 그대로 받아서 대답한다.
해석 ① A: 내가 그 파티에 가도 될까? / B: 응, 그래도 돼.
② A: 내가 화장실을 써도 될까? / B: 응, 그래도 돼.
③ A: 내가 창문을 여는 게 좋을까? / B: 아니, 그러지 않는 게 좋겠다.
④ A: 내가 이것을 오늘 끝내야 하니? / B: 아니, 그러지 않아도 돼.
⑤ A: 내가 사전을 사용해도 되니? / B: 아니, 그러면 안 돼.
■ dictionary 사전

10 ⑤
목표 〈 조동사 문장 만들기 〉
해설 I can't find my wallet.
can 부정문: 주어 + cannot [can't] + 동사원형
평서문에서 조동사는 일반동사 앞에 위치한다.

11 ④
목표 〈 조동사 문장 만들기 〉
해설 Ken had to solve the problem.
have to 과거시제 긍정문: 주어 + had to + 동사원형

12 ②
목표 〈 조동사 긍정문을 부정문으로 바꾸기 〉
해설 I (3인칭 단수 X) + don't + have to + 동사원형
해석 Lauren은 버스를 타야 한다.

13 ⑤
목표 〈 조동사 평서문을 의문문으로 바꾸기 〉
해설 Should + 주어 + 동사원형 ~?
해석 너는 이 신발을 사는 게 좋겠다.

14 ①
목표 〈 조동사 문장의 어법성 판단하기 〉
해설 ⓒ You are must → You must
ⓓ I don't can → I cannot [can't]
해석 ⓐ 너는 너의 교과서를 가지고 와야 한다.
ⓑ Mark는 밤에 나에게 전화하지 말아야 한다.
ⓒ 너는 안전벨트를 매야 한다.
ⓓ 나는 이 질문에 대답할 수 없다.
■ fasten 매다   seat belt 안전벨트

15 ④
목표 〈 조동사 문장의 어법성 판단하기 〉
해설 ⓓ She have to → She has to
She는 3인칭 단수 주어이므로 have의 형태가 has로 바뀐다.
해석 ⓐ Nick은 잠을 잘 잘 수 없었다.
ⓑ 나는 내일 너를 보지 못 할지도 모른다.
ⓒ 우리는 최선을 다해야 한다. / ⓓ 그녀는 이를 닦아야 한다.

16 ②
목표 〈 조동사 문장의 형태 파악하기 〉
해설 주어 + should + 동사원형

해석 A: 오늘은 (날씨가) 맑다.
B: 너는 선글라스를 끼는 것이 좋겠다.

17 ②
목표 〈 조동사 문장의 형태 파악하기 〉
해설 주어 + have to + 동사원형

해석 A: 우리는 오늘 숙제가 있니?
B: 응, 우리는 이 책을 읽어야 해.

18 ④
목표 〈 조동사 문장의 형태 파악하기 〉
해설 ⓑ don't should (X) don't have to (O)
should의 부정형은 should not이므로 don't와 함께 쓸 수 없다.
ⓔ Should you a teacher? (X)
조동사만 있고 동사가 없어서 문장이 성립되지 않는다.

해석 ⓐ 너는 겨울 재킷을 입는 게 좋겠다.
ⓑ 우리는 그 차를 직접 고치지 않아도 된다.
ⓒ 그는 더 모험적이면 좋겠다.
ⓓ 너는 복도에서 뛰지 말아야 한다.

■ adventurous 모험적인   hallway 복도

19 ③
목표 〈 조동사 문장 부정문/의문문으로 바꾸기 〉
해설 must (~임에 틀림없다) ↔ cannot (~일 리 없다)
must (~해야 한다) ↔ must not (~하면 안 된다)

해석 ① Ted는 중국어를 할 줄 안다.
② 너는 물을 마셔도 된다. / ③ Tina는 나에게 화가 난 게 틀림없다.
④ 나는 메시지를 보내는 게 좋겠다. / ⑤ 그들은 집에 있어야 한다.

■ Chinese 중국어

20 ①
목표 〈 조동사 문장의 어법성 판단하기 〉
해설 ① can bakes → can bake
조동사 뒤에는 동사원형을 쓴다.

해석 ① Megan은 케이크를 구울 수 있다.
② 너는 새에게 먹이를 주면 안 된다.
③ 우리는 Jane을 초대하지 않을지도 모른다.
④ Tony는 그의 휴대폰을 찾아야 한다.
⑤ (제가) Steven과 통화해도 될까요?

21 ⑤
목표 〈 조동사 문장 영작하기 〉
해설 ⑤ can → should
조동사 should: 충고의 뜻 (~하는 게 좋겠다)
조동사 can: 능력/허락의 뜻 (~할 수 있다, ~해도 된다)

22 ④
목표 〈 조동사 문장의 어법성 판단하기 〉
해설 ④ 조동사 뒤에는 동사원형을 쓴다.

해석 ① 나는 생일 케이크를 만들 수 있다.
② 우리는 풍선을 좀 사야 한다. / ③ 우리는 7시까지 준비해야 한다.
④ 우리는 게임을 할지도 모른다. / ⑤ 우리는 좋은 선물을 사야 한다.

23 Can he play the piano?
목표 〈 조동사 의문문 영작하기 〉
해설 can 의문문: Can + 주어 + 동사원형 ~?

해석 그는 피아노를 칠 줄 아니?

24 You don't have to wait.
목표 〈 조동사 부정문 영작하기 〉
해설 have to 부정문: 주어 + don't + have to + 동사원형

해석 너는 기다리지 않아도 된다.

25 You must wash your face.
목표 〈 조동사 긍정문 영작하기 〉
해설 조동사 must: 강한 의무의 뜻 (~해야 한다)

26 She may not like the gift.
목표 〈 조동사 부정문 영작하기 〉
해설 조동사 may not: 추측의 뜻 (~이 아닐지 모른다)

27 Yes, you may.
목표 〈 조동사 의문문에 답하기 〉
해설 질문에 쓰인 조동사 may를 그대로 쓰되, 주어만 바꾼다.

해석 A: 내가 창문을 열어도 될까? / B: 응, 그래도 돼.

28 No, you don't (have to).
목표 〈 조동사 의문문에 답하기 〉
해설 질문에 쓰인 조동사 have to를 그대로 쓰되, 일반동사 의문문에 대답할 때처럼 don't까지만 쓸 수도 있다.

해석 A: 나는 지금 가방을 싸야 하니? / B: 아니, 그러지 않아도 돼.

29 1) don't can → cannot [can't] 2) has → have
목표 〈 조동사 문장의 어법성 판단하기 〉
해설 I는 3인칭 단수 주어가 아니므로 have to를 쓴다.

해석 나는 내 다리를 다쳤다. 나는 걸을 수 있나? 아니. 나는 걷거나 뛰지 못 한다. 나는 병원에 가야 한다. 나는 더 조심해야 한다.

30 You should take your umbrella.
목표 〈 문맥에 맞는 조동사 문장 영작하기 〉
해설 조동사 should: 충고/제안의 뜻 (~하는 게 좋겠다)

해석 나: Joe, 오늘은 비 오는 날씨야. 너는 우산을 가져가는 게 좋겠다.

감각 UP! 리뷰 테스트   **p. 92**

01 ④　**02** ④　**03** ③　**04** ①
05 The weather is hot.　**06** ⑤　**07** ④　**08** ⑤
09 ②　**10** always　**11** ③　**12** ③　**13** ①
14 ⑤　**15** ④　**16** the biggest

01　④
목표　〈 형용사의 한정적 용법 이해하기 〉
해설　빈칸에는 명사 bag을 꾸며주는 형용사가 필요한데, softly는 부사이므로 빈칸에 들어갈 수 없다.

02　④
목표　〈 형용사의 서술적 용법 이해하기 〉
해설　형용사는 동사 뒤에서 주어를 설명하기도 하는데, nicely는 부사이므로 빈칸에 들어갈 수 없다. lovely는 -ly로 끝나기 때문에 부사로 혼동하기 쉬운 형용사이다.

03　③
목표　〈 형용사의 한정적 용법 이해하기 〉
해설　③ a flower beautiful → a beautiful flower
형용사는 명사 앞에서 명사를 수식한다.

04　①
목표　〈 감각동사, 상태동사 문장의 어법성 판단하기 〉
해설　① tastes well → tastes good
감각동사나 상태동사는 형용사와 함께 쓰인다. 참고로 good과 well은 서로 모양이 완전히 다른 형용사와 부사이지만, 비교급과 최상급은 better, best로 같다.

해석　① 그 초콜릿 케이크는 맛있다.
② 그 치킨은 맛있는 냄새가 난다.
③ 그 이야기는 흥미롭게 들리지 않는다.
④ 민호와 나는 호기심이 생겼다.
⑤ 너는 목이 마르니?

05　The weather is hot.
목표　〈 형용사의 서술적 용법 영작하기 〉
해설　형용사의 서술적 용법: 주어 + 동사 + 형용사

해석　날씨가 덥다.

06　⑤
목표　〈 부사의 뜻 판단하기 〉
해설　일반적으로 부사는 형용사에 -ly를 붙여서 만들지만, 형용사 '어려운'과 부사 '열심히'는 모두 hard로 쓴다. hard에 -ly를 붙이면 '거의 ~하지 않는다'라는 다른 뜻의 부사가 된다.

07　④
목표　〈 부사의 위치 판단하기 〉
해설　부사는 형용사, 동사, 부사 또는 문장 전체를 수식한다. 이 경우에는 '너무'가 '피곤했다'를 강조하므로 부사 too가 형용사 tired를 수식하게 되는데, 부사가 형용사나 다른 부사를 수식하는 경우 그 단어 바로 앞에 위치한다.

08　⑤
목표　〈 부사의 쓰임 판단하기 〉
해설　부사가 형용사나 다른 부사를 수식하는 경우에는 수식하는 단어 바로 앞에 위치한다.

해석　태민과 태희는 영어를 아주 잘한다.

09　②
목표　〈 부사의 쓰임 판단하기 〉
해설　②의 밑줄 친 부분은 명사 앞이나 동사 뒤가 아니므로 형용사가 아니라 부사가 들어갈 자리이다. 부사 nervously는 동사 waited를 꾸며준다.
①, ③ 동사 수식 / ④, ⑤ 문장 전체 수식

해석　① 그녀는 친절하게 전화를 받았다.
② 나는 초조하게 그 소식을 기다렸다.
③ 그들은 오늘 늦게 도착했다.
④ 운 좋게도 나는 내 지갑을 찾았다.
⑤ 마침내 우리는 경기를 이겼다.

10　always
목표　〈 의미에 맞는 빈도부사 쓰기 〉
해설　'항상'을 뜻하는 빈도부사는 always이다. 빈도부사는 be동사/조동사 뒤 또는 일반동사 앞에 위치한다.

11　③
목표　〈 비교급 만드는 규칙 이해하기 〉
해설　cold, short, cheap, strong은 1음절 단어로 비교급을 만들 때 단어 뒤에 -er을 붙인다. dangerous는 3음절이므로 'more + 형용사'의 형태로 비교급을 만든다. (more dangerous)

※ 음절이란?
말소리의 단위로서 모음을 기준으로 한다. (dangerous는 'dan-ger-ous'의 3개 단위로 끊어지기 때문에 3음절로 본다.)

12　③
목표　〈 원급-비교급-최상급 형태 이해하기 〉
해설　③ bad - worse - worst (불규칙 변화)
② heavy: [자음 + y]로 끝나는 형용사
④ good: 불규칙 변화
⑤ popular: 3음절 형용사

13 ①
목표 〈 원급, 최상급의 알맞은 형태 고르기 〉
해설 원급 비교 구문: as + 형용사/부사 원급 + as
최상급 구문: the + 형용사/부사 최상급
as와 as 사이에는 원급, the 뒤에는 최상급이 온다.

해석 • 그 나무는 나의 할아버지만큼 나이가 많다.
• 그는 세계에서 가장 부유하다.

14 ⑤
목표 〈 원급, 비교급, 최상급 문장의 어법성 판단하기 〉
해설 ⑤ the most youngest → the youngest
young은 1음절이므로 most를 쓰는 대신 -est가 붙는다.

해석 ① 그 가로등은 그 집만큼 높다.
② 내 여동생은 너보다 나이가 많다.
③ 그 시험은 작년 시험보다 어려웠다.
④ Blake는 그 팀에서 가장 약하다.
⑤ Demi는 내 가족 중에서 가장 어리다.

■ streetlight 가로등

15 ④
목표 〈 비교급 문장 영작하기 〉
해설 비교급 구문: 비교급 + than
brave (-e로 끝나는 단어) + r = braver (비교급)

16 the biggest
목표 〈 최상급 문장 영작하기 〉
해설 최상급 구문: the + 최상급 + 명사
big은 [단모음 + 단자음]으로 끝나는 단어이므로 최상급을 만들 때 자음을 하나 추가한 다음 -est를 붙인다. (biggest)

 실력 UP! 실전 테스트   p. 94

01 ①	02 ⑤	03 ②	04 ③	05 ④	06 ①
07 ③	08 ③	09 ①	10 ③	11 ⑤	12 ④
13 ④	14 ②	15 ⑤	16 ①	17 ⑤	18 ③
19 ③	20 ②	21 ③	22 ③		

23 are slower than rabbits **24** are bigger than dolphins **25** I read the letter happily. / I happily read the letter. **26** The book is as interesting as the movie. **27** comfortably → comfortable **28** hardly → hard **29** 1) more points than 2) the most points **30** 1) was always sunny 2) never snowed

---

01 ①
목표 〈 형용사와 비교 구문의 형태 판단하기 〉
해설 형용사 + 명사 = a simple question
as + 원급 + as = as cold as
the + 최상급 + 명사 = the tallest building
(tall은 1음절이므로 -est를 붙여서 최상급을 만든다.)

해석 • 이것은 간단한 문제이다.
• 너의 손은 얼음만큼 차갑다.
• 그것은 그 도시에서 가장 높은 건물이다.

02 ⑤
목표 〈 형용사와 비교 구문의 형태 판단하기 〉
해설 형용사 + 명사 = healthy food
비교급 + than = higher than
the + 최상급 + 명사 = the best cook
(good의 원급-비교급-최상급: good-better-best)

해석 • 나는 몸에 좋은 음식을 많이 먹는다.
• 그 비행기는 그 구름들보다 높이 날았다.
• 그녀는 그 레스토랑에서 가장 훌륭한 요리사였다.

03 ②
목표 〈 형용사, 부사의 형태 파악하기 〉
해설 [보기] beautiful (형용사) - beautifully (부사)
② love (명사) - lovely (형용사)
형용사 lovely는 -ly가 붙기 때문에 부사로 혼동하기 쉽다. ⑤의 early의 경우 형용사와 부사의 형태가 같다.

04 ③
목표 〈 원급, 비교급의 형태 파악하기 〉
해설 [보기] great (원급) - greater (비교급)
③ worse (비교급) - worst (최상급)
(bad/ill의 원급-비교급-최상급: bad/ill-worse-worst)

05 ④

목표 〈 형용사의 위치 판단하기 〉

해설 an expensive bag / The bag is very expensive.
형용사는 명사 앞에서 명사를 수식하거나, 동사 뒤에서 주어를 설명한다. very는 형용사를 수식하는 부사로 형용사 앞에 온다.

해석 • 그것은 비싼 가방이다. / • 그 가방은 아주 비싸다.

06 ①

목표 〈 형용사와 비교 구문의 형태 판단하기 〉

해설 ⓐ 형용사 + 명사 = a big house
ⓑ as + 원급 + as = as big as
ⓒ 비교급 + than = bigger than
ⓓ the + 최상급 + 명사 = the biggest festival

해석 ⓐ 우리는 큰 집에서 산다. / ⓑ 오렌지는 수박만큼 크지 않다.
ⓒ 내 셔츠는 너의 것보다 크다. / ⓓ 그것은 세계에서 가장 큰 축제이다.

07 ③

목표 〈 비교급, 최상급의 형태 판단하기 〉

해설 ③ the + most popular (최상급) + girl (명사)
①, ④, ⑤ more 형용사 (비교급) + than
② more (many의 비교급) + books (명사) + than

해석 ① 나에게 미술은 과학보다 어렵다.
② 나는 너보다 더 많은 책을 읽는다.
③ Becky는 학교에서 가장 인기 있는 소녀다.
④ 건강은 돈보다 중요하다.
⑤ 너는 지난번보다 더 조심해야 한다.

08 ③

목표 〈 형용사와 부사 구분하기 〉

해설 ③ weekly meeting → 명사를 꾸미는 형용사
⑤ studied hard → 동사를 꾸미는 부사

해석 ① 유감스럽게도 그들은 집에 없었다.
② 그는 그 정답을 쉽게 찾지 못 했다.
③ 나는 우리의 주간(주마다 하는) 회의에 늦었다.
④ 그 남자는 조용히 통화를 했다.
⑤ 민주는 시험을 위해 열심히 공부했다.

09 ①

목표 〈 비교 표현의 어법성 판단하기 〉

해설 hoter → hotter / most fastest → fastest
flew highly → flew high / as better as → as well as

해석 • 날씨가 월요일보다 덥다. / • Karen은 예쁜 스카프를 매고 있다.
• 그는 가장 빠른 주자였다. / • 그 새는 하늘 높이 날았다.
• 나는 너만큼 노래를 잘하지 않는다.

10 ③

목표 〈 형용사/부사와 비교 구문의 형태 판단하기 〉

해설 ③ be동사와 일반동사는 특수한 경우(진행형, 수동태)를 제외하고는 같이 쓰이지 않는다. (Ryan sings beautifully.)

11 ⑤

목표 〈 감각동사, 상태동사의 쓰임 이해하기 〉

해설 ⑤ became coldly → became cold
감각동사와 상태동사는 형용사와 함께 쓰인다.

12 ④

목표 〈 빈도부사의 위치 판단하기 〉

해설 ⓓ Tim always gets up at seven.
빈도부사는 be동사/조동사 뒤, 일반동사 앞에 쓰인다.

해석 ⓐ 나는 보통 방과 후에 내 숙제를 한다.
ⓑ 우리는 종종 함께 설거지를 한다.
ⓒ Marie는 절대 모자를 쓰지 않는다.
ⓓ Tim은 항상 7시에 일어난다.

13 ④

목표 〈 형용사/부사, 비교급의 어법성 판단하기 〉

해설 ⓓ interestingly → interesting
be동사, 감각동사, 상태동사는 형용사와 함께 쓰이고, 일반동사는 부사와 함께 쓰인다. 이 경우 be동사(is) 뒤이므로 형용사다.

해석 A: 너는 축구를 정말 좋아하는구나. 그것은 재미있니?
B: 응, 그래. 나는 종종 내 친구들과 축구를 해.
A: 나의 경우에는 테니스가 축구보다 더 흥미로워.
B: 테니스도 신나는 스포츠지.

14 ②

목표 〈 형용사, 부사의 활용 이해하기 〉

해설 ② happy very → very happy
형용사를 꾸미는 부사는 형용사 앞에 위치한다.

해석 ① 그녀는 작은 강아지를 가지고 있다.
② 그는 아주 기쁘다.
③ 그 선생님은 화나서 말씀하셨다.
④ 그들은 열심히 일했다.
⑤ 마침내 그들은 한국에 왔다.

15 ⑤

목표 〈 최상급 문장 완성하기 〉

해설 the + 최상급 [most + 형용사] + 명사

해석 그것은 그 정원에서 가장 아름다운 꽃이다.

16 ①

목표 〈 형용사 활용한 문장의 어법성 판단하기 〉

해설 ② hungrily → hungry (감각동사 + 형용사)
③ well → good (be동사 + 형용사)
④ hungrier → hungry (감각동사 + 형용사)
⑤ pie delicious → delicious pie (형용사 + 명사)

해석 A: 나는 오늘 점심 식사를 하지 않았어.
① 너는 틀림없이 배고프겠다. / ② 너는 배고파 보여.
③ 내가 내 음식을 나눠줄 수 있어. 그것은 맛있어. / ④ 나도 배고파.
⑤ 나는 너에게 맛있는 파이를 줄게.

17 ⑤

목표 〈 비교 표현의 의미 파악하기 〉

해설 ⑤ Dad is the tallest in my family.

= Mom isn't taller than Dad. / Dad is taller than Mom.

해석 ① Emma는 새 차를 가지고 있다. 그녀의 차는 오래되지 않았다.
② 그 음악은 좋게 들린다. 그것은 나쁘게 들리지 않는다.
③ 봄은 겨울보다 따뜻하다. 겨울은 봄보다 춥다.
④ 내 가방은 너의 것보다 더 무겁다. 너의 가방은 내 것보다 더 가볍다.
⑤ 아빠는 나의 가족 중에서 가장 키가 크다. / 엄마는 아빠보다 크다.

---

18 ③

목표 〈 형용사/부사의 어법성 판단하기 〉

해설 ③ 부사 carefully = 형용사 careful + ly

해석 ① 그 방은 깨끗하지 않다.
② Irene은 우리와 가까이 산다.
③ Harry는 그 꽃병을 조심스럽게 옮겼다.
④ 나는 절대 수업에 늦지 않는다.
⑤ Alice는 Ben보다 친절하다.

■ vase 꽃병

---

19 ③

목표 〈 형용사/부사, 비교급, 최상급 영작하기 〉

해설 ③ most famous → the most famous

---

20 ②

목표 〈 비교 표현의 의미 파악하기 〉

해설 ② shorter → longer

해석 ① Tara의 휴가는 Sam의 것보다 짧다.
② Sam의 휴가는 Tara의 것보다 짧다.
③ Alex의 휴가는 Sam의 것보다 길다.
④ Tara는 가장 짧은 휴가를 갖는다.
⑤ Alex는 가장 긴 휴가를 갖는다.

---

21 ③

목표 〈 빈도부사 문장의 의미 파악하기 〉

해설 ③ often went → never went

해석 ① 민수는 항상 체육관에 갔다.
② 유라는 가끔 체육관에 갔다.
③ 진호는 자주 체육관에 갔다.
④ 유라는 항상 체육관에 있지는 않았다.
⑤ 진호는 절대 체육관에 있지 않았다.

---

22 ③

목표 〈 비교 표현의 의미 파악하기 〉

해설 ③ The pasta is cheaper than the pizza.

해석 ① 그 파스타는 가장 가격이 싸다.
② 그 스테이크는 가장 가격이 비싸다.
③ 그 피자는 그 파스타보다 더 싸다.
④ 그 파스타는 가장 인기 있는 요리다.
⑤ 그 스테이크는 가장 인기 없는 요리다.

---

23 are slower than rabbits

목표 〈 비교급 문장 영작하기 〉

해설 slow의 비교급 + than = slower than

해석 토끼는 거북이보다 빠르다.

---

24 are bigger than dolphins

목표 〈 비교급 문장 영작하기 〉

해설 big의 비교급 + than = bigger than

big은 [단모음 + 단자음]으로 끝나는 단어이므로 비교급을 만들 때 자음(g)을 한 번 더 쓴 다음 -er을 붙인다.

해석 돌고래는 고래보다 작다.

---

25 I read the letter happily. / I happily read the letter.

목표 〈 부사 활용해 문장 영작하기 〉

해설 happy의 부사형 = happily (기쁘게)

동사를 수식하는 부사는 동사 앞이나 문장 뒤에 쓸 수 있다.

---

26 The book is as interesting as the movie.

목표 〈 원급 비교 문장 영작하기 〉

해설 원급 비교 구문: as + 형용사 원급 + as (…만큼 ~한)

---

27 comfortably → comfortable

목표 〈 형용사의 어법성 판단하기 〉

해설 look은 감각동사로 형용사와 함께 쓰인다.

해석 나는 새 침대를 샀다. 그것은 편안해 보였다. 나는 어젯밤에 그 침대에서 잠을 잤다. 나는 기분이 좋았다.

---

28 hardly → hard

목표 〈 형용사/부사의 어법성 판단하기 〉

해설 hard는 형용사와 부사의 형태가 같으며, -ly가 붙으면 다른 뜻의 부사가 된다. (hard: 열심히, hardly: 거의 ~하지 않다)

해석 3월은 바쁜 달이었다. 나는 항상 많은 숙제가 있어서 아주 열심히 공부했다.

---

29 1) more points than 2) the most points

목표 〈 비교 표현 문장 영작하기 〉

해설 형용사 many의 비교급은 more, 최상급은 most이다.

해석 1) Wendy는 Marie보다 더 많은 점수를 얻었다.
2) Sally는 셋 중에서 가장 많은 점수를 얻었다.

---

30 1) was always sunny 2) never snowed

목표 〈 빈도부사 활용한 문장 영작하기 〉

해설 빈도부사는 be동사 뒤, 일반동사 앞에 들어간다.

해석 1) 지난주에는 항상 (날씨가) 맑았다.
2) 지난주에는 전혀 눈이 오지 않았다.

감각 UP! 리뷰 테스트 **p. 106**

01 ②　02 ④　03 ⑤　04 returned the bike yesterday　05 ①　06 ⑤　07 ②　08 sounds
09 ③　10 ③　11 ⑤　12 us　13 ①　14 ③
15 ③　16 find the story boring

01 ②
목표 〈 1형식과 3형식 문장 구조 이해하기 〉
해설 ② 형용사는 be동사, 감각동사, 상태동사와 함께 쓰인다.
①, ③ 주어 + 동사 + 목적어 (3형식)
④, ⑤ 주어 + 동사 + 수식어 (1형식)

02 ④
목표 〈 1형식과 3형식 문장 구별하기 〉
해설 ④ her clothes는 동사의 대상이 되는 목적어이다. (3형식) quickly, carefully, at seven, together는 동사를 보충 설명하는 수식어로서 문장 형식에 영향을 주지 않는다.
해석 ① 내 차는 빠르게 움직인다.
② 그녀는 주의 깊게 들었다.
③ 그 콘서트는 7시에 시작한다.
④ 그 가수는 그녀의 의상을 갈아입었다.
⑤ 우리는 함께 운동한다.

03 ⑤
목표 〈 3형식 문장 영작하기 〉
해설 3형식 문장: 주어(~은) + 동사(~한다) + 목적어(~을)

04 returned the bike yesterday
목표 〈 3형식 문장 영작하기 〉
해설 주어 뒤에 '동사 + 목적어 + 수식어' 순으로 배열한다.

05 ①
목표 〈 감각동사를 활용한 2형식 문장 만들기 〉
해설 look은 감각동사로 형용사와 함께 쓰인다.
① her sister: 명사(구)를 감각동사와 함께 쓰려면 명사 앞에 전치사 like를 붙여야 한다. (Emma looks like her sister.)

06 ⑤
목표 〈 1형식 문장과 2형식 문장 구별하기 〉
해설 ①, ③ 감각동사 + 형용사 (2형식)
② 감각동사 + like + 명사구 (2형식)
④ 상태동사 + 형용사 (2형식)
⑤ 동사 + 수식어구 (1형식)
■ sunflower 해바라기

07 ②
목표 〈 2형식 문장의 어법성 판단하기 〉
해설 ② was carefully → was careful
be동사 뒤에는 보어로 명사 또는 형용사가 쓰이므로 부사 carefully를 형용사 careful로 고쳐야 한다.
해석 ① 그것은 나비가 되었다.
② 민수는 조심스러웠다.
③ 윤지는 중학생이다.
④ 그 수프는 맛있는 냄새가 난다.
⑤ 우리는 안에서 안전하게 느낀다.

08 sounds
목표 〈 감각동사를 활용한 2형식 문장 완성하기 〉
해설 '들리다'라는 뜻의 감각동사 sound가 쓰인 2형식 문장으로 '주어 + 감각동사 + 형용사' 순서로 쓴다. 단, 주어가 3인칭 단수이므로 sound 뒤에 -s가 붙는다.

09 ③
목표 〈 3형식과 4형식 문장의 목적어 구별하기 〉
해설 ③의 me는 3형식 문장의 목적어인 반면(me + 부사구), 나머지 문장의 me는 4형식 문장의 간접목적어이다(me + 직접목적어).
해석 ① Nate는 나에게 선물을 사 주었다.
② 그녀는 나에게 비밀을 말해 주었다.
③ 아빠는 나를 학교까지 태워 주셨다.
④ Lisa는 나에게 사진을 보여 주었다.
⑤ 그는 나에게 좋은 아이디어를 주었다.

10 ③
목표 〈 4형식 문장 구조 판단하기 〉
해설 4형식 문장: 주어 + 동사 + 간접목적어 + 직접목적어
her: 간접목적어 (~에게) / the bad news: 직접목적어 (~을)
I는 주격, her는 목적격이므로 I는 주어, her는 목적어임을 알 수 있다.
해석 나는 그녀에게 그 나쁜 소식을 말해 주었다.

11 ⑤
목표 〈 4형식 문장을 3형식으로 전환하기 〉
해설 Jack gave some flowers to Marie. (3형식 문장)
두 목적어 Marie와 some flowers의 순서를 바꾸고, 간접목적어였던 Marie 앞에 전치사를 붙여서 수식어구로 만든다. give는 전치사 to와 함께 쓰이는 동사이다.
해석 Jack은 Marie에게 꽃을 좀 주었다.

※ 4형식 문장 → 3형식으로 전환하기
1) 간접목적어와 직접목적어의 순서를 바꾼다.
2) 간접목적어 앞에 알맞은 전치사를 넣는다. ('전치사 + 목적어'는 더 이상 문장 성분을 구성하지 않고 수식어로만 존재한다.)

12   us
목표 〈 4형식 문장 완성하기 〉
해설 4형식 문장에서 동사 뒤는 '~에게'를 뜻하는 간접목적어의 자리이다.

13   ①
목표 〈 4형식 문장과 5형식 문장 구별하기 〉
해설 ① 주어 + 동사 + 간접목적어 + 직접목적어 (4형식)
②~⑤ 주어 + 동사 + 목적어 + 목적격 보어 (5형식)
목적격 보어는 앞에 있는 목적어와 같은 대상을 가리키거나 목적어의 상태를 설명한다. make 같은 동사는 뒤에 어떤 말이 오는지에 따라 3형식, 4형식, 5형식 등으로 다양하게 활용할 수 있다는 점에 유의하자.

해석 ① 나는 그들에게 계란프라이를 좀 만들어 주었다.
② 그 담요는 그녀를 따뜻하게 만들었다.
③ 그의 농담은 나를 화나게 만들었다.
④ 그 선수들은 그를 주장으로 만들었다.
⑤ 그 TV 쇼는 그녀를 대스타로 만들었다.

14   ③
목표 〈 5형식 문장의 의미 파악하기 〉
해설 Kitty는 목적어 me를 보충 설명하는 목적격 보어이다.
My friends(주어) + called(동사) + me(목적어) + Kitty(목적격 보어) + in school(수식어)

해석 학교에서 내 친구들은 나를 Kitty라고 불렀다.

15   ③
목표 〈 5형식 문장의 의미 파악하기 〉
해설 목적어(the vegetables) 뒤에 목적어를 보충 설명하는 목적격 보어(fresh)가 쓰인 5형식 문장이다. keep, make, call, find 등은 5형식 문장에 자주 쓰이는 동사이므로 잘 기억해두자.

16   find the story boring
목표 〈 5형식 문장 영작하기 〉
해설 목적어(the story)를 보충 설명하는 목적격 보어(boring)가 쓰인 5형식 문장이므로 '주어 + 동사 + 목적어 + 목적격 보어' 순서로 배열한다.

실력 UP! 실전 테스트 **p. 108**

01 ②	**02** ⑤	**03** ③	**04** ④	**05** ③	**06** ⑤
07 ⑤	**08** ②	**09** ④	**10** ①	**11** ③	**12** ③
13 ④	**14** ②	**15** ③	**16** ①	**17** ④	**18** ⑤
19 ②	**20** ③	**21** ②	**22** ②		

23 Love brings happiness to you.   **24** He bought a doll for his daughter.   **25** The job sounds dangerous.   **26** I cooked Sam fried rice. / I cooked fried rice for Sam.   **27** my friends it → it to my friends   **28** butter → like butter   **29** sent Julie a message   **30** made Julie happy

---

01   ②
목표 〈 3형식 문장 구조 이해하기 〉
해설 동사 return 뒤에는 동사의 대상이 되는 목적어 또는 동사를 보충 설명하는 수식어가 올 수 있다.
3형식 문장: Dan returned the book. (the book = 목적어구)
1형식 문장: Dan returned to school. (to school = 수식어구)

02   ⑤
목표 〈 4형식 문장 구조 이해하기 〉
해설 give는 대표적인 4형식 수여동사로 동사의 대상이 되는 목적어 2개가 필요하다: 간접목적어(~에게), 직접목적어(~을)

03   ③
목표 〈 2형식 문장 구별하기 〉
해설 a soccer player는 주어를 설명하는 보어이다. (2형식)
be동사, 감각동사, 상태동사는 2형식 동사이다.
① 주어 + 동사 + 수식어 (1형식)
② 주어 + 동사 + 간접목적어 + 직접목적어 (4형식)
③ 주어 + 동사 + 보어 (2형식)
④ 주어 + 동사 + 수식어 (1형식)
⑤ 주어 + 동사 + 목적어 + 수식어 (3형식)

해석 [보기] 그는 축구 선수가 되었다.
① 우리는 매일 운동한다.
② 내 친구는 나에게 편지를 써 주었다.
③ Marie의 가족은 부유하다.
④ 나는 8시에 학교에 간다.
⑤ 그들은 숲에서 곰을 만났다.

04 ④

목표 〈 5형식 문장 고르기 〉

해설 sad는 목적어를 보충 설명하는 목적격 보어이다. (5형식)

① 주어 + 동사 + 목적어 + 수식어 (3형식)

② 주어 + 동사 + 목적어 + 수식어 (3형식)

③ 주어 + 동사 + 간접목적어 + 직접목적어 (4형식)

④ 주어 + 동사 + 목적어 + 목적격 보어 (5형식)

⑤ 주어 + 동사 + 목적어 + 수식어 (3형식)

해석 [보기] 그 영화는 나를 슬프게 만들었다.

① 나는 매일 아침 식사를 한다.

② 우리는 방과 후에 농구를 한다.

③ 그 선생님은 그들에게 이야기를 읽어 주었다.

④ 그 불은 우리를 따뜻하게 유지해 주었다.

⑤ 그는 그들을 위해 스파게티를 요리했다.

05 ③

목표 〈 4형식 문장 구조 판단하기 〉

해설 Josh's mother showed me his picture. (4형식)

me는 간접목적어로서 동사 뒤에 위치한다.

해석 Josh의 어머니는 나에게 그의 사진을 보여 주셨다.

06 ⑤

목표 〈 '감각동사 + 형용사'의 의미 이해하기 〉

해설 taste good = 좋은 맛이 나다 (맛있다)

07 ⑤

목표 〈 1형식과 3형식 문장 구조 이해하기 〉

해설 move는 4형식 문장을 만드는 수여동사가 아니므로 2개의 목적어가 들어간 ⑤는 빈칸에 들어갈 수 없다.

①, ③, ④ 주어 + 동사 + 수식어 (1형식)

② 주어 + 동사 + 목적어 (3형식)

08 ②

목표 〈 3형식, 4형식, 5형식 문장 구조 이해하기 〉

해설 made는 목적어를 필요로 하는 동사이므로 3, 4, 5형식 문장에서 쓰인다. ②는 목적어가 없으므로 적합하지 않다.

①, ③ 주어 + 동사 + 목적어 + 수식어 (3형식)

④ 주어 + 동사 + 목적어 + 목적격 보어 (5형식)

⑤ 주어 + 동사 + 간접목적어 + 직접목적어 (4형식)

09 ④

목표 〈 다양한 형식의 문장 어법성 판단하기 〉

해설 마지막 문장은 두 목적어의 순서를 바꾸거나(tell us the reason), us 앞에 전치사를 넣어 수식어구로 만들어야 한다(tell the reason to us).

해석 • 그 콘서트는 8시 반에 끝난다. / • Sam은 문을 두드렸다.

• 그녀의 얼굴은 붉게 변했다. / • 나는 그를 그의 방에 혼자 두었다.

• 그들은 우리에게 그 이유를 말해주지 않았다.

10 ①

목표 〈 문장 성분 구별하기 〉

해설 ①의 funny는 주어인 The TV show를 보충 설명하는 보어인 반면, ②~⑤의 밑줄 친 부분은 모두 동사의 목적어이다.

해석 ① 그 TV 쇼는 재미있었다. / ② 나는 매일 아침 사과를 먹는다.

③ 그는 숙제를 벌써 끝냈다. / ④ 그녀는 Mark에게 메시지를 보냈다.

⑤ 우리는 버스를 타고 학교에 간다.

11 ③

목표 〈 문장 성분 구별하기 〉

해설 ③의 math는 수여동사의 직접목적어인 반면, 나머지 문장의 밑줄은 목적어의 의미를 보충하는 목적격 보어이다.

해석 ① 나는 그 영화가 흥미롭다고 생각한다.

② 우리는 그 창문을 열어 두었다.

③ 그 선생님은 우리에게 수학을 가르치셨다.

④ 그들은 나를 반장으로 만들었다.

⑤ 모두가 그를 영웅이라고 부른다.

12 ③

목표 〈 3형식 문장 만들기 〉

해설 it 등의 대명사는 4형식 문장의 직접목적어로 쓰지 않는다.

해석 A: 너는 우산을 가지고 있니?

B: 응, 그래. Jenny가 나에게 그것을 줬어.

13 ④

목표 〈 4형식 문장을 3형식으로 전환하기 〉

해설 James bought a movie ticket for me. (3형식)

buy는 전치사 for와 함께 쓰이는 동사이다.

해석 James는 나에게 영화 티켓을 사 주었다.

14 ②

목표 〈 2형식과 5형식 문장 어법성 판단하기 〉

해설 ② happily → happy (주격 보어는 명사, 형용사)

①, ④ 5형식 문장의 목적격 보어

③, ⑤ 2형식 문장의 주격 보어

해석 ① 우리는 그 방을 깨끗하게 유지한다. / ② 그들은 행복해졌다.

③ 한나는 아주 어려 보인다. / ④ 그녀의 거짓말은 나를 화나게 만들었다.

⑤ 사람들은 집에서 안전하게 느낀다.

15 ③

목표 〈 문장 형식 파악하기 〉

해설 ③ fried chicken: 동사의 대상이 되는 목적어 (3형식)

easy: 주어를 보충 설명하는 보어 (2형식)

① 1형식 / ② 2형식 / ④ 4형식 / ⑤ 3형식

해석 ① 그들은 빗속에서 춤춘다. / 나는 버스 정류장으로 걸어간다.

② 그 아기 고양이는 고양이가 되었다. / 초콜릿은 단맛이 난다.

③ 모두가 프라이드치킨을 좋아한다. / 이 책은 쉽지 않다.

④ 그녀는 나에게 그 답을 보여 주었다. / 그 요리사는 우리에게 멋진 요리를 해 주었다.

⑤ 나는 오늘 장화를 신었다. / 그는 나에게 신물을 주었다.

16 ①

목표 〈 다양한 형식의 문장 어법성 판단하기 〉
해설 ⓑ It looks beautiful.
감각동사 뒤에는 형용사 또는 'like + 명사'가 온다.
ⓓ The long trip made him tired.
목적격 보어로는 명사 또는 형용사를 쓴다.

해석 ⓐ 그녀는 10시간 동안 연습했다.
ⓑ 그것은 아름다워 보인다.
ⓒ 나는 매일 만 보를 걷는다.
ⓓ 그 긴 여행은 그를 피곤하게 만들었다.

17 ④

목표 〈 4형식 문장을 3형식으로 전환하기 〉
해설 ④ 4형식 문장을 3형식으로 전환할 때 간접목적어 앞에
전치사를 넣어 수식어구로 만들게 되는데, make는 전치사 for
와 함께 쓰인다. (He made a paper plane for his son.)

해석 ① 나는 Andy에게 생일 선물을 사 주었다.
② 그 과학자는 우리에게 로봇을 보여 주었다.
③ 그녀는 그들에게 소포를 보내 주었다.
④ 그는 그의 아들에게 종이비행기를 만들어 주었다.
⑤ 그 안내자는 나에게 정보를 주었다.

18 ⑤

목표 〈 4형식 문장 완성하기 〉
해설 '주어(~이) + 동사(~하다) + 간접목적어(~에게) + 직접목
적어(~을)' 순서로 배열한다.

19 ③

목표 〈 5형식 문장 완성하기 〉
해설 '주어(~이) + 동사(~하다) + 목적어(~을) + 목적격 보어(~
하게)' 순서로 배열한다.

20 ③

목표 〈 다양한 형식의 문장 어법성 판단하기 〉
해설 He looked very friend. → He looked very friendly.
감각동사는 형용사 또는 'like + 명사'와 함께 쓰인다.

해석 어젯밤에 눈이 왔다. 아빠는 나와 내 여동생에게 눈사람을 만들어 주
셨다. 그는 아주 친절해 보였다. 나는 그에게 내 모자를 주었다. 그 눈사람은
우리를 행복하게 만들었다.

21 ②

목표 〈 다양한 형식의 문장 어법성 판단하기 〉
해설 ② sounds wonderfully → sounds wonderful
감각동사는 형용사와 함께 쓰이므로 부사를 형용사로 고친다.

해석 ① 나는 그녀에게 물 한 잔을 주었다.
② 그녀의 아이디어는 멋지게 들린다.
③ 그 별들은 다이아몬드처럼 보인다.
④ 그 피자 냄새는 우리를 배고프게 만들었다.
⑤ Ken은 나를 위해 네잎클로버를 찾아 주었다.

22 ②

목표 〈 다양한 형식의 문장 영작하기 〉
해설 ② Sujin sent me a picture. (4형식)
Sujin sent a picture to me. (3형식)

23 Love brings happiness to you.

목표 〈 4형식 문장을 3형식으로 전환하기 〉
해설 두 목적어의 순서를 바꾸고, 간접목적어 앞에 전치사를
넣는다. bring은 전치사 to와 함께 쓰이는 동사이다.

해석 사랑은 당신에게 행복을 가져다준다.

24 He bought a doll for his daughter.

목표 〈 4형식 문장을 3형식으로 전환하기 〉
해설 buy는 전치사 for와 함께 쓰이는 동사이다.

해석 그는 그의 딸에게 인형을 사 주었다.

25 The job sounds dangerous.

목표 〈 2형식 문장 영작하기 〉
해설 '위험하게 들린다'는 감각동사 sound로 나타낸다. 이때,
감각동사 뒤에는 형용사를 쓴다는 점에 유의하자.

26 I cooked Sam fried rice. / I cooked fried rice for Sam.

목표 〈 3, 4형식 문장 영작하기 〉
해설 4형식으로 쓰거나 3형식으로 전환한 형태로 쓴다.

27 my friends it → it to my friends

목표 〈 4형식 문장의 어법성 판단하기 〉
해설 대명사는 4형식 문장의 직접목적어가 될 수 없다.

해석 나는 큰 상자의 초콜릿을 샀다. 나는 그것을 내 친구들에게 보여 주
었다. 우리는 그 초콜릿을 함께 나눠 먹었다.

28 butter → like butter

목표 〈 2형식 문장의 어법성 판단하기 〉
해설 감각동사 뒤에는 형용사 또는 'like + 명사'를 쓴다.

해석 내 이모는 나에게 쿠키를 좀 만들어 주셨다. 그것들은 아주 좋은 냄
새가 났다. 그것들은 버터 같은 맛이 났다.

29 sent Julie a message

목표 〈 4형식 문장 영작하기 〉
해설 동사 + 간접목적어(~에게) + 직접목적어(~을)

해석 Kevin은 Julie에게 메시지를 보냈다.

30 made Julie happy

목표 〈 5형식 문장 영작하기 〉
해설 동사 + 목적어(~을) + 목적격 보어(~하게)

해석 그 메시지는 Julie를 기쁘게 만들었다.

감각 UP! 리뷰 테스트　　p. 118

01 ③　**02** ④　**03** ①　**04** ②　**05** ⑤
06 is surrounded by　**07** ③　**08** ④　**09** ②
10 seen　**11** ②　**12** ①　**13** ③　**14** ④　**15** ⑤
16 was not delivered

01 ③
목표 〈 대명사의 주격과 목적격 구분하기 〉
해설 ③ He-his는 주격-소유격의 관계, 나머지는 주격-목적격 관계이다. He의 목적격은 him이다.

02 ④
목표 〈 능동태를 수동태 문장으로 전환하기 〉
해설 능동태를 수동태로 바꿀 때는 주격 대명사가 'by + 목적격'으로 바뀐다. (They → by them)
해석 그들은 매일 나를 방문했다. = 나는 매일 그들의 방문을 받았다.

03 ①
목표 〈 능동태와 수동태 구별하기 〉
해설 ①은 'be동사 + 과거분사'가 사용된 수동태 문장인 반면, 나머지는 능동태 문장이다.
해석 ① 그 가수는 모든 사람으로부터 사랑받는다.
② 우리는 우리 돈을 은행에 보관한다.
③ 그녀는 그녀의 휴대폰을 그녀의 가방에 넣는다.
④ 그는 새 키보드를 살 것이다.
⑤ 나는 7시에 학교 갈 준비를 한다.
■ keyboard 키보드

04 ②
목표 〈 능동태/수동태의 동사 형태 구별하기 〉
해설 ②는 'be동사 + 과거분사'가 사용된 수동태 문장이므로 빈칸에는 take의 과거분사 taken이 들어간다. 나머지는 능동태 문장이고, 주어가 3인칭 단수가 아니므로 take를 쓴다.
해석 ① 그 학생들은 시험을 본다.
② 종업원에 의해 주문이 접수된다.
③ 나는 매일 피아노 레슨을 받는다.
④ 우리는 지하철을 타고 출근한다.
⑤ 너는 이제 휴식을 취하는 게 좋겠다.

05 ⑤
목표 〈 수동태 문장 영작하기 〉
해설 의미상 수동태에 해당하므로 'be동사 + 과거분사'를 쓴다. 동사 plan의 과거분사는 planned이다.
①, ② 수동태에서는 능동태의 주어-목적어 위치가 바뀐다.
③, ④ 과거분사 앞에는 주어와 시제에 맞는 be동사를 쓴다.

06 is surrounded by
목표 〈 수동태 문장 영작하기 〉
해설 수동태이므로 '주어 + be동사 + 과거분사 + by + 행위자' 순서로 나열한다. surrounded는 surround의 과거분사이다.
■ surround 둘러싸다

07 ③
목표 〈 수동태의 뜻 이해하기 〉
해설 ③ is called = 불린다
'be동사 + 과거분사'는 동작을 받는 수동의 의미를 나타낸다.

08 ④
목표 〈 동사의 과거분사형 활용하기 〉
해설 수동태 문장에서는 be동사 뒤에 과거분사가 온다. play의 과거분사형은 played, wear는 worn이다.
해석 • 음악은 밴드에 의해 연주된다.
• 청바지는 모든 연령의 사람들에 의해 입어진다.
■ jeans 청바지　of all ages 모든 연령의

09 ②
목표 〈 동사의 과거분사형 이해하기 〉
해설 ② show의 과거분사형은 shown이다. (show-showed-shown) 수동태 문장의 어법성을 판단하는 문제에서는 be동사 뒤에 쓰인 과거분사의 형태가 정확한지 확인하자.
⑤ read는 3단 변화(read-read-read)의 형태는 같지만, 과거형과 과거분사형은 [red]로 읽는 것에 유의하자.
해석 ① 그 아기는 그녀의 어머니에게 사랑받는다.
② 그 결과는 심사위원들에 의해 보여졌다.
③ 우리는 Brian에게 초대받았다.
④ 작은 물고기들은 더 큰 물고기들에게 먹힌다.
⑤ 그 책은 어린이들에게 읽힌다.
■ judge 심판, 심사위원

10 seen
목표 〈 동사의 과거분사형 이해하기 〉
해설 수동태 문장에서는 주어 뒤에 'be동사 + 과거분사'를 쓴다. see의 과거분사형은 seen이다. (see-saw-seen)

11 ②
목표 〈 수동태 문장의 시제 판단하기 〉
해설 수동태 문장은 be동사의 형태로 시제를 판단할 수 있다. ②의 am은 현재시제, 나머지는 모두 과거시제이다.
해석 ① 그 문제는 Jason에 의해 질문되었다.
② 나는 내 친구들에 의해 Bobby라고 불린다.
③ 그 마을은 폭풍에 의해 타격을 받았다.
④ 그 메시지는 Larry에 의해 남겨졌다.
⑤ 그 배우들은 그 프로듀서에 의해 섭외되었다.
■ storm 폭풍　cast 섭외하다　producer 프로듀서, 제작자

12 ①

목표 〈 동사의 과거형과 과거분사 구별하기 〉

해설 ①의 caught는 동사의 과거형이며, 나머지는 모두 수동태 문장의 과거분사에 해당한다. 과거형과 과거분사형이 같은 동사도 있으므로 유의하자.

해석 ① 내 아빠는 큰 물고기를 잡았다.
② 그 빨래는 나에 의해 세탁되었다.
③ 그 개들은 훈련사에게 훈련되지 않았다.
④ 그의 비밀은 Mandy에 의해 말해졌니?
⑤ 그것은 과학자에 의해 설명되었니?

■ do the laundry 빨래를 하다

13 ③

목표 〈 수동태 부정문의 형태 이해하기 〉

해설 was taken → was not [wasn't] taken
수동태는 be동사를 부정형으로 바꿔서 부정문을 만든다.

해석 그 사진은 그에 의해 찍히지 않았다.

14 ④

목표 〈 수동태 의문문 영작하기 〉

해설 수동태 의문문은 'Be동사 + 주어 + 과거분사 + by + 행위자~?'로 쓴다. 제시된 문장은 과거시제이고 주어가 단수이므로 Be동사 Was를 쓴다.

15 ⑤

목표 〈 수동태 문장의 어법성 판단하기 〉

해설 ⑤는 by 뒤에 행위자가 빠져 있으므로 어법상 옳지 않다. by 뒤의 today는 행위자가 아니라 동사를 수식하는 부사이다. 단, 문맥에 따라서는 'by + 행위자'를 아예 생략하기도 한다.

해석 ① 나는 내 반 친구들에게 소개되었다.
② 내 지갑은 지난주에 도난당했다.
③ 그 브랜드는 많은 나라에서 사랑받는다.
④ 그 그물은 물속으로 던져졌다.
⑤ 그 창문들은 오늘 깨졌다.

16 was not delivered

목표 〈 수동태 부정문 영작하기 〉

해설 수동태 부정문이므로 '주어 + be동사 + not + 과거분사' 순서로 배열한다.

 실력 UP! 실전 테스트 **p. 120**

01 ④ **02** ③ **03** ⑤ **04** ① **05** ④ **06** ②
07 ② **08** ⑤ **09** ① **10** ① **11** ④ **12** ③
13 ② **14** ⑤ **15** ③ **16** ③ **17** ① **18** ⑤
19 ③ **20** ④ **21** ② **22** ②
23 Juliet was loved by Romeo. **24** The keys were hidden by her. **25** My life was changed by his words. **26** Was he taken to the hospital?
27 catched → was caught **28** was directed by George **29** was written by Megan
30 was played by Charlie

01 ④

목표 〈 동사의 과거형과 과거분사형 구별하기 〉

해설 ④는 원형-과거형, 나머지는 원형-과거분사형 관계다. know의 과거분사형은 known이다. (know-knew-known)

02 ③

목표 〈 수동태 만드는 방법 이해하기 〉

해설 ③ 수동태에서 동사는 과거형이 아닌 과거분사형이다.

03 ⑤

목표 〈 수동태 문장에 알맞은 인칭대명사 고르기 〉

해설 모두 'be동사 + 과거분사'가 쓰인 수동태 문장이다. be동사 앞에는 주격, by 뒤에는 목적격 대명사를 쓴다.

해석 ・우리는 그 선생님에 의해 도움받았다.
・그 편지는 그에 의해 보내졌다.
・그 돈은 그들에 의해 쓰였다.

04 ①

목표 〈 수동태 문장의 어법성 판단하기 〉

해설 by 뒤 행위자 자리에 목적격 대명사를 쓴다.
ⓒ by I → by me / ⓓ the wind → by the wind

해석 ⓐ 그는 그 회사에 의해 선택받았다.
ⓑ 그들은 그녀에게 목격되었다.
ⓒ 그 조명들은 나에 의해 고쳐지지 않았다.
ⓓ 그 문은 바람에 의해 닫혔니?

05 ④

목표 〈 수동태 문장의 형태 이해하기 〉

해설 'by + 행위자'가 쓰인 수동태 문장이다. 주어 뒤에는 'be동사 + 과거분사'가 들어가는데, surround의 과거분사형은 surrounded이다. 수동태 문장에서는 be동사를 빠뜨리지 않도록 유의하자.

해석 우리는 다양한 문화에 둘러싸여 있다.

06 ②

목표 〈 수동태 문장의 형태 이해하기 〉

해설 수동태에서는 be동사 뒤에 과거분사를 쓰는데, ②의 very interesting은 과거분사가 아니다.

07 ②

목표 〈 능동태를 수동태 문장으로 전환하기 〉

해설 나머지 문장은 능동태가 수동태로 바뀐 반면, ②는 주어/목적어의 위치만 바뀌었으므로 여전히 능동태이다. 능동태를 수동태로 바꿀 때에는 동사를 'be동사 + 과거분사' 형태로 써야 한다. (My notebook was taken by Claire.)

해석 ① Harry가 열쇠들을 숨겼다. 그 열쇠들은 Harry에 의해 숨겨졌다.
② Claire는 내 공책을 가져갔다. / 내 공책은 Claire를 가져갔다.
③ Danny는 나를 용서했다. 나는 Danny에 의해 용서받았다.
④ Sam이 그 그림을 그렸다. 그 그림은 Sam에 의해 그려졌다.
⑤ Gina는 말을 탔다. 말이 Gina를 태웠다.

08 ⑤

목표 〈 능동태를 수동태 문장으로 전환하기 〉

해설 수동태 문장: The news was reported by Nate.
report는 과거형과 과거분사형이 같은 동사이다.

해석 Nate가 그 뉴스를 보도했다.

09 ①

목표 〈 수동태를 능동태 문장으로 전환하기 〉

해설 능동태 문장: Sue designs beautiful clothes.
design은 3인칭 단수 주어에 맞춰 designs로 쓴다.

해석 아름다운 옷들은 Sue에 의해 디자인된다.

10 ①

목표 〈 동사의 과거형과 과거분사형 구별하기 〉

해설 ①의 brought는 bring의 과거형인 반면, 나머지 문장의 brought는 과거분사로서 be동사와 함께 수동의 의미로 쓰였다. (bring-brought-brought)

해석 ① 그 소녀는 점심으로 샌드위치를 가져왔다.
② 그 강아지는 집으로 다시 데려와졌다.
③ 그 음식은 여러 사람에 의해 가져와졌다.
④ 그 아이디어는 회의에서 언급되었다.
⑤ 그 우산은 Ben에 의해 가져와졌다.

■ bring up (화제를) 꺼내다, 얘기하다

11 ④

목표 〈 수동태 문장의 형태 이해하기 〉

해설 누가 그렸는지 행위자를 묻고 있으므로 'by + 행위자'를 사용한 ④가 답이다.

해석 A: 이것은 멋진 그림이야. 화가가 누구니?
B: 그 그림은 한국인 화가에 의해 그려졌어.

12 ③

목표 〈 수동태 문장의 형태 이해하기 〉

해설 ③의 by us는 불특정 다수를 가리키는 말로 특별히 새로운 정보를 제공하는 말이 아니므로 생략해도 무방하다.

해석 ① 그 공연은 Sally에 의해 공연되었다.
② 자연은 과학자들에 의해 연구된다.
③ 인터넷은 매일 우리에 의해 사용된다.
④ 그 나라는 왕에 의해 통치되었다.
⑤ 그 연설은 그 CEO에 의해 행해졌다.

■ performance 공연 rule 통치하다 speech 연설

13 ②

목표 〈 수동태 문장의 어법성 판단하기 〉

해설 두 번째 문장: a baker → by a baker
세 번째 문장: bitten → are/were bitten
다섯 번째 문장: by 삭제 또는 'by + 행위자'

해석 • 밥은 여러 나라에서 섭취된다.
• 그 빵은 제빵사에 의해 만들어졌다.
• 내 책들은 그 개에게 물어뜯긴다/물어뜯겼다.
• 앞치마는 부엌에서 사용된다.
• 그 손님들은 (~에게) 환영받았다.

■ rice 쌀, 밥 apron 앞치마 guest 손님

14 ⑤

목표 〈 수동태 문장의 형태 이해하기 〉

해설 ⑤ Is ice hockey played on ice?
수동태 평서문을 의문문으로 바꿀 때에는 'be동사 + 과거분사' 전체가 아닌 be동사만 주어와 위치를 뒤바꾼다.

해석 ① 그 선물들은 Sean에 의해 선택된다.
② 그 거짓말은 George에 의해 말해졌다. / ③ 그 가게는 10시에 닫힌다.
④ 나는 그의 행동에 놀랐다. / ⑤ 아이스하키는 얼음 위에서 진행된다.

■ ice hockey 아이스하키

15 ③

목표 〈 수동태 과거시제 문장 만들기 〉

해설 수동태 문장: 주어 + be동사 + 과거분사 + by + 행위자

해석 그 고요함은 그 소음에 의해 깨졌다.

16 ③

목표 〈 수동태 의문문 만들기 〉

해설 수동태 의문문: Be동사 + 주어 + 과거분사 ~?

해석 그 집은 10년 전에 지어졌니?

17 ①

목표 〈 수동태 문장의 어법성 판단하기 〉

해설 ① was write → was written

해석 ① 그의 이름이 빨간색으로 쓰였다.
② 그 고기는 잘 조리되지 않았다. / ③ 그 소포는 반송되었다.
④ 그 메시지는 Erin에 의해 수신됐니? / ⑤ 두 조각의 케이크기 남겨졌다.

18 ⑤

목표 〈 수동태 문장의 어법성 판단하기 〉

해설 ⑤ were did → were done

동사 do의 과거형은 did, 과거분사형은 done이다.

해석 ① 그 차는 Noah에 의해 운전되었다.

② 그 텐트는 Becky에 의해 설치되었다.

③ 그 불은 Tim에 의해 지펴졌다.

④ 그 음식은 Andy에 의해 요리되었다.

⑤ 설거지는 Mia에 의해 되었다.

■ set up 설치하다 make a fire 불을 피우다

---

19 ③

목표 〈 수동태 문장의 어법성 판단하기 〉

해설 ⓒ were saw → were seen

ⓑ held (hold의 과거분사형)

ⓔ shown (show의 과거분사형)

해석 지난주에 불꽃 축제가 열렸다. 그 불꽃들은 수천 명의 사람들에 의해 보아졌다. 그 아름다운 장면은 TV에서도 보여졌다.

---

20 ④

목표 〈 수동태 문장의 어법성 판단하기 〉

해설 ④ feed → are fed

수동태에서는 과거분사 앞에 be동사가 들어간다.

해석 ① 돈이 그의 할아버지에 의해 주어졌다.

② 그 문제는 그들에 의해 해결되었다.

③ 그녀의 머리는 아주 짧게 잘렸다.

④ 아기들은 하루에 여러 번 음식이 먹여진다.

⑤ 그 케이크는 아이들에 의해 먹혔니? (아이들이 그 케이크를 먹었니?)

---

21 ②

목표 〈 수동태 문장 영작하기 〉

해설 ② A strange sound was heard (by us).

'우리'가 들리는 것이 아닌 '소리'가 들리는 것이므로 주어를 바꾼다. '우리'는 일반적인 행위자이므로 생략 가능하다. hear는 과거형과 과거분사형 모두 heard이다.

---

22 ②

목표 〈 수동태 문장 영작하기 〉

해설 ② '새로운 단서(a new clue)'를 주어로 하는 수동태 문장으로 바꾼다. (A new clue was found by the police.)

■ clue 단서

---

23 Juliet was loved by Romeo.

목표 〈 능동태를 수동태 문장으로 전환하기 〉

해설 1) Romeo, Juliet의 위치를 바꾼다.

2) 행위자인 Romeo 앞에 by를 붙인다.

3) 동사는 'be동사 + 과거분사'로 바꾼다. (과거시제이므로 be동사 과거형을 쓴다.)

해석 Romeo는 Juliet을 사랑했다.

---

24 The keys were hidden by her.

목표 〈 능동태를 수동태 문장으로 전환하기 〉

해설 1) She, the keys의 위치를 바꾼다.

2) She를 'by + 목적격'으로 바꾼다.

3) 동사는 'be동사 + 과거분사'로 바꾼다. (과거시제이므로 be동사 과거형을 쓴다.)

해석 그녀는 그 열쇠들을 숨겼다.

---

25 My life was changed by his words.

목표 〈 수동태 문장 영작하기 〉

해설 수동태 문장: 주어 + be동사 + 과거분사 + by + 행위자

과거시제이므로 be동사는 과거형으로 쓴다.

---

26 Was he taken to the hospital?

목표 〈 수동태 문장 영작하기 〉

해설 수동태 의문문: Be동사 + 주어 + 과거분사 ~?

수동태 문장을 영작할 때는 be동사의 시제에 유의하자.

---

27 catched → was caught

목표 〈 수동태 문장의 어법성 판단하기 〉

해설 수동태는 'be동사 + 과거분사'를 쓴다.

해석 그 경기는 수백만 명의 사람들에 의해 시청되었다. Henry는 긴장했다. 그는 공을 찼다. 그것은 골이었나? 아니었다. 그 공은 골키퍼에 의해 잡혔다.

■ millions of 수백만의 goalkeeper (축구 등의) 골키퍼

---

28 was directed by George

목표 〈 수동태 문장 영작하기 〉

해설 수동태 문장: 주어 + be동사 + 과거분사 + by + 행위자

과거시제이므로 be동사는 과거형으로 쓴다. direct의 과거분사형은 directed이다.

해석 A: 누가 그 영화를 감독했니? / B: 그건 George에 의해 감독되었어.

■ direct 감독하다, 연출하다

---

29 was written by Megan

목표 〈 수동태 문장 영작하기 〉

해설 write의 과거분사형은 written이다.

해석 A: 누가 그 각본을 썼니? / B: 그건 Megan에 의해 쓰였어.

■ screenplay 각본, 시나리오

---

30 was played by Charlie

목표 〈 수동태 문장 영작하기 〉

해설 play의 과거분사형은 played이다.

해석 A: 누가 주연을 연기했니? / B: 그건 Charlie에 의해 연기되었어.

■ lead role 주연 (주인공 역할)

감각 UP! 리뷰 테스트 **p. 132**

01 ③ **02** ④ **03** ① **04** planned to stay
05 ⑤ **06** ② **07** to write on **08** ③ **09** ⑤
10 ④ **11** to bake **12** ⑤ **13** ④ **14** ②
15 ① **16** drawing

01 ③

목표 〈 to부정사 명사적 용법의 형태 판단하기 〉
해설 like는 to부정사와 동명사 둘 다 목적어로 취할 수 있는
동사이므로 빈칸에는 to watch 또는 watching이 들어간다.

02 ④

목표 〈 to부정사의 형태 판단하기 〉
해설 to부정사는 'to + 동사원형'으로 쓴다.
해석 ① 예술가가 되는 것은 나의 꿈이다.
② 우리는 그 경기를 이기고 싶다.
③ 나의 계획은 스페인어를 배우는 것이다.
④ Jessica는 스키 타러 가기로 결정했다.
⑤ Alex는 의사가 되고 싶어한다.
■ Spanish 스페인어

03 ①

목표 〈 to부정사 명사적 용법의 의미 파악하기 〉
해설 like 뒤에는 그 대상이 되는 목적어가 온다. 따라서 to eat
carrots는 명사구로서 '~하는 것'으로 해석된다.
해석 Emily는 당근을 먹는 것을 좋아하지 않는다.

04 planned to stay

목표 〈 to부정사 명사적 용법 문장 영작하기 〉
해설 '시드니에 머물기로 계획했다'에서 '시드니에 머물기'는
동사 '계획했다'의 대상이 되는 목적어이다. plan은 to부정사를
목적어로 취하는 동사이므로 '주어 + 동사 + to부정사[to + 동사
원형]' 순으로 배열한다.

05 ⑤

목표 〈 to부정사 형용사적 용법의 형태 판단하기 〉
해설 has 뒤에는 동사의 대상이 되는 목적어(명사)가 온다. ①
~④는 명사구이며, to부정사가 형용사로서 앞에 있는 명사를
꾸며준다. 반면, ⑤의 경우 has 뒤에 동사(go)가 잇달아 나올 수
없다.
■ nobody 아무도 ~않다

06 ②

목표 〈 to부정사 형용사적 용법 문장 영작하기 〉
해설 앉을 의자 = a chair to sit on
'의자에 앉다'는 sit on a chair이므로 순서를 바꿔서 '앉을 의자'
라고 할 때 전치사 on까지 써야 문법적으로 바른 표현이 된다.
e.g., talk to someone (누군가와 대화하다)
  someone to talk to (대화할 누군가)

07 to write on

목표 〈 to부정사 형용사적 용법 문장 영작하기 〉
해설 종이에 (글씨를) 쓰다 = write on a paper
(글씨를) 쓸 종이 = a paper to write on

08 ③

목표 〈 to부정사 부사적 용법의 형태 판단하기 〉
해설 두 문장의 to부정사는 부사로서 동사의 목적을 나타내는
데, to부정사는 to 뒤에 동사원형을 쓴다.
해석 • 그녀는 자신의 아들을 만나러 서울에 왔다.
• 나는 시간을 확인하기 위해 시계를 찬다.

09 ⑤

목표 〈 to부정사 부사적 용법의 형태 판단하기 〉
해설 play basketball은 동사 meet의 목적을 나타내므로, 앞
에 to를 붙여서 부사적 용법의 to부정사를 만든다.
해석 농구하러 방과 후에 만나자.

10 ④

목표 〈 to부정사 부사적 용법 문장 영작하기 〉
해설 '패션을 공부하러'는 목적을 나타내는 부사구이므로 to부
정사의 부사적 용법을 사용해 영작한다. (to study fashion)

11 to bake

목표 〈 to부정사 부사적 용법 활용하기 〉
해설 I need butter 뒤에는 버터가 필요한 이유를 설명하는 부
사적 용법의 to부정사가 올 수 있다. (to bake cookies)
해석 A: 너는 왜 버터가 필요하니?
B: 나는 쿠키를 굽기 위해 버터가 필요해.

12 ⑤

목표 〈 동명사 문장의 형태 판단하기 〉
해설 첫 문장에서 be동사 앞은 주어 자리이므로 동명사를 써
서 명사구를 만든다. (Doing push-ups) 두 번째 문장의 enjoy
는 to부정사가 아닌 동명사를 목적어로 취하는 동사이므로 역
시 동명사를 쓴다. (listening to music)
해석 • 팔굽혀펴기를 하는 것은 어렵다.
• Olivia는 음악 듣는 것을 즐긴다.

13 ④
목표 〈 동명사 문장의 어법성 판단하기 〉
해설 동사 뒤에는 그 대상이 되는 목적어(명사)가 와야 하는데, love는 목적어로 to부정사나 동명사를 취하는 동사이므로 take를 to take 또는 taking으로 바꿔야 한다.

해석 내 가족은 사진 찍는 것을 좋아한다.

14 ②
목표 〈 동명사와 동사의 진행형 구별하기 〉
해설 ②의 is playing은 동사 play의 현재진행형인 반면, 나머지 문장의 밑줄 친 부분은 동명사로서 동사의 목적어로 쓰였다.

해석 ① 나는 그 책을 읽는 것을 끝냈다.
② Matt는 배드민턴을 치고 있다.
③ 그 문을 닫히기를 계속했다(계속해서 닫혔다).
④ Emma는 한국 음식 요리하는 것을 즐긴다.
⑤ 그들은 빗속에서 춤추기 시작했다.

15 ①
목표 〈 목적어로서의 동명사와 to부정사 구분하기 〉
해설 avoid는 동명사를 목적어로 취하는 동사이며, 나머지 문장의 동사는 동명사와 to부정사를 모두 목적어로 취할 수 있다.

해석 ① 우리는 싸움을 피했다.
② 나는 액션 게임하는 것을 좋아한다.
③ 그들은 조사를 계속했다.
④ 그녀는 노래 부르기를 시작했다.
⑤ 그는 운동하는 것을 싫어한다.

■ avoid 피하다 search 찾다, 조사하다

※ to부정사 (미래의 일) vs. 동명사 (과거의 일)
to부정사를 목적어로 취할 때, 그리고 동명사를 목적어로 취할 때 나타내는 의미가 다른 경우도 있다.
forget to call: (앞으로) 연락할 것을 잊다
forget calling: (이미) 연락한 것을 잊다
remember to call: (앞으로) 연락할 것을 기억하다
remember calling: (이미) 연락한 것을 기억하다

16 drawing
목표 〈 동명사 활용해 문장 영작하기 〉
해설 finish는 동명사를 목적어로 취하는 동사이므로 동사 뒤에 draw를 동명사의 형태로 쓴다. (동사원형 + ing)

실력 UP! 실전 테스트   p. 134
01 ⑤   02 ②   03 ③   04 ③   05 ④   06 ②
07 ④   08 ①   09 ④   10 ⑤   11 ②   12 ②
13 ①   14 ②   15 ①   16 ④   17 ②   18 ②
19 ⑤   20 ③   21 ①   22 ④
23 want to eat Chinese food   24 am happy to buy a new phone   25 Do you have something to wear to the wedding?   26 I stopped taking dance lessons.   27 watching → to watch
28 tasting → to taste   29 to help sick animals
30 playing beautiful music

01 ⑤
목표 〈 to부정사의 쓰임 이해하기 〉
해설 세 문장 모두 명사적 용법의 to부정사가 쓰이는데, 첫 문장에서는 주어를 보충 설명하는 보어로, 다른 두 문장에서는 동사의 대상이 되는 목적어 역할을 한다. (to부정사 = to + 동사원형)

해석 • 내 계획은 올해 100권의 책을 읽는 것이다.
• Danny는 드럼 연주하는 것을 배웠다.
• 너는 이 소스를 맛보기를 원하니?

02 ②
목표 〈 to부정사와 동명사의 쓰임 구별하기 〉
해설 빈칸은 모두 동사의 목적어 자리인데, promise는 to부정사, keep과 stop은 동명사를 목적어로 취한다. (단, stop의 경우 목적을 나타내는 부사적 용법의 to부정사가 뒤에 오기도 하므로 비교하여 기억하도록 하자.)

해석 • 그녀는 일찍 오기로 약속했다. / • 그 불은 계속해서 꺼진다.
• 그들은 미소 짓는 것을 멈추지 못 했다.

※ stop + 동명사 vs. stop + to부정사
He stopped buying cookies.
그는 쿠키를 사는 것을 멈추었다.
He stopped to buy cookies.
그는 쿠키를 사려고 (하던 일을) 멈추었다.

03 ③
목표 〈 to부정사와 동명사의 쓰임 이해하기 〉
해설 love는 to부정사와 동명사를 모두 목적어로 취하는데, ③의 plays는 둘 중 어느 것에도 해당되지 않는다.

04 ③
목표 〈 to부정사와 동명사의 쓰임 이해하기 〉
해설 start 역시 to부정사와 동명사를 모두 목적어로 취하는 동사인데, ③의 made는 둘 중 어느 것에도 해당되지 않는다.

■ make money 돈을 벌다

05 ④
목표 〈 형용사적 용법의 to부정사 해석하기 〉
해설 to부정사는 형용사 역할을 하며 앞의 명사를 꾸밀 수 있다. ④의 something to say는 '말할 것'으로 해석된다.

06 ②
목표 〈 to부정사와 전치사 to 구분하기 〉
해설 ②의 to는 뒤에 명사가 동반되는 전치사인 반면, 나머지 문장의 to는 뒤에 동사원형이 쓰인 to부정사이다.

해석 ① 우리는 함께 쇼핑하러 가기 위해 만났다.
② 그들은 시드니로 여행을 갔다.
③ 그녀는 질문을 하기 위해 그녀의 손을 들었다.
④ 그는 아픈 사람들을 돕기 위해 의사가 되었다.
⑤ 나는 Tom을 축하하기 위해 그에게 전화를 했다.

07 ④
목표 〈 동명사의 어법성 판단하기 〉
해설 loves be → loves to be, loves being
love는 to부정사, 동명사를 모두 목적어로 취하는 동사이다.

해석 • 그 문제를 해결하는 것은 쉽지 않다.
• Tammy는 교사인 것이 좋다. (Tammy는 교사로 지내는 것이 좋다.)
• 음악 듣는 것은 나의 취미이다.
• 그들은 무대에서 춤추는 것을 연습했다.
• Sam은 신발 수집하는 것을 즐긴다.

08 ①
목표 〈 목적어로서 동명사와 to부정사 구분하기 〉
해설 ①의 finish는 동명사를 목적어로 취하는 동사이므로 to가 필요하지 않다.

해석 ① 연서는 책상 정리하는 것을 끝냈다.
② 민호는 계속해서 열심히 공부했다.
③ 그 소년은 산타를 만나기를 바란다.
④ 폭우가 내리기 시작했다.
⑤ 그들은 그 집을 사기로 결정했다.

09 ④
목표 〈 to부정사의 용법 구별하기 〉
해설 보기는 to부정사의 명사적 용법을 나타낸다.
①, ⑤ to부정사의 부사적 용법
②, ③ to부정사의 형용사적 용법

해석 [보기] Ted는 개 훈련사가 되기를 원한다.
① 나는 내 가족을 만나게 되어 신났다.
② 그들은 마실 물이 좀 필요했다.
③ 그는 먹을 것을 원한다.
④ 우리는 다음 주에 등산하러 갈 계획이다.
⑤ 그녀는 작별 인사를 하기 위해 나에게 전화했다.

10 ⑤
목표 〈 to부정사의 용법 구별하기 〉
해설 보기는 to부정사의 부사적 용법을 나타낸다.
①, ④ to부정사 명사적 용법 / ②, ③ to부정사 형용사적 용법

해석 [보기] 나는 그들에게 감사를 전하기 위해 메시지를 보냈다.
① 그는 언젠가 아이슬란드를 방문하기를 희망한다.
② 그녀는 사용할 오븐을 가지고 있다.
③ 그 소녀는 함께 놀 많은 친구들이 있다.
④ 나는 올해 미술 수업을 수강할 것을 선택했다.
⑤ 우리는 뮤지컬을 보기 위해 티켓을 샀다.

11 ②
목표 〈 to부정사의 용법 구별하기 〉
해설 보기는 to부정사의 형용사적 용법을 나타낸다.
①, ⑤ to부정사 명사적 용법 / ③, ④ to부정사 부사적 용법

해석 [보기] 우리는 낭비할 시간이 없다.
① 너는 그 답을 알기를 원하니?
② 너는 착용할 헬멧을 가지고 있니?
③ Jamie는 셔츠를 사기 위해 그 가게에 갔다.
④ 나는 혼자 여행하게 되어 긴장했다.
⑤ 그녀는 매운 음식 먹는 것을 좋아하지 않는다.

12 ②
목표 〈 to부정사와 동명사 어법성 판단하기 〉
해설 ② decided moving → decided to move
decide는 to부정사를 목적어로 취하는 동사이다.

해석 ① Will은 치과 가는 것을 싫어한다.
② 그들은 새 집으로 이사하기로 결정했다.
③ 그녀는 피아노 치는 것을 그만두었다.
④ 엄마는 커피 마시는 것을 즐기신다.
⑤ 나는 너와 함께 저녁 식사를 하고 싶다.

13 ①
목표 〈 to부정사 부사적 용법 활용하기 〉
해설 감정의 이유를 나타내는 to부정사의 부사적 용법을 사용해 대답할 수 있다.

해석 A: Julie는 왜 울고 있니?
B: 그녀는 그녀가 다니던 학교를 떠나게 되어 슬퍼.

14 ③
목표 〈 to부정사 부사적 용법 활용하기 〉
해설 목적을 나타내는 to부정사의 부사적 용법을 사용해 대답할 수 있다.

해석 A: Peter는 어디 있니? / B: 그는 과일을 사려고 시장에 있어.

15 ①
목표 〈 to부정사 명사적 용법 문장 만들기 〉
해설 to be는 명사적 용법의 to부정사로서 주어 또는 보어의 자리에 위치할 수 있다.

해석 그 책의 교훈은 친절을 베풀라는 것이다.

16 ④
목표 〈 동명사 문장 만들기 〉
해설 learning + a new language가 명사구로서 주어의 역할을 할 수 있으며, difficult는 주어를 설명하는 보어이다.

해석 새로운 언어를 배우는 것은 어렵다.

17 ②
목표 〈 to부정사와 동명사 어법성 판단하기 〉
해설 ⓐ to playing → to play / ⓓ do → to do

해석 ⓐ 나는 트럼펫 연주하는 것을 배웠다.
ⓑ 그들은 버스를 타기 위해 달렸다.
ⓒ 운동하는 것은 건강에 좋다. / ⓓ 너는 지금 할 일이 있니?

18 ②
목표 〈 to부정사와 동명사 어법성 판단하기 〉
해설 ② drew → to draw, drawing

해석 ① 나는 그들을 깨우게 되어 미안했다.
② 나의 취미는 그림 그리는 것이다.
③ 그는 음악을 공부하기 위해 독일에 갔다.
④ 그녀는 살 것들이 많다. / ⑤ 우리는 너를 곧 보기를 희망한다.

19 ⑤
목표 〈 to부정사와 동명사의 의미/형태 파악하기 〉
해설 ⑤ to eat: snacks를 꾸미는 형용사적 용법의 to부정사

해석 ① Jenn의 소원은 조종사가 되는 것이다.
② 나는 이메일을 보내기 위해 내 휴대폰을 사용한다.
③ 우리는 그 소식을 듣게 되어 기쁘다.
④ 계단을 달려 내려오는 것은 위험하다.
⑤ 그들은 저녁 식사 전에 먹을 간식을 원한다.

20 ③
목표 〈 to부정사와 동명사 어법성 판단하기 〉
해설 ⓒ Make → Making, To make
주어는 명사(구)가 되어야 하므로 동명사/to부정사로 바꾼다.

해석 Becky는 공부하러 시애틀에 갔다. 그녀는 혼자 있게 되어 슬펐다. 새로운 친구들을 사귀는 것은 그녀에게 쉽지 않았다. 그녀는 새로운 사람들을 만나기 위해 동아리에 가입하기로 결정했다.

21 ①
목표 〈 to부정사와 동명사 문장 영작하기 〉
해설 ① promise는 to부정사를 목적어로 취한다. (to come)

22 ④
목표 〈 to부정사와 동명사 어법성 판단하기 〉
해설 ④ want는 to부정사를 목적어로 취한다. (to go)

해석 ① 나는 내 친구들과 함께 볼링하는 것을 즐긴다.
② 나는 다양한 종류의 책을 읽는 것을 좋아한다.
③ 나는 음식을 요리하는 것을 싫어한다.
④ 나는 등산하러 가기를 원하지 않는다.
⑤ 나는 전 세계를 여행하는 것을 좋아한다.

23 want to eat Chinese food
목표 〈 to부정사 명사적 용법의 문장 영작하기 〉
해설 '주어 + 동사 + 목적어(to부정사)' 순서로 배열한다.

해석 나는 점심으로 중국 음식 먹기를 원한다.

24 am happy to buy a new phone
목표 〈 to부정사 부사적 용법의 문장 영작하기 〉
해설 '주어 + be동사 + 형용사 + to부정사' 순서로 배열한다. 이때 to부정사는 형용사 뒤에서 감정의 원인을 나타낸다.

해석 나는 새 휴대폰을 사게 되어 기쁘다.

25 Do you have something to wear to the wedding?
목표 〈 to부정사 형용사적 용법의 문장 영작하기 〉
해설 to부정사 to wear는 앞의 대명사 something을 설명한다.

26 I stopped taking dance lessons.
목표 〈 동명사 문장 영작하기 〉
해설 stop은 동명사를 목적어로 취하는 동사이므로 '주어 + 동사 + 목적어(동명사)'로 영작한다.

27 watching → to watch
목표 〈 to부정사와 동명사 어법성 판단하기 〉
해설 want는 to부정사를 목적어로 취하는 동사이다.

해석 Claire는 이번 주말에 집에 있기로 결정했다. 그녀는 영화 보기를 원한다. 그녀는 코미디 (영화) 보는 것을 좋아한다.

28 tasting → to taste
목표 〈 to부정사와 동명사 어법성 판단하기 〉
해설 부사적 용법의 to부정사는 감정을 나타내는 형용사 뒤에서 감정의 원인을 나타낼 수 있다.

해석 Taylor는 그의 여름 휴가로 이탈리아를 방문할 계획이다. 그는 맛있는 음식을 맛보게 되어 신났다. 그는 수영도 하러 갈 것이다.

29 to help sick animals
목표 〈 to부정사의 부사적 용법 문장 영작하기 〉
해설 동사의 목적을 나타내는 부사적 용법의 to부정사를 쓴다.

해석 A: 당신은 왜 수의사가 되었나요?
B: 저는 아픈 동물들을 돕기 위해 수의사가 됐어요.

■ vet 수의사 (veterinarian)

30 playing beautiful music
목표 〈 동명사 문장 영작하기 〉
해설 enjoy는 동명사를 목적어로 취한다. (enjoy playing)

해석 A: 당신은 음악가인 것이 좋은가요?
(당신은 음악가로서 일하는 것이 좋은가요?)
B: 네, 그래요. 저는 아름다운 음악을 연주하는 것을 즐겨요.

감각 UP! **리뷰 테스트**　　　**p. 144**

01 ③	**02** ⑤	**03** ③	**04** Are → Be
05 ②	**06** ⑤	**07** ④	**08** Who
09 ④	**10** ①	**11** ③	**12** How **13** ④ **14** ②
15 ④	**16** wasn't it		

01　③
목표　〈 명령문의 어법성 판단하기 〉
해설　명령문은 동사원형으로 문장이 시작되며, 부정문일 때는 동사원형 앞에 Don't가 붙는다.
해석　① 자정 전에 잠자리에 들어라.
② 그 상자를 조심스럽게 옮겨라.
③ 지금 너의 손을 씻어라.
④ TV를 너무 많이 보지 마라.
⑤ 너의 숙제를 잊지 마라.

02　⑤
목표　〈 청유문의 형태 판단하기 〉
해설　무언가를 제안하는 청유문은 'Let's + 동사원형'으로 시작하며, 부정문은 Let's 뒤에 not을 쓴다.

03　③
목표　〈 명령문 영작하기 〉
해설　명령문은 동사원형으로 시작되며, 조금 더 공손하게 표현하기 위해서 문장 앞 또는 뒤에 please를 붙이기도 한다.
■ **volume** 소리의 크기, 음량

04　Are → Be
목표　〈 명령문의 형태 판단하기 〉
해설　명령문은 동사원형으로 시작되므로 Are를 Be로 고친다. 명령문에서는 be동사를 사용하는 표현이 자주 등장하므로 잘 기억해 두자.
be kind/nice: 친절하게 행동하다
be careful: 조심하다
be quiet: 조용히 하다
해석　너의 친구들에게 친절하게 행동해라.

05　②
목표　〈 의문사의 쓰임 판단하기 〉
해설　주어-동사가 이미 있는 의문문이므로 빈칸에는 부사 역할을 하는 의문사가 들어갈 수 있다. Who는 대명사 역할의 의문사이므로 빈칸에 들어갈 수 없다.

06　⑤
목표　〈 의문사 의문문의 어법성 판단하기 〉
해설　⑤ 명사 time 앞에는 형용사 역할을 하는 대명사 What이 들어가야 한다. What time 대신 When을 쓸 수도 있다.
해석　① 너는 저녁 식사로 무엇을 원하니?
② 너는 오늘 아침에 왜 늦었니?
③ 이것은 누구의 다이어리니?
④ 너는 어느 색깔을 좋아하니?
⑤ 너는 몇 시에 집에 왔니?

07　④
목표　〈 의문사 의문문 영작하기 〉
해설　'의문사 + do + 주어 + 동사' 순서로 배열한다. 의문사 의문문에서 의문사는 문장 맨 앞에 붙는다.

08　Who
목표　〈 의문사 의문문 영작하기 〉
해설　'누가'는 대명사 역할의 의문사 Who로 나타낸다.

09　④
목표　〈 감탄문의 형태 판단하기 〉
해설　What 또는 How로 시작되는 감탄문이 있는데, '(a/an) + 형용사 + 명사'가 쓰였으므로 What 감탄문임을 알 수 있다.

※ What 감탄문 vs. How 감탄문
What + (a/an) + 형용사 + 명사 + (주어 + 동사)!
How + 형용사/부사 + (주어 + 동사)!

10　①
목표　〈 감탄문의 형태 판단하기 〉
해설　How 감탄문: How + 형용사/부사 + (주어 + 동사)!
be동사는 형용사, 일반동사는 부사와 함께 쓰이는데, 제시된 문장에는 be동사 is가 쓰였으므로 빈칸에는 형용사가 들어간다.

11　③
목표　〈 감탄문의 어법성 판단하기 〉
해설　③ How → What
'a + 형용사 + 명사'가 쓰인 What 감탄문이다.
해석　① 그것은 정말 훌륭한 영화구나!
② 너는 정말 예쁜 눈을 가졌구나!
③ 정말 좋은 아이디어구나!
④ 그 질문은 정말 어렵구나!
⑤ 그 소녀는 정말 아름답게 노래하는구나!

12　How
목표　〈 감탄문 영작하기 〉
해설　How 감탄문: How + 형용사/부사 + 주어 + 동사!

13 ④
목표 〈 부가의문문의 형태 판단하기 〉
해설 일반동사가 쓰인 경우 부가의문문에는 do/does/did가 들어가는데, 주어가 3인칭 단수이고 현재시제이므로 does를 쓴다. 단, 평서문이 긍정문이기 때문에 부가의문문에는 부정형 doesn't를 쓴다.

해석 Jeff는 축구를 해, 그렇지 않니?

14 ②
목표 〈 부가의문문의 형태 판단하기 〉
해설 두 문장의 주어 모두 3인칭 복수인데, 부가의문문에서는 주격 대명사로 바뀌어야 하므로 they를 쓴다.

해석 • 오토바이는 빨라, 그렇지 않니?
• 수지와 민수는 학교에 갔어, 그렇지 않니?

15 ④
목표 〈 부가의문문의 어법성 판단하기 〉
해설 ④ 부정형 didn't가 쓰였으므로, 부가의문문에는 긍정형 did를 쓴다. (~, did he?)

해석 ① Mia는 너의 친구야, 그렇지 않니?
② 너는 어제 아팠어, 그렇지 않니?
③ 이 상자들은 무겁지 않아, 그렇지?
④ Toby는 그 창문을 깨지 않았어, 그렇지?
⑤ 너의 부모님은 오시지 못 해, 그렇지?

16 wasn't it
목표 〈 부가의문문 영작하기 〉
해설 앞부분의 평서문에는 be동사 was가 긍정형으로 쓰였으므로 부가의문문에는 was의 부정형을 쓴다. 그리고 3인칭 단수 주어인 The movie를 주격 대명사 it으로 바꾼다.

실력 UP! 실전 테스트　p. 146
01 ①　**02** ④　**03** ②　**04** ②　**05** ③　**06** ①
07 ①　**08** ④　**09** ①　**10** ②　**11** ⑤　**12** ③
13 ③　**14** ②　**15** ④　**16** ⑤　**17** ②　**18** ①
19 ⑤　**20** ④　**21** ③　**22** ⑤
23 What a smart robot (it is)!　**24** Alex found the treasure, didn't he?　**25** Whose jacket is this? / Whose is this jacket?　**26** When did you borrow the book?　**27** Taking → Take　**28** does → doesn't　**29** How fresh these carrots are!
30 Do not [Don't] take pictures

01 ①
목표 〈 명령문과 감탄문의 형태 판단하기 〉
해설 명령문은 동사원형으로 시작한다.
How 감탄문은 'How + 형용사 + (주어 + 동사)!' 구조다.

해석 • 너의 신발을 벗어라. / • 그 꽃들은 정말 아름답구나!

02 ④
목표 〈 청유문과 의문사 의문문의 형태 판단하기 〉
해설 청유문은 Let's 뒤에 동사원형을 쓴다.
명사인 guitar 앞에는 형용사 역할의 의문사가 들어간다.

해석 • 같이 점심 식사를 하자. / • 이것은 누구의 기타니?

03 ②
목표 〈 감탄문과 의문사 의문문 구별하기 〉
해설 ②의 What은 'a/an + 형용사 + 명사' 앞에 쓰였으므로 What 감탄문의 감탄사이고, 나머지 What은 의문사이다.

해석 ① 너는 몇 시에 일어나니? / ② 정말 바쁜 주말이었다!
③ 그녀는 어떻게 생겼니? / ④ 그들은 그 가게에서 무엇을 샀니?
⑤ 너는 어떤 악기를 연주할 수 있니?

■ instrument 악기

04 ②
목표 〈 감탄문과 의문사 의문문의 형태 판단하기 〉
해설 How sad the news is!
What a beautiful garden it is!
What/Which movie should I see?
How/When/Where/Why do birds fly?
What/Which/Whose car did you borrow?

해석 • 그 소식은 정말 슬프구나!
• 그것은 정말 아름다운 정원이구나!
• 나는 어떤/어느 영화를 보는 게 좋을까?
• 새들은 어떻게/언제/어디서/왜 (하늘을) 날까?
• 너는 어떤/어느/누구의 차를 빌렸니?

05 ③

목표 〈 부가의문문의 형태 판단하기 〉

해설 [보기] 평서문에 be동사 is의 긍정형이 쓰였으므로 빈칸에는 isn't가 들어간다.
① aren't / ② is / ③ isn't / ④ can / ⑤ can't

해석 [보기] Amy는 잉글랜드에서 왔어, 그렇지 않니?
① 그 아이들은 자고 있어, 그렇지 않니?
② 이 컴퓨터는 너의 것이 아니야, 그렇지?
③ 이것은 오래된 그림이야, 그렇지 않니?
④ 그들은 오늘 밤에 올 수 없어, 그렇지?
⑤ Lucy는 한국어를 할 줄 알아, 그렇지 않니?

06 ①

목표 〈 부가의문문의 형태 판단하기 〉

해설 [보기] 일반동사 과거형의 평서문이 앞에 왔으므로 빈칸에는 didn't가 들어간다.
① didn't / ② does / ③ don't / ④ doesn't / ⑤ do

해석 [보기] 어젯밤에 비가 왔어, 그렇지 않니?
① Sam은 지하철을 탔어, 그렇지 않니?
② Mary는 우유를 좋아하지 않아, 그렇지?
③ 그 쿠키들은 맛이 좋아, 그렇지 않니?
④ 그 쇼는 7시에 시작해, 그렇지 않니?
⑤ 너는 Jordan을 알지 못 해, 그렇지?

07 ①

목표 〈 명령문의 형태 판단하기 〉

해설 명령문은 동사원형으로 시작한다.

해석 당신의 전화 번호를 말해 주실래요?

08 ④

목표 〈 감탄문의 형태 판단하기 〉

해설 What 감탄문: What a delicious steak this is!

How 감탄문: How delicious this steak is!

해석 이것은 맛있는 스테이크이다.

09 ①

목표 〈 부가의문문의 형태 판단하기 〉

해설 주어의 주격 대명사 형태가 다른 것을 고른다.
① 3인칭 복수 주어 → they
②~⑤ 3인칭 단수 주어 → it

해석 ① 그 가게들은 닫혀 있었어, 그렇지 않니?
② 나의 휴대폰은 소파 위에 있어, 그렇지 않니?
③ 그 일은 다시 일어나지 않을 거야, 그렇지?
④ 이 책은 지루해 보여, 그렇지 않니?
⑤ 그 기차는 10시에 도착했어, 그렇지 않니?

10 ②

목표 〈 명령문의 어법성 판단하기 〉

해설 명령문은 동사원형으로 시작한다. (Put, Help)
Waters → Water / Picked → Pick / Showing → Show

해석 • 너의 장난감들을 상자 안에 넣어라.
• 일주일에 두 번 그 식물에 물을 주어라. / • 거리에 있는 쓰레기를 주워라.
• 나를 도와줘. / • 그 지도를 나에게 보여줘.

11 ⑤

목표 〈 부가의문문 대화문의 어법성 판단하기 〉

해설 ⑤ No, he does. → Yes, he does. / No, he doesn't.
의문문에 대답할 때는 질문이 긍정/부정인지와 상관없이 답하는 내용이 긍정이면 Yes, 부정이면 No로 대답한다.

해석 ① A: 너는 서울에 살아, 그렇지 않니? / B: 응, 그래.
② A: 너의 남동생은 이탈리아에 있어, 그렇지 않니? / B: 아니, 그렇지 않아.
③ A: 그들은 준비되지 않았어, 그렇지? / B: 응, 준비되지 않았어.
④ A: Linda는 드럼을 연주해, 그렇지 않니? / B: 응, 그래.
⑤ A: Will은 요리하는 걸 좋아하지 않아, 그렇지?
　　B: 아니, 좋아해. / 응, 좋아하지 않아.

12 ③

목표 〈 다양한 문장의 어법성 판단하기 〉

해설 ⓒ What → How

해석 A: 8시에 극장에서 만나자. 늦지 마! / B: 응, 그러지 않을게. 정말 신난다! 그 영화는 재미있을 것 같아, 그렇지 않니?

13 ③

목표 〈 의문사 의문문의 대화 완성하기 〉

해설 '누구'에 대한 질문이므로 의문사 Who를 쓴다.

해석 ① 너의 남동생의 이름은 뭐니?
② 너의 남동생은 (이중에) 누구니? / ③ 누가 설거지를 했니?
④ Jamie는 언제 설거지를 했니? / ⑤ 너는 Jamie를 어디서 만날 거니?

14 ②

목표 〈 의문사 의문문의 대화 완성하기 〉

해설 '무엇'에 대한 질문이므로 의문사 What을 쓴다.

해석 ① 이것은 누구의 버거니? / ② 너는 무엇을 주문했니?
③ 누가 그 버거를 주문했니? / ④ 너는 왜 그 버거를 주문했니?
⑤ 그 쇠고기 버거는 얼마니?

15 ④

목표 〈 감탄문의 어법성 판단하기 〉

해설 ⓓ How happy the baby is!
How 감탄문의 어법성은 문장을 평서문으로 바꿔서 생각한다.
be동사/감각/상태동사는 형용사와, 일반동사는 부사와 쓰인다.
How happy the baby is! → The baby is happy.
How happily the baby smiles! → The baby smiles happily.

해석 ⓐ 그는 정말 똑똑한 소년이구나! / ⓑ 그것은 정말 신나는 경기였어!
ⓒ 그 강아지들은 정말 귀엽구나! / ⓓ 그 아기는 정말 행복하구나!

16 ⑤
목표 〈 부가의문문의 어법성 판단하기 〉
해설 ⓐ They are hungry, aren't they?
앞에 긍정문이 나왔으므로 부가의문문은 부정형으로 쓴다.

해석 ⓐ 그들은 배고파, 그렇지 않니?
ⓑ 그녀는 집에 없었어, 그렇지?
ⓒ 나는 그에게 전화하지 말아야 해, 그렇지?
ⓓ 네가 이 편지를 썼어, 그렇지 않니?

17 ②
목표 〈 의문사 의문문과 명령문의 어법성 판단하기 〉
해설 ②는 명령문이므로 Turn을 동사원형으로 쓴다.

해석 ① 너는 어느 셔츠를 샀니?
② 영화가 시작하기 전에 너의 휴대폰을 꺼라.
③ 그 버스 정류장은 여기서 얼마나 머니?
④ 너의 안전벨트를 풀지 마라.
⑤ 벽에 있는 그 그림들을 만지지 마라.

18 ①
목표 〈 감탄문과 부가의문문의 어법성 판단하기 〉
해설 What 감탄문은 'What + (a/an) + 형용사 + 명사 + (주어 + 동사)!' 구조인데, ①은 '주어 + 동사'의 순서가 바뀌었다.

해석 ① 그것은 정말 아름다운 섬이구나!
② 그 물은 너무 차가워, 그렇지 않니?
③ 너는 은행에서 일해, 그렇지 않니?
④ 날씨가 정말 좋구나!
⑤ 그들은 그 게임을 이기지 않았어, 그렇지?

19 ⑤
목표 〈 명령문과 청유문의 의미 파악하기 〉
해설 ⑤ Don't forget = 잊지 마라

해석 ① 저에게 물 좀 가져다주세요. / ② 너의 방을 치워라.
③ 그 지하철 역에서 만나자. / ④ 그 파티에 늦지 마라.
⑤ 계란을 좀 사는 것을 잊지 마라.

20 ④
목표 〈 의문사 의문문과 부가의문문 영작하기 〉
해설 ④ '왜'는 의문사 Why로 나타낸다.

21 ③
목표 〈 감탄문과 의문사 의문문의 형태 판단하기 〉
해설 ⓐ How / ⓑ Why / ⓒ What / ⓓ How / ⓔ Who
의문사 How는 형용사/부사와 함께 쓰이기도 하는데, 이때 How는 '얼마나'로 해석되며 형용사/부사를 수식한다. 감탄사 How 또한 형용사/부사 앞에 쓰인다.

해석 ⓐ 너는 자전거를 얼마나 자주 타니?
ⓑ 너는 왜 그렇게 슬퍼 보이니?
ⓒ 정말 끔찍한 사고구나!
ⓓ 그는 무대에서 정말 춤을 잘 추는구나!
ⓔ 누가 너에게 그 소식을 말해 주었니?

22 ⑤
목표 〈 다양한 문장의 어법성 판단하기 〉
해설 ⑤ 부가의문문도 같은 시제로 쓴다. (didn't → don't)
해석 ① 정말 멋진 집이구나! / ② 이것은 너의 방이야, 그렇지 않니?
③ 화장실은 어디 있니? / ④ 너는 누구와 함께 사니?
⑤ 너는 너의 가족과 함께 살아, 그렇지 않니?

23 What a smart robot (it is)!
목표 〈 감탄문 영작하기 〉
해설 What + (a/an) + 형용사 + 명사 + (주어 + 동사)!

24 Alex found the treasure, didn't he?
목표 〈 부가의문문 영작하기 〉
해설 일반동사가 사용된 과거시제 문장이므로 부가의문문에는 did를 쓰는데, 앞이 긍정이므로 부가의문문은 부정형으로 쓴다.

25 Whose jacket is this? / Whose is this jacket?
목표 〈 의문사 의문문 영작하기 〉
해설 '누구의 것'에 대한 질문이므로 의문사 Whose를 쓴다.
해석 A: 이건 누구의 재킷이니? / B: 이 재킷은 Jenny의 것이야.

26 When did you borrow the book?
목표 〈 의문사 의문문 영작하기 〉
해설 '언제'에 대한 질문이므로 의문사 When을 쓴다.
해석 A: 너는 그 책을 언제 빌렸니? / B: 나는 금요일에 그것을 빌렸어.

27 Taking → Take
목표 〈 명령문의 어법성 판단하기 〉
해설 명령문은 동사원형으로 시작한다.
해석 7번 버스를 타. Central Park 정류장에서 내려. Central Park에서 나랑 만나.

28 does → doesn't
목표 〈 부가의문문의 어법성 판단하기 〉
해설 앞이 긍정문이므로 부가의문문은 부정이 되어야 한다.
해석 Julie: 그 수프는 맛이 별로야, 그렇지 않니? / Brad: 응, 별로야.
Julie: 너는 소금을 넣지 않았구나, 그렇지?

29 How fresh these carrots are!
목표 〈 감탄문 영작하기 〉
해설 How 감탄문: How + 형용사 + (주어 + 동사)!
해석 이 당근들은 정말 신선하구나!

30 Do not [Don't] take pictures
목표 〈 명령문 영작하기 〉
해설 부정 명령문은 'Don't + 동사원형'으로 시작한다.
해석 전시장 안에서 사진을 찍지 마시오.

감각 UP! 리뷰 테스트   **p. 158**

01 ③	**02** ④	**03** ①	**04** ⑤	**05** ②	**06** at
07 ④	**08** ②	**09** ⑤	**10** ③	**11** but	**12** ③
13 ⑤	**14** ①	**15** ②	**16** However		

01   ③
목표 〈 문맥에 맞는 전치사 고르기 〉
해설 at은 구체적인 시각을 가리키는 시간 전치사이자, 특정한 장소를 가리키는 장소 전치사이다.
해석 • 소라는 아침 7시에 일어난다. / • 한수는 주말에 집에 있다.

02   ④
목표 〈 문맥에 맞는 전치사 비교하기 〉
해설 ④ 요일을 가리키는 전치사는 on이다.
①, ③ 시간 전치사 in (월, 계절, 시간대 등)
②, ⑤ 장소 전치사 in (나라, 도시 등)
해석 ① 그는 아침에 운동한다.
② 내 친구는 캐나다에 산다. / ③ 학교는 3월에 시작할 것이다.
④ 그녀의 생일은 수요일이다. / ⑤ 그 축제는 런던에서 열렸다.

03   ①
목표 〈 전치사의 쓰임 판단하기 〉
해설 7시 반까지 = until/by seven thirty

※ 전치사 until vs. by (~까지)
until: 해당 시점까지의 기간에 초점
I didn't sleep <u>until</u> 2 a.m. (나는 새벽 2시까지 잠을 안 잤다.)
by: 특정 마감기한에 초점
Finish your homework <u>by</u> ten. (10시까지 숙제를 끝내라.)

※ 전치사 for vs. during (~ 동안)
for + 기간의 길이/숫자
<u>for</u> a few days (며칠 동안)
during + 기간의 명칭
<u>during</u> winter vacation (겨울 방학 동안)

04   ⑤
목표 〈 전치사의 쓰임 판단하기 〉
해설 ⑤ on Spain → in Spain
①, ② at: 친구 집, 은행 등 특정 장소에
③ on: 표면에 접촉해 있는 곳에
④, ⑤ in: 국가, 도시 등 특정 지역에
해석 ① Danny의 집에서 만나자. / ② 은행에 많은 사람들이 있었다.
③ 나는 길에서 지갑을 발견했다. / ④ 제주의 날씨가 화창했다.
⑤ 우리는 한 달 동안 스페인에 머물렀다.

05   ②
목표 〈 문맥에 맞는 전치사 고르기 〉
해설 장소 전치사 behind: ~ 뒤에

06   at
목표 〈 문맥에 맞는 전치사 쓰기 〉
해설 시간대를 나타내는 단어 중 morning, afternoon, evening은 in과 함께 쓰는 반면, night는 at을 쓴다. (in the morning, in the afternoon, in the evening, at night)

07   ④
목표 〈 접속사의 쓰임 판단하기 〉
해설 so는 '그래서'라는 뜻의 접속사로, 앞부분의 결과를 설명하는 말이 뒤에 이어져야 한다. 또한, so는 등위 접속사이기 때문에 앞에 절이 왔으므로 so 뒤에도 주어-동사가 포함된 절이 와야 한다.
해석 그는 연필을 가져오지 않아서 <u>하나를 빌렸다.</u>

08   ②
목표 〈 접속사의 어법성 판단하기 〉
해설 ② drying → dried
took a shower라는 동사구에 병렬 연결되는 또 다른 동사구가 되도록 drying 대신 dried를 쓴다.
해석 ① Mike는 노래 부르기와 춤추기를 잘한다.
② 그는 샤워를 하고 머리를 말렸다.
③ 우리는 방과 후에 게임을 하거나 TV를 본다.
④ 나는 버스를 놓쳤지만 늦지 않았다.
⑤ Lauren은 바빠서 오지 못 한다.

09   ⑤
목표 〈 문맥에 맞는 접속사 고르기 〉
해설 I think 뒤는 think의 목적어 자리인데, 빈칸에 that을 넣으면 목적어 역할을 하는 that절을 만들 수 있다.
해석 나는 그것이 훌륭한 아이디어라고 생각한다.

10   ③
목표 〈 접속사의 쓰임 판단하기 〉
해설 that절이 목적어 역할을 할 때 that을 생략할 수 있는데, ③의 that절은 주어 역할을 한다.
해석 ① 우리는 네가 잘할 것이라고 믿는다.
② 나는 너를 곧 보기를 희망한다.
③ 그가 감기에 걸린 것은 놀랍지 않다.
④ 우리는 7이 행운의 숫자라고 생각한다.
⑤ 나는 너의 여동생이 아기를 낳았다고 들었다.
■ **have a baby** 아기를 낳다, 출산하다

11 　but
목표 〈 문맥에 맞는 접속사 쓰기 〉
해설 앞과 반대되는 내용을 연결하는 상황이므로 등위 접속사 but을 쓴다.

※ 접속사 but vs. 접속 부사 however
but은 접속사로서 단어/구/절을 연결하여 한 문장을 만드는 반면, however는 문장과 문장을 의미상으로 이어주는 부사이다.
The food was delicious <u>but</u> spicy.
(그 음식은 맛있지만 매웠다.)
The food was delicious. <u>However</u>, it was too spicy for me.
(그 음식은 맛있었다. 그러나 그것은 나에게 너무 매웠다.)

12 　③
목표 〈 접속사의 의미 파악하기 〉
해설 when I have lunch = 내가 점심을 먹을 때

13 　⑤
목표 〈 문맥에 맞는 접속사 고르기 〉
해설 앞의 내용에 대한 이유를 설명하는 상황이므로 부사절 접속사 because를 쓴다. (because: ~ 때문에, ~이므로)

14 　①
목표 〈 접속사의 의미 파악하기 〉
해설 부사절 접속사 if는 '만약 ~한다면'이라는 뜻으로 상황을 가정해서 나타낸다.
해석 만약 네가 내 가방을 찾는다면, <u>나에게 말해줘.</u>

15 　②
목표 〈 접속사 문장 완성하기 〉
해설 접속사 because 뒤에는 앞의 내용에 대한 이유를 설명하는 말이 이어지므로 '결과 + because + 원인' 순서로 배열한다.
해석 비가 오기 시작해서 나는 달렸다.

16 　However
목표 〈 문맥에 맞는 접속 부사 쓰기 〉
해설 접속 부사 however는 앞 문장과 반대되는 내용을 의미상으로 연결한다. (however: 그러나, 그렇지만)

 실력 UP! 실전 테스트　**p. 160**

01 ②　**02** ⑤　**03** ⑤　**04** ③　**05** ③　**06** ②
07 ①　**08** ④　**09** ②　**10** ④　**11** ③　**12** ⑤
13 ④　**14** ①　**15** ①　**16** ④　**17** ②　**18** ③
19 ⑤　**20** ⑤　**21** ①　**22** ③
23 was cold, so he put on his coat　**24** think that Sarah is a good friend　**25** Christmas is on December 25th.　**26** I was at the hospital because I was sick. / Because I was sick, I was at the hospital.　**27** So → When　**28** Therefore → However　**29** Do you like pop music or jazz music?　**30** I visited Paris, but I didn't see the Eiffel Tower. / I visited Paris but didn't see the Eiffel Tower.

01 　②
목표 〈 문맥에 맞는 전치사 고르기 〉
해설 전치사 in: ~에 (하루 중 긴 시간대)
전치사 on: ~에 (요일, 날짜 등)
해석 • 나는 오후에 피아노 레슨이 있다. / • 토요일에 영화를 보자.

02 　⑤
목표 〈 문맥에 맞는 접속사 고르기 〉
해설 접속사 so: 그래서 (원인 + so + 결과)
접속사 but: 그러나 (A + but + A와 반대되는 내용)
해석 • 그는 배고파서 많은 음식을 먹었다.
• 그녀는 테니스를 잘하지 못 하지만 치는 것은 즐긴다.

03 　⑤
목표 〈 문맥에 맞는 전치사 판단하기 〉
해설 ⑤ 전치사 on: ~에 (표면에 닿아 있는 것)
①~④ 전치사 at: ~에 (친구 집, 슈퍼마켓 등 특정 장소)
해석 ① 내 친구들은 수빈의 집에 있다.
② 그녀는 지금 슈퍼마켓에 있다. / ③ 빵집에서 빵을 좀 사라.
④ 나는 그것들을 도서관에서 빌렸다. / ⑤ 너의 옷들이 바닥에 있다.

04 　③
목표 〈 문맥에 맞는 접속사 판단하기 〉
해설 Joe is young, so he can't drive. (원인 + so + 결과)
It was cold, but Gina went swimming. (A + but + A와 반대되는 내용)
해석 • 너는 야구를 좋아하니, 축구를 좋아하니?
• 우리는 학교 가기 전에 만나야 할까, 끝나고 만나야 할까?
• Joe는 어려서 운전을 못 한다.
• 내가 저녁 식사를 만들거나 설거지를 할게..
• 추웠지만 Gina는 수영하러 갔다.

05 ③

목표 〈 접속사 문장의 형태 이해하기 〉

해설 and는 대등한 관계의 단어/구/절을 이어준다. 이 경우, 동사구 sold their house와 bought a new one을 연결한다.

해석　그들은 그들의 집을 팔고 새것을 샀다.

06 ②

목표 〈 접속사 문장의 형태 이해하기 〉

해설 that은 명사절을 만들어서 문장에 포함시키는 역할을 하는데, 이 경우 that절은 동사 know의 목적어가 된다.

해석　나는 네가 음악 듣기를 좋아한다는 것을 안다.

07 ①

목표 〈 접속사 문장 영작하기 〉

해설 '~할 때'는 부사절 접속사 when으로 나타내며, 부사절 접속사가 포함된 부사절은 문장 앞이나 뒤에 올 수 있다. 단, 문장 앞에 올 때는 부사절 뒤에 쉼표를 쓴다.

08 ④

목표 〈 접속사 문장의 형태 이해하기 〉

해설 ④ It made me angry that he told a lie.
that절이 주어 역할을 하는 경우, that절을 동사 뒤로 보내고 주어는 가주어 It으로 대체할 수 있다.

해석　① 그녀가 내 이름을 안다는 것은 놀랍다.
② 그가 연습하지 않았다는 것은 나를 걱정시킨다.
③ 우리가 함께 일하는 것이 중요하다.
④ 그가 거짓말을 했다는 것이 나를 화나게 만들었다.
⑤ 내가 내 반에서 가장 키가 크다는 것은 사실이다.

09 ②

목표 〈 접속사 문장의 어법성 판단하기 〉

해설 ⓐ go fishing (동사구) + have a good time (동사구)
ⓓ I brought my jacket (절) + it is in the car (절)

해석　ⓐ 낚시하러 가서 좋은 시간을 보내자.
ⓑ 나는 수의사가 되어 아픈 동물들을 도울 것이다.
ⓒ 바람 부는 날씨였지만 따뜻했다.
ⓓ 나는 내 재킷을 가져왔지만 그것은 차에 있다.

10 ④

목표 〈 접속사 문장의 어법성 판단하기 〉

해설 ⓓ 종속 접속사 that은 절 앞에 붙어서 명사절을 만드는데, didn't win a prize는 주어가 없으므로 절이 아니다.

해석　ⓐ 눈이 올 때 나는 지하철을 탄다.
ⓑ 내가 돌아왔을 때, 그녀는 거기 없었다.
ⓒ 나는 네가 책을 썼다는 것을 들었다.
ⓓ (주어가) 상을 타지 못 한 것은 안타까운 일이다.

11 ③

목표 〈 접속사의 쓰임 이해하기 〉

해설 ③의 that절은 보어로서 주어를 보충 설명하는 반면, 나머지 that절은 목적어 역할을 한다.

해석　① 그녀는 내가 자신보다 나이가 많다고 생각한다.
② 그들은 내가 집에 갔다고 생각했다.
③ 문제는 내가 요리를 못 한다는 것이다.
④ 우리는 네가 얼른 낫기를 바란다.
⑤ 나는 그가 유명하다는 것을 몰랐다.

12 ⑤

목표 〈 접속사 문장 영작하기 〉

해설 접속사 that을 이용해 '지구가 평평하다'를 명사절로 만들 수 있다.

13 ④

목표 〈 문맥에 맞는 접속사 문장 고르기 〉

해설 이유를 설명할 때는 접속사 because를 쓴다.

해석　A: 너는 왜 너의 다리를 다쳤니?
① 나는 내 다리와 등을 다쳤어. / ② 나는 내 다리를 다쳐서 병원에 갔어.
③ 나는 내 다리를 다쳤지만 괜찮아. / ④ 나는 넘어져서 다리를 다쳤어.
⑤ 내가 다리를 다쳤을 때 나는 학교에 있었어.

14 ①

목표 〈 전치사의 어법성 판단하기 〉

해설 ① 마감기한을 나타낼 때는 by를 쓴다. (by Friday)

해석
① A: 너는 이 책을 빌렸니?
　 B: 응. 나는 그것을 금요일까지 반납해야 해.
② A: 너는 몇 시에 점심 식사를 하니?
　 B: 나는 주로 12시에 점심 식사를 해.
③ A: 너는 우산을 가지고 있니?
　 B: 아니. 나는 비가 그칠 때까지 집에 못 가.
④ A: 그녀는 얼마나 오래 머무를 거니?
　 B: 그녀는 2주 동안 있을 거야.
⑤ A: 너는 설 명절 동안 무엇을 할 거니?
　 B: 나는 내 조부모님을 방문할 거야.

15 ①

목표 〈 접속사의 어법성 판단하기 〉

해설 ① but은 앞과 반대되는 내용을 연결한다. (I am busy, but I can come. / I am busy, so I can't come.)

해석
① A: 너는 내일 올 수 있니?
　 B: 나는 바쁘지만 갈 수 있어. / 나는 바빠서 갈 수 없어.
② A: 너는 무엇을 주문할 거니?
　 B: 나는 버거와 (감자)튀김을 먹을 거야.
③ A: 너는 우유를 원하니, 주스를 원하니?
　 B: 나는 주스를 원해.
④ A: 만약 비가 온다면 너는 어떡할 거니?
　 B: 나는 우산을 빌릴 거야.
⑤ A: 너는 기차를 탔니?
　 B: 아니. 나는 늦어서 기차를 놓쳤어.

16 ④
목표 〈 접속사/접속 부사의 어법성 판단하기 〉
해설 ⓓ nice or warm → nice and warm
or는 둘 중 하나를 선택할 때 쓰는 접속사이다.

해석 Andy는 일찍 잠자리에 들었지만, 그는 잠을 잘 수 없었다. 그러므로 그는 다음 날 피곤했다. 그는 신선한 공기가 필요해서 산책을 하러 갔다. 날씨는 좋고 따뜻했다. 그는 집에 왔을 때 기분이 훨씬 나아졌다.

---

17 ②
목표 〈 접속 부사의 쓰임 이해하기 〉
해설 접속 부사 however: 그러나, 그렇지만

해석 그 영화는 지루했다. 그러나, ~.
① 나는 그 영화를 보지 않았다
② 나는 내가 가장 좋아하는 배우를 봐서 기뻤다
③ 나는 영화 보는 것을 멈췄다
④ 나는 그 영화를 다시는 보지 않을 것이다
⑤ 내 친구도 그것이 지루하다고 생각했다

---

18 ③
목표 〈 접속 부사의 쓰임 이해하기 〉
해설 접속 부사 therefore: 따라서, 그러므로

해석 나는 확실하지 않다. 그러므로, ~.
① 나는 너에게 그 답을 말해줄 것이다 / ② 이것은 쉬운 문제이다
③ 너는 선생님께 여쭤보는 게 좋겠다 / ④ 너는 나에게 물어야 한다
⑤ 나는 네가 똑똑하다고 생각한다

---

19 ⑤
목표 〈 접속사의 어법성 판단하기 〉
해설 ⑤ 동사 뒤에 that을 넣어 목적어인 that절을 만든다.

해석 ① 그것은 집에 있니 아니면 학교에 있니?
② 그는 수학과 과학을 잘한다.
③ Sue는 친절해서 우리는 그녀를 좋아한다.
④ 나는 슬플 때 아이스크림을 먹는다.
⑤ 나는 볼링이 재미있다고 생각한다.

---

20 ⑤
목표 〈 전치사의 의미 이해하기 〉
해설 ⑤ behind (~ 뒤에) → in front of (~ 앞에)

---

21 ①
목표 〈 접속사의 쓰임 이해하기 〉
해설 ① but (그러나) → because (~ 때문에)

---

22 ③
목표 〈 전치사의 쓰임 이해하기 〉
해설 ③ '벽에 걸린'이라는 표현은 표면에 닿는 것을 묘사하는 전치사 on을 사용하여 나타낸다.

해석 ① 큰 창문이 커튼 뒤에 있다.
② 상자 몇 개가 탁자 아래에 있다. / ③ 그림이 벽에 걸려 있다.
④ 침대는 문 옆에 있다. / ⑤ 책상 위에 책장이 있다.

---

23 was cold, so he put on his coat
목표 〈 접속사 이용해 영작하기 〉
해설 so는 결과를 나타내는 접속사이므로 '원인 + so + 결과' 순서로 배열한다. (It은 비인칭 주어)

해석 (날씨가) 추워서 그는 코트를 입었다.

---

24 think that Sarah is a good friend
목표 〈 접속사 이용해 영작하기 〉
해설 '주어 + 동사 + that절' 순서로 배열하여 that절을 동사의 목적어로 쓴다.

해석 나는 Sarah가 좋은 친구라고 생각한다.

---

25 Christmas is on December 25th.
목표 〈 전치사 이용해 영작하기 〉
해설 시간 전치사 on: 구체적인 날짜를 가리킬 때 쓴다.

---

26 I was at the hospital because I was sick. /
Because I was sick, I was at the hospital.
목표 〈 접속사 이용해 영작하기 〉
해설 이유를 설명하는 부사절 접속사 because를 써서 '결과 + because + 이유' 순서로 영작한다.

---

27 So → When
목표 〈 접속사의 어법성 판단하기 〉
해설 부사절 접속사 when: ~할 때, ~하면
해석 난 영화를 보러 가면 늘 팝콘을 먹는다. 난 그 달고 짠 맛을 좋아한다.

---

28 Therefore → However
목표 〈 접속 부사의 어법성 판단하기 〉
해설 접속 부사 however: 그러나, 그렇지만

해석 나는 지난주에 바빴다. 그러나 이번 주에는 한가하다. 만약 네가 우리 집에 오면 나는 너를 위해 저녁 식사를 만들어 줄 것이다.

---

29 Do you like pop music or jazz music?
목표 〈 접속사 이용해 문장 만들기 〉
해설 Do you like까지는 중복되는 내용이므로 그 뒤에 오는 명사구끼리 묶어서 문장을 만든다.

해석 1) 너는 팝 음악을 좋아하니? 2) 너는 재즈 음악을 좋아하니?
1 + 2) 너는 팝 음악 또는 재즈 음악을 좋아하니?

---

30 I visited Paris, but I didn't see the Eiffel Tower. /
I visited Paris but didn't see the Eiffel Tower.
목표 〈 접속사 이용해 문장 만들기 〉
해설 절끼리 연결하거나, 이 경우 주어가 같으므로 주어 뒤에 동사구끼리 연결할 수 있다.

해석 1) 나는 파리를 방문했다. 2) 나는 에펠탑을 보지 못 했다.
1 + 2) 나는 파리를 방문했지만 에펠탑을 보지 못 했다.

FINAL TEST

 FINAL TEST [1] (Chapter 1~6) **p. 166**

01 ①	02 ②	03 ④	04 ③	05 ⑤	06 ②
07 ⑤	08 ③, ⑤	09 ④	10 ①	11 ②	
12 ⑤	13 ②	14 ③	15 ③	16 ④	17 ④
18 ②	19 ⑤	20 ③	21 ④	22 ①	23 ③

24 ⑤ **25** 1) Fred doesn't go to bed at midnight.
2) Does Fred go to bed at midnight?
26 1) Everyone had a good time. 2) Everyone will have a good time. **27** I don't remember their names. **28** 1) cann't → can't [cannot] 2) do → can **29** We are lying on the grass. **30** There was a bottle of juice on the table.

01 ①
목표 〈 주어에 맞는 be동사 고르기 〉
해설 I (1인칭 단수) + am
New York (3인칭 단수) + is
Are + Hojun and Junho (3인칭 복수)

해석 • 나는 춤을 잘 못 춘다.
• 뉴욕은 바쁜 도시이다.
• 호준과 준호는 친구 사이이니?

02 ②
목표 〈 명사 복수형의 형태 판단하기 〉
해설 ② sheep은 단/복수의 형태가 같다.

03 ④
목표 〈 동사 과거형의 형태 판단하기 〉
해설 ④ read는 원형/과거형이 같고 발음만 다르다.

04 ③
목표 〈 주어에 맞는 be동사 고르기 〉
해설 ③의 주어 The girls는 3인칭 복수로 are를 동사로 취한다. 반면, 나머지는 모두 3인칭 단수 주어이므로 is를 쓴다.

해석 ① 내 시계는 탁자 위에 있지 않다.
② 그는 샌드위치를 먹고 있다.
③ 그 소녀들은 배구를 하고 있다.
④ Brad는 그 축구팀에 있니?
⑤ 그 새는 하늘을 날고 있니?

05 ⑤
목표 〈 단위 명사, 수량 형용사의 뜻 이해하기 〉
해설 ⑤ a few people = 몇몇 사람들

06 ②
목표 〈 인칭대명사의 어법성 판단하기 〉
해설 ② 밑줄 친 부분은 문맥상 '나의 것'을 뜻해야 하므로 소유대명사 mine을 쓴다. me는 목적격 대명사이다.

해석 ① 나는 체육관에서 그를 찾았다.
② 탁자 위의 그 컵은 내 것이 아니다.
③ 그 노란색 담요는 너의 것이니?
④ 그 말은 그것의 꼬리를 움직였다.
⑤ 우리는 우리의 자리로 갔다.

07 ⑤
목표 〈 조동사의 뜻 이해하기 〉
해설 ⑤ have to는 must처럼 의무를 뜻하지만, 부정형 don't have to는 '~하지 않아도 된다'라는 뜻이므로 '~하면 안 된다'를 뜻하는 must not과는 다르다.

해석 ① Becky는 수영을 잘한다.
② 너는 너의 친구를 데려와도 된다.
③ 그들은 8시 30분까지 도착해야 한다.
④ 너는 지하철에서 (음식을) 먹으면 안 된다.
⑤ John은 시험을 보지 않아도 된다. / John은 시험을 보면 안 된다.

08 ③, ⑤
목표 〈 주어의 단/복수 구분하기 〉
해설 주어가 1/3인칭 단수일 때는 was, 나머지는 were를 쓴다.

해석 ① 그 햄버거는 (가격이) 쌌다.
② 그 박물관은 영업 중이 아니었다.
③ 그 버스에는 많은 사람들이 있었다.
④ 작년에 큰 폭풍이 있었니?
⑤ 너와 Gina는 TV를 보고 있었니?

09 ④
목표 〈 미래시제, 재귀대명사, 부정대명사 이해하기 〉
해설 be going to: 미래시제 표현(~할 예정이다)
itself: 3인칭 단수 주어의 재귀대명사
one: 부정대명사

해석 • Liam은 태국을 방문할 것이다.
• 그 고양이는 자기 몸을 긁었다.
• 미희는 예쁜 반지를 가지고 있다. 나도 (반지) 하나를 가지고 싶다.

10 ①
목표 〈 비인칭 주어와 대명사 구별하기 〉
해설 보기와 ①의 비인칭 주어 It은 계절, 요일 등을 나타낸다. 나머지 문장의 It은 실제로 가리키는 대상이 있는 대명사로 '그 것'으로 해석된다.

해석 [보기] 거의 여름이다.
① 내일은 토요일이다.
② 그것은 아주 큰 수박이다.
③ 그것은 내 가방 안에 있지 않다.
④ 그것은 물이 좀 필요하다.
⑤ 그것은 아주 빨리 달릴 수 있다.

50   중학 영문법 1

11 ②

목표 〈 일반동사 부정문의 형태 판단하기 〉

해설 ②는 주어가 3인칭 단수이므로 doesn't, 나머지 문장은 don't를 쓴다. (일반동사 부정형: don't/doesn't + 동사원형)

해석 ① 그들은 그 이유를 알지 못한다.
② 지영은 그녀의 가족과 함께 살지 않는다.
③ 내 남동생과 나는 삼촌이 없다.
④ 올빼미들은 밤에 잠을 자지 않는다.
⑤ 대부분의 아이들은 채소를 좋아하지 않는다.

■ owl 올빼미

12 ⑤

목표 〈 일반동사 의문문의 형태 판단하기 〉

해설 Does Jack watch horror movies?
일반동사 의문문: Do/Does + 주어 + 동사원형 ~?

해석 Jack은 공포 영화를 본다.

13 ②

목표 〈 조동사 문장의 어법성 판단하기 〉

해설 You don't should → You should not [shouldn't]
not have to → does not [doesn't] have to
It mayn't → It may not (mayn't으로 축약 불가)

해석 • 너는 여기서 큰 소리로 말하지 말아야 한다.
• 내가 내 개를 쇼핑몰에 데려가도 되니?
• 정민은 안경을 쓰지 않아도 된다.
• 내일은 눈이 오지 않을지도 모른다. / • 나는 오늘 진찰을 받아야 한다.

■ see a doctor 진찰을 받다

14 ③

목표 〈 과거시제 문장의 형태 판단하기 〉

해설 ③ 일반동사 부정문은 현재시제에서 don't/doesn't, 과거시제에서 didn't를 쓰며, 동사는 시제와 관계없이 동사원형을 쓴다. (doesn't took → didn't take)

해석 ① Matt은 소파에서 잠을 잔다.
② Debby는 매일 그 물고기에게 먹이를 준다.
③ Sam은 사진을 찍지 않는다.
④ 그 동물원에는 사자가 있니?
⑤ 그 궁궐에는 많은 방문객들이 있다.

15 ③

목표 〈 미래시제 문장의 형태 판단하기 〉

해설 미래시제 긍정형: will + 동사원형
미래시제 부정형: will not [won't] + 동사원형

해석 • Noah는 요리사이다. / • Paul은 늦게 일어나지 않는다.

16 ④

목표 〈 재귀대명사 문장 영작하기 〉

해설 '직접'은 재귀대명사 강조용법으로 나타내는데, 주어가 3인칭 단수(남성)이므로 재귀대명사 himself를 쓴다. 강조용법 재귀대명사는 주어 뒤나 문장 뒤에 쓴다.

17 ④

목표 〈 조동사 문장 영작하기 〉

해설 '~할 수 있다'라는 가능의 의미는 can으로 나타낸다. could는 can의 과거형이다. (~할 수 있었다)

18 ②

목표 〈 다양한 시제 문장의 어법성 판단하기 〉

해설 ⓑ He reading → He is/was reading
진행시제에서 be동사를 빠뜨리지 않도록 주의하자.
ⓔ I be going to → I am going to
미래시제 be going to에서 주어에 알맞은 be동사를 쓴다.

해석 ⓐ 그 선수는 공을 떨어뜨렸다.
ⓑ 그는 신문을 읽고 있다/있었다.
ⓒ 그녀는 정원에 물을 주고 있었다.
ⓓ 그들은 호텔에 묵을 것이다.
ⓔ 나는 다음 주에 돌아올 것이다.

19 ⑤

목표 〈 대답에 맞는 의문문 고르기 〉

해설 ① B: Yes, she did.
② B: Yes, she does.
③ B: Yes, she was.
④ B: Yes, they are.

해석 ① Dora는 책을 썼니?
② Dora는 집에서 (글을) 쓰니?
③ Dora는 책을 쓰고 있었니?
④ 그들은 Dora의 책을 읽고 있니?
⑤ Dora는 작가가 될 거니?

20 ③

목표 〈 be동사-명사의 수 일치 판단하기 〉

해설 ③ Were there + 복수 명사 ~?

해석 ① 여러 장의 종이가 있니?
② 탁자 위에는 차 한 잔이 있니?
③ 많은 사람들이 있었니?
④ 그 바구니 안에는 음식이 좀 있었니?
⑤ 많은 정보가 있지 않았니?

21 ④

목표 〈 조동사 대화문의 어법성 판단하기 〉

해설 ④ B: Yes, you do. / Yes, you have to.

해석
① A: 너는 배드민턴을 칠 줄 아니?
   B: 응, 칠 줄 알아.
② A: Lauren과 통화할 수 있을까요?
   B: 잠시만 기다려 주세요.
③ A: 그는 Kevin의 집에 있는 게 틀림없어.
   B: 확실하니?
④ A: 제가 제 이름을 써야 하나요?
   B: 네, 그래야 해요.
⑤ A: 너는 너의 부모님께 말씀드리는 게 좋겠다.
   B: 알겠어. 오늘 밤에 그들에게 말씀드릴게.

22 ①

목표 〈 다양한 문장의 어법성 판단하기 〉

해설 ⓐ 동격은 '명사(구) + 쉼표 + 명사(구)' 형태이므로 쉼표 뒤에 동사 is를 생략해야 한다.

해석 나는 지난 주말에 내 고향인 전주에 방문했다. 한옥마을은 아름다웠다. 음식도 맛있었다. 나는 생선과 고기를 많이 먹었다.

---

23 ③

목표 〈 인칭대명사의 어법성 판단하기 〉

해설 ⓒ Mine (My phone을 대체하는 소유 대명사)

해석 Ian은 새 휴대폰을 가지고 있다. 나도 같은 것(제품)을 가지고 있다. 그의 휴대폰은 검정색이다. 내 것은 흰색이다. 우리는 우리의 휴대폰을 좋아한다. 우리는 그것들을 조심스럽게 사용할 것이다.

---

24 ⑤

목표 〈 There is [are], 비인칭 주어 it 문장 영작하기 〉

해설 ⑤ Was there → Was it (비인칭 주어 의문문)

---

25 1) Fred doesn't go to bed at midnight.
   2) Does Fred go to bed at midnight?

목표 〈 일반동사 문장 부정문/의문문으로 전환하기 〉

해설 1) 일반동사 부정문: 주어 + don't/doesn't + 동사원형
2) 일반동사 의문문: Do/Does + 주어 + 동사원형 ~?

해석 Fred는 자정에 잠자리에 든다.

---

26 1) Everyone had a good time.
   2) Everyone will have a good time.

목표 〈 일반동사 문장 과거시제/미래시제로 전환하기 〉

해설 1) 일반동사 과거시제: 주어 + 동사 과거형(had)
2) 일반동사 미래시제: 주어 + will + 동사원형(have)

해석 모두가 즐거운 시간을 보낸다.

---

27 I don't remember their names.

목표 〈 일반동사 부정문 완성하기 〉

해설 '주어 + don't + 동사 + 목적어' 순서로 배열한다.

---

28 1) cann't → can't [cannot] 2) do → can

목표 〈 조동사의 어법성 판단하기 〉

해설 1) cannot의 축약형은 can't로 n이 하나이다.
2) 의문문에 쓰인 조동사를 써서 대답한다.

해석 콘서트에서 당신은 당신의 휴대폰을 사용해서는 안 된다. 당신은 당신의 자리에 머물러 있어야 한다. 노래를 따라 불러도 될까? 그래도 된다! 당신은 가수와 함께 노래할 수 있다.

---

29 We are lying on the grass.

목표 〈 진행시제 문장 영작하기 〉

해설 '누워 있다'는 현재진행시제이므로 'be동사 + 동사ing'로 쓰는데, lie는 -ie로 끝나는 동사이므로 ie를 y로 바꾼 다음 -ing를 붙인다. (lying) 또, '잔디밭에'는 표면에 닿아 있는 상태를 나타내므로 전치사 on을 쓴다. (on the grass)

---

30 There was a bottle of juice on the table.

목표 〈 There is [are] 문장 영작하기 〉

해설 '~이 있다/있었다'는 'There + be동사'로 나타내는데, 시제상 과거이므로 was를 활용한다. 그리고 '주스 한 병'은 단위 명사를 써서 a bottle of juice라고 한다.

FINAL TEST (2) (Chapter 7~12) **p. 170**

01 ④ **02** ⑤ **03** ① **04** ③ **05** ① **06** ②
07 ② **08** ⑤ **09** ③ **10** ④ **11** ④ **12** ①
13 ② **14** ① **15** ② **16** ② **17** ③ **18** ②
19 ④ **20** ③ **21** ⑤ **22** ④ **23** ④ **24** ①
25 Bob gave a piece of pie to me. **26** Our food was served by the waiter. **27** When he was 15, he became an actor. / He became an actor when he was 15. **28** 1) as prettier as → as pretty as
2) looked stars → looked like stars
29 June continued to read the book.
30 Do not [Don't] run on the stairs.

01 ④
목표 〈 비교 표현 문장 만들기 〉
해설 원급 비교(as + 원급 + as), 비교급(비교급 + than), 최상급 (the + 최상급) 문장이다. high는 형용사(높은)와 부사(높게)의 형태가 같으며, highly는 '매우'라는 뜻의 다른 부사이다. hot의 경우 [단모음 + 단자음]으로 끝나는 형용사이므로 자음을 한 번 더 쓰고 -er을 붙인다. (hotter)
해석 • 그 비행기는 그 구름들만큼 높이 날았다.
• 여름은 봄보다 더 덥다.
• 할머니는 내 가족 중에서 연세가 가장 많으시다.

02 ⑤
목표 〈 동사의 과거형, 과거분사형 판단하기 〉
해설 ⑤ leave - left - left

03 ①
목표 〈 전치사의 쓰임 판단하기 〉
해설 ① in / ②~⑤ at
전치사 at은 구체적인 시간이나 장소를 가리킨다. 단, 하루의 시간대를 나타내는 단어 중 night는 전치사 at을 쓰는 반면(at night), 나머지는 전치사 in을 쓴다(in the morning, in the afternoon, in the evening).
해석 ① 우리는 아침에 조깅하러 갔다.
② Eric은 밤에 불을 켰다.
③ Beth는 5시에 피아노 레슨이 있다.
④ 나는 집에서 영화 보는 것을 좋아한다.
⑤ 우리는 그들을 공항에서 만나는 게 좋을까?

04 ③
목표 〈 부가의문문의 형태 판단하기 〉
해설 일반동사 현재시제 긍정문의 부가의문문은 don't/doesn't를 쓰는데, 보기의 Evan은 3인칭 단수(남성)이므로 부가의문문은 doesn't he?이다.
① isn't it / ② didn't he / ③ doesn't he
④ aren't you / ⑤ weren't they
해석 [보기] Evan은 스포츠를 좋아해, 그렇지 않니?
① 이 가방은 너무 무거워, 그렇지 않니?
② George는 호주에서 살았어, 그렇지 않니?
③ Mason 씨는 너를 알아, 그렇지 않니?
④ 너와 Brian은 친구야, 그렇지 않니?
⑤ 그 소년들은 피자를 먹고 있었어, 그렇지 않니?

05 ①
목표 〈 수동태 문장의 수 일치 판단하기 〉
해설 주어가 1/3인칭 단수일 때는 was, 나머지는 were를 쓴다.
해석 ① 그 쿠키들은 Marie에 의해 구워졌다.
② 그 벽은 그 남자들에 의해 칠해졌다.
③ 그 집은 작년에 지어지지 않았다.
④ 저녁 식사는 Debby와 나에 의해 만들어졌다.
⑤ 진수는 그 선생님에 의해 소개되었다.

06 ②
목표 〈 형용사의 어법성 판단하기 〉
해설 ② beautiful → beautifully (동사를 수식하는 부사)
나머지 문장의 동사는 감각동사이므로 형용사와 함께 쓴다.
해석 ① 그 도로는 위험해 보인다.
② 그 발레리나는 아름답게 춤춘다. / ③ 그 파이는 맛있다.
④ 그 담요는 부드럽게 느껴진다. / ⑤ 그 음악은 편안하게 들린다.

07 ②
목표 〈 문장의 형식 구별하기 〉
해설 ⓐ, ⓒ, ⓓ 3형식: 주어 + 동사 + 목적어 + (수식어)
ⓑ, ⓔ 2형식: 주어 + 동사 + 보어
a hair designer, a superstar는 주어를 설명하는 보어이다.
해석 ⓐ 나는 내 할머니를 방문했다. / ⓑ Leo는 헤어 디자이너이다.
ⓒ 학생들은 교복을 입는다. / ⓓ 미선은 어젯밤에 나에게 전화했다.
ⓔ Jenn은 슈퍼스타가 되었다.

08 ⑤
목표 〈 부사의 어법성 판단하기 〉
해설 ⑤ late는 형용사(늦은)와 부사(늦게)의 형태가 같으므로 밑줄 친 부분을 고칠 필요가 없으며, -ly를 붙이면 '최근에'라는 다른 의미의 부사가 된다.
해석 ① 운 좋게도, 그는 새 직장을 구했다.
② 나는 그 방에 조용히 들어갔다.
③ 그들은 천천히 그 문을 열었다.
④ 수미는 쉽게 그 문제를 해결했다.
⑤ 우리는 미술 수업에 늦게 도착했다.

09 ③
목표 〈 to부정사의 형태 판단하기 〉
해설 ⓓ는 진행시제이므로 동사ing 앞에 be동사가 오고, ⓔ의
finish는 동명사를 목적어로 취하므로 to가 필요 없다.

해석 ⓐ Ted는 등산을 가고 싶지 않다.
ⓑ 우리는 뮤지컬을 보기로 결정했다.
ⓒ 나는 계란을 요리하기 위해 프라이팬을 썼다.
ⓓ Julie는 그녀의 방에서 책을 읽고 있다/있었다.
ⓔ 그들은 연습을 끝냈다.

10 ④
목표 〈 빈도부사 문장 영작하기 〉
해설 My sister often goes to the bookstore.
빈도부사는 be동사/조동사 뒤 또는 일반동사 앞에 쓰인다.

11 ④
목표 〈 접속사 문장 영작하기 〉
해설 I think that Ethan is very funny.
'주어 + 동사 + 목적어(that절)' 순서로 배열한다. 'Ethan이 정말
웃기다'를 that절로 만들면 동사의 목적어 역할을 할 수 있다.

12 ①
목표 〈 의문사 의문문의 의미 파악하기 〉
해설 ①의 Whose는 '누구'를 묻는 의문사이므로 B는 가방이
누구의 것인지 대답해야 한다.

해석 ① A: 그것은 누구의 가방이니? / B: 그것은 탁자 위에 있어.
② A: 너는 무엇을 먹었니? / B: 나는 스테이크를 먹었어.
③ A: 너는 어느 버스를 타니? / B: 빨간 버스.
④ A: 너는 얼마나 오래 머물렀니? / B: 일주일 동안.
⑤ A: 그는 왜 갔니? / B: 왜냐하면 그는 너무 바빴거든.

13 ②
목표 〈 동사의 목적어로서 동명사와 to부정사 구별하기 〉
해설 동사에 따라 취하는 목적어 형태가 다르다.
enjoy + 동명사 → enjoy traveling
plan + to부정사 → plan to build
mind + 동명사 → mind sleeping

해석 • 나는 다양한 장소를 여행하는 것을 즐긴다.
• 나는 서핑 레슨을 받기 시작했다.
• 나는 나 자신의 집을 지을 계획이다.
• 나는 같은 실수를 계속 한다.
• 나는 바닥에서 자는 것을 신경 쓰지 않는다.

14 ①
목표 〈 감탄문의 형식 구별하기 〉
해설 ⓐ, ⓒ, ⓓ How + 형용사 + (주어 + 동사)!
ⓑ, ⓔ What + (a/an) + 형용사 + 명사 + (주어 + 동사)!

해석 ⓐ 우리는 정말 긴장했어!
ⓑ 그것은 정말 멋진 도시구나! / ⓒ 그녀의 목소리는 정말 부드러웠어!
ⓓ 그들은 정말 피곤했어! / ⓔ 이것은 정말 멋진 선물이야!

15 ⑤
목표 〈 4형식 문장의 어법성 판단하기 〉
해설 ⓑ 4형식 문장의 간접목적어 앞에는 전치사가 붙지 않는
다. 단, 4형식을 3형식으로 바꿀 때는 전치사가 붙는다. (Dan
told a funny story to me.)

해석 ⓐ 나는 어제 그에게 소포를 보냈다.
ⓑ Dan은 나에게 재미있는 이야기를 들려주었다.
ⓒ 나무는 우리에게 먹을 과일을 준다.
ⓓ 나에게 물 한 잔을 가져다줄 수 있니?

16 ②
목표 〈 to부정사의 용법 구별하기 〉
해설 보기의 to say hello는 동사 called의 목적을 설명하는 부
사적 용법의 to부정사이다.
① 명사적 용법 / ② 부사적 용법 / ③ 명사적 용법
④ 형용사적 용법 / ⑤ 명사적 용법

해석 [보기] Taylor는 인사하기 위해 나에게 전화했다.
① 내 꿈은 우주에 가 보는 것이다.
② 우리는 소풍을 가기 위해 공원에 갔다.
③ 우리는 Nick을 초대하기로 결정했다.
④ 너는 먹을 것을 원하니?
⑤ James는 피아노 치는 것을 배웠다.

17 ③
목표 〈 접속사 활용하기 〉
해설 ⓒ Therefore (따라서, 그러므로) → However (그러나)
앞에 반대되는 내용이 이어지므로 Therefore는 적절하지 않다.

해석 나는 알람을 들으면 일어난다. 나는 준비를 마치고 나서 학교에 간
다. 내 학교는 내 집에서 멀다. 그러나 나는 보통 걸어서 학교에 간다. 만약
비나 눈이 오면, 나는 버스를 탄다.

18 ②
목표 〈 4형식 문장을 3형식으로 전환하기 〉
해설 4형식을 3형식으로 바꿀 때 간접목적어 앞에 동사에 어
울리는 전치사가 붙는다.
동사 give, send, show + 전치사 to
동사 make, buy + 전치사 for

해석 ① 우리는 그 강아지에게 이름을 지어 주었다.
② Paul은 나에게 꽃 몇 송이를 보냈다.
③ 그들은 나에게 지도를 보여 주었다.
④ 나는 너에게 샌드위치를 만들어 줄 것이다.
⑤ 그녀는 우리에게 과일을 좀 사 주었다.

19 ④
목표 〈 능동태 문장을 수동태로 바꾸기 〉
해설 ④ was blew → was blown
수동태에서는 be동사 뒤에 과거분사를 쓴다.
(blow-blew-blown)

해석 ① 그 어부들은 물고기를 잡았다.
② 우리는 부엌을 청소했다. / ③ Chris와 나는 그 게임을 했다.
④ 그 코치는 호루라기를 불었다. / ⑤ 그 트럭은 그 차를 치지 않았다.

20 ③

목표 〈 접속사의 쓰임 이해하기 〉

해설 ③ 앞에 대한 결과를 나타내는 접속사 so를 쓴다.

해석
① 나는 샤워를 했다. + 나는 아침 식사를 했다.
= 나는 샤워를 하고 아침 식사를 했다.
② Ava는 이기지 않았다. + 그녀는 최선을 다했다.
= Ava는 이기지 않았지만, 그녀는 최선을 다했다.
③ 비 오는 날씨였다. + 그녀는 그녀의 장화를 신었다.
= 비 오는 날씨여서 그녀는 그녀의 장화를 신었다.
④ Harry는 침대에 있었다. + 그는 아팠다.
= Harry는 아파서 침대에 있었다.
⑤ 너는 늦었다. + 너는 택시를 타는 게 좋겠다.
= 만약 네가 늦었다면 너는 택시를 타는 게 좋겠다.

---

21 ⑤

목표 〈 동명사 문장 영작하기 〉

해설 enjoy는 동명사를 목적어로 취하는 동사이다.

---

22 ④

목표 〈 비교 표현의 어법성 판단하기 〉

해설 ④ more fast than → faster than
fast는 1음절 형용사이므로 -er을 붙여서 비교급을 만든다. 이때, 앞에 more를 쓰면 비교의 의미가 중복되므로 생략한다.

해석 ① Ken은 전문가만큼 잘한다.
② 건강은 돈보다 더 중요하다.
③ 그들은 가장 인기 있는 그룹이다.
④ 빛은 소리보다 더 빠르니?
⑤ 너는 월요일에 가장 바쁘니?

■ professional 전문가, 직업[프로] 선수

---

23 ④

목표 〈 다양한 문장의 어법성 판단하기 〉

해설 ④ doesn't he → isn't he
앞에 쓰인 현재시제 be동사 긍정형을 부정형으로 바꿔 쓴다.

해석 A: 누가 너에게 스페인어를 가르쳤니?
B: 나는 Fred에게 스페인어 가르침을 받았어.
(나는 Fred에게 스페인어를 배웠어.)
A: 그는 좋은 선생님이야, 그렇지 않니? / B: 응, 그래.

---

24 ①

목표 〈 다양한 형식의 문장 영작하기 〉

해설 ① surprisingly → surprising
①은 5형식 문장이므로 목적격 보어 자리에 surprising(형용사)을 써야 한다.

---

25 Bob gave a piece of pie to me.

목표 〈 4형식 문장을 3형식으로 전환하기 〉

해설 두 목적어의 순서를 바꾸고 간접목적어 앞에 전치사를 넣어 3형식을 만든다. 단, 동사마다 함께 쓰는 전치사가 다르다.

해석 Bob은 나에게 파이 한 조각을 주었다.

---

26 Our food was served by the waiter.

목표 〈 능동태 문장을 수동태로 바꾸기 〉

해설 목적어는 주어로, 주어는 'by + 행위자'로 바꾸고, 동사는 'be동사 + 과거분사'로 쓴다. 이때, 시제에 맞는 be동사를 쓴다. serve의 과거분사형은 served이다.

해석 그 웨이터는 우리의 음식을 가져다주었다.

---

27 When he was 15, he became an actor. /
He became an actor when he was 15.

목표 〈 접속사 이용하여 영작하기 〉

해설 부사절 접속사 when: ~할 때

---

28 1) as prettier as → as pretty as
2) looked stars → looked like stars

목표 〈 원급, 감각동사 문장 어법성 판단하기 〉

해설 1) 원급 비교에서 as와 as 사이에는 원급을 쓴다.
2) 감각동사 look은 형용사 또는 'like + 명사'와 함께 쓰인다.

해석 우리는 밤에 도시의 모습을 보러 갔다. 그것은 그림만큼이나 예뻤다. 불빛들은 하늘의 별들처럼 보였다.

---

29 June continued to read the book.

목표 〈 to부정사 문장 영작하기 〉

해설 to부정사는 'to + 동사원형'이다.

---

30 Do not [Don't] run on the stairs.

목표 〈 명령문 영작하기 〉

해설 명령문은 동사원형으로 시작하며, 부정형일 때에는 동사원형 앞에 Do not [Don't]을 붙인다.